셀프 인 퍼포먼스

The Self in Performance

Susana Pendzik

Renée Emunah

David Read Johnson 공저

이효원 역

박영story

PREFACE

저자 서문

이 책은 오해에서 시작되었다. 수재너가 르네와 데이비드에게 치료적 자전공연, 자기계시적 공연, 민족지적 공연에 대한 책을 만들자고 제안했을 때, 바로 동의가 이루어졌다. 우리는 프로젝트를 의논하기 위해 만났고, 이내 우리가 이 용어들을 저마다 다르게 정의하고 있음을 깨달았다. 얼마간의 논쟁 후에는 그에 대한 우리의 관점에 자신감을 잃고 말았다. 문헌연구 역시 공연에서의 자기와 관련한 개념과 경계와 실천이 매우 모호함을 여실히 드러내주었다. 그러나 역설적으로 그것이 공연 사례를 모으고 이 분야의 지형도를 그려내는 최초의 시도로서 이 책의 필요성을 입증해주었다. 그 과정에서 우리는 공연 형식의 연극치료라는 전적으로 고유한 방식이 30년 넘게 발전해왔으며, 이제 그것을 적절하게 정리할 때임을 발견했다. 우리 세 사람은 이전에 갖고 있던 전제가 모두 도전 받는 몹시 힘든 대화를 진행했고, 그 만남을 통해 각자 성장했다. 독자들 역시 그렇기를 희망한다. 개인이 자신의 삶에 바탕한 공연을 창조할 때 뭔가 강력하고 치유적인 경험이 일어나는데, 그것이 왜 일어나고 어떻게 일어나는지를 살피는 것이 바로 이 책의 주제다.

이 책의 필자들과 공연에서 자신의 삶을 드러낸 참여자와 학생들의 용기와 창조성을 높이 사지 않을 수 없다. 수재너는 그녀가 쓴 장에서 인용한 예술가들뿐 아니라 수년에 걸친 공연 경험으로 드라마터지적 접근을 설명하는 것을 도와준 이들에게 감사를 전한다. 그녀는 특히 치료적 자전공연을 오랫동안 함께 해 오고 있는 첸 알론 박사에게 귀한 통찰을 빚졌으며, 소중한 정보를 제공하고 지지해준 가릴라 오렌과 텔하이 대학과 스위스 연극치료 학교에 감사를 표한다. 르네는 자기계시적 공연 과정에 참여하여 그 형식을 수년에 걸쳐 심화하고 확장해 온 캘리포니아 통합연구 학교 연극치료 석사과정의 많은 학생을 고맙게 기억한다. 그리고 현재 연극치료 교육과정에서 함께 일하는 동료들과 특히 개리 라우처에게 감사를 전한다. 데이비드는 자기계시적 공연을 위한 영감이 되어준 발달변형 공동체의 성원과 관객에게 감사한다.

수재너 펜직	이스라엘 텔 하이 대학 연극치료 석사과정
르네 에무나	미국 샌프란시스코 캘리포니아 통합연구 학교 연극치료 석사과정
데이비드 리드 존슨	미국 코네티컷 뉴헤븐 예일 대학

PREFACE
역자 서문

이 책은 '공연자가 치료적인 목적으로 자신의 이야기를 무대에 올리는 공연 형식'에 관하여 영국, 미국, 이스라엘, 캐나다, 레바논 등지에서 연극치료사로 일하며 연극치료를 가르치거나 연구하는 스물 한 명의 필자가 쓴 글을 묶은 것이다. 편집진이 서문에서 말하듯 이 책은 연극치료에서 해당 주제를 다룬 최초의 시도로서, 공연자가 치료적인 목적으로 자신의 이야기를 상연하는 다양한 이름의 접근법들로부터 '치료적 자전공연(ATP)'이라는 관통선을 찾아 그렇게 명명하면서 유사한 접근법들과의 차이를 밝히고 그 유래와 치료적 변형의 원리를 살피며 몇몇 대상과의 사례를 통해 다양한 활용의 가능성을 조명한다.

치료적 자전공연은 무엇보다 연극치료의 잠재력을 극대화하는 형식이다. 연극치료가 연극예술의 변형적 잠재력을 심리치료를 위해 사용하는 것이라고 할 때, 공연은 연극의 창조적 역량을 집약하는 형식으로서 연극치료에서도 동일한 지위를 가진다.

물론 일삼아 공연을 하지 않아도 연극치료는 매 회기가 행위하는 사람과 그것을 지켜보는 사람의 만남으로서 공연일 수밖에 없다. 자신의 고통을 탐험하는 참여자와 그 과정을 동행하며 안내하는 치료사만으로도 '치료적인 목적으로 자신의 이야기를 상연하는' 치료적 자전공연의 요건을 충족하는 것이다.

그러나 일반적인 연극치료 접근법과 치료적 자전공연은 같은 만큼 서로 다르다. 얼마나 안전한가 혹은 위험한가를 기준으로 할 때 참여자(들)와 치료사 사이에서 진행되는 일반적인 접근법이 외부 자극으로부터 차단된 안전한 일종의 '동굴'이라면, 공연자가 치료사가 아닌 여러 다른 사람들 앞에서 자신을 드러내야 하는 치료적 자전공연은 위험도가 높은 '무대'라 할 수 있다. 동굴이 엄마 뱃속처럼 외부의 위협을 차단하고 충분한 쉼과 돌봄을 주는 퇴행의 공간이자 안전한 공간으로서 치료적 의미가 있다면, 무대는 세상에 나선다는 뜻의 출세(出世)에서 세상을 대표하는 장소로서 그곳에 자신을 세움으로써 비로소 나를 나로서 표현하고 확증할 수 있다는 위험한 공간의 의미를 갖는다.

안전에서 출발하여 위험을 거쳐 다시 안전으로 돌아오는 치료적 여정의 원리에 비출 때 동굴과 무대는 모두 필요불가결한 공간이지만, 여정 자체를 가능케 하는 변형의 동력은 죽음이라는 미지의 세계로 기꺼이 뛰어드는 것, 곧 위험을 감수하는 데서 발원한다. 그런 의미에서 다시 한 번 치료적 자전공연은 연극치료의 잠재력을 극대화하는 형식이다.

무대는 시선의 중첩이다. 일상의 공간에서 우리는 대개 시선을 의식하지 않는다. 일상에도 분명히 시선이 있지만 그것은 우연이나 사적인 것으로서 그 공격적 본질을 은폐하거나 중화한다. 하지만 무대는 다르다. 거기에는 (일반적으로 불특정한) 다수의 의도적이고 공개적인 시선이 집중되며, 그런 의미에서 무대는 물리적 형태를 벗어나 강위력한 시선들의 초점으로서 심리적 지위의 문제가 된다.

무대는 노출을 강제한다. 거기에 서는 사람은 시선들 앞에 발가벗겨진다. 그리고 그렇게 드러나거나 드러낸 것은 시선을 경유하면서 힘으로 바뀌어 자기를 제물로 바친 이에게 돌아간다. 그의 희생이 흠향할 만한 것이라면 힘은 그를 승리자로 우뚝 세울 것이고, 얕은 속임수에 지나지 않는다면 힘은 그의 무릎을 꺾어 좌절을 맛보게 할 것이다. 그래서 무대는 위험하다. 어떤 식으로든 시선들 앞에 자기를 바쳐 피 흘리고 불 태워져야 하며, 그렇게 속 깊은 진실을 내주고서야 살아남을 수 있는 전장이다.

하지만 그래서 또 무대는 우리를 자라게 한다. 위험을 담아내는 만큼 넓어지고 깊어지는 것이 삶이므로. 무대에 서기로 마음먹는 순간이 첫 용기이고, 무대에서 자기를 정직하게 보여주는 것이 두 번째 용기이며, 무대에서 내려와 그것이 부여한 힘을 일상으로 뿌리내리게 하는 것이 세 번째 용기다. 무대는 시선의 중첩으로서 일상을 몇 배로 압축한 고밀도의 시공간이며, 그 위험한 압력을 견디며 살아낸 힘은 그래서 그의 삶을 확장할 수 있다.

하지만 무대가 반드시 성장으로 이어지는 것은 아니다. 시선은 폭력이면서 동시에 자기를 비춰 확증하는 거울이며, 그래서 위험한 동시에 매혹적이기도 하다. 자기 내부의 시선이 없는 상태에서 무대가 피워 올리는 신기루에 사로잡히면, 물에 비친 자신의 미모에 혹해 죽음에 이르는 또 한 명의 나르키소스가 된다. 그런 의미에서 무대는 또 한 번 위험하다.

위험하기에 가장 생생하게 살 수 있고 그렇게 매혹적이어서 또 위험한 무대, 그것을 언제 어떻게 펼치고 접을 것인가, 그것이 연극치료의 고민이며 치료적 자전공연의 고민이다.

우리나라에서도 연극치료의 시작과 함께 치료적 자전공연에 해당하는 실천들이 있어왔지만, 그에 대한 적절한 명명과 논의가 부족하다 여겨 이 책을 번역하게 되었다. 한 권의 책으로 오랜 갈증이 일소되지는 않겠지만 이것이 마중물이 되어 치료적 자전공연을 포함한 치료적 연극의 아름다운 시도와 용감한 질문과 신중한 연구들이 이어지기를 바란다.

이것으로 모두 다섯 권의 책을 정성스럽게 만들어주신 노현 대표님과 전채린 차장님께 감사드린다.

2022년 4월

역자

CONTENTS
차례

Notes on Contributors
필자 소개

프렌티스 벤자민(Prentiss Benjamin)은 미국 뉴욕 대학 연극치료 석사과정 졸업생이다. 그녀는 또한 오프 브로드웨이와 여러 지역 극단에서 배우로 일한다.

드류 버드(Drew Bird)는 영국 더비 대학 건강과 사회복지 칼리지의 연극치료 석사과정 강사다. 그는 연극치료사로 아동과 청소년을 주로 만났고 특히 아동기 트라우마, 성인 정신건강과 완화 치료, 개인 상담을 전문영역으로 한다. 그는 솔로 퍼포머이자 연출가이자 플레이백 트레이너이기도 하다.

제이나 다카셰(Zeina Daccache)는 레바논 연극치료 센터, '카타르시스'의 창립자이자 연출자다. 그녀는 2006년부터 레바논과 중동에서 연극치료를 해왔다. 루미에 교도소 남자 재소자들과 공연한 '12명의 성난 레바논 사람들—연극'(2009), '12명의 성난 레바논 사람들—다큐멘터리'(2009), 밥다 교도소 여자 재소자들과 함께 한 '밥다의 세헤라자데－연극'(2012), '세헤라자데의 일기－다큐멘터리'(2013) 등 권익옹호와 인식제고를 위한 작품을 제작해왔다. 제이나와 그녀가 연출한 다큐멘터리들은 그 분야에 상당한 공헌을 인정받아 수상한 바 있다.

디티 독터(Ditty Docter)는 영국 앵글리아 러스킨 대학 연극치료 석사과정의 학과장이며, 네덜란드 켄박 예술치료와 연구센터의 연구원이다. 디티는 허트포쉬어와 로햄튼 대학의 과정을 이끌기도 했다. 최근에는 성인과 노인 정신건강 신탁에서 예술치료 부문의 수장을 맡았다. 그녀는 문화상호적 작업에 관심을 갖고 있으며, 「섭식 장애 참여자와 예술치료」(1994), 「난민과 이민자를 위한 예술치료」(1998), 「연극치료에서 슈퍼비전」(2008), 「연극치료와 파괴성」(2011), 「문화상호적 예술치료 연구」(근간) 등을 저술했다.

팸 던(Pam Dunne)은 미국 로스엔젤레스 연극치료 학교의 감독이자 캘리포니아 주립대학 음악, 연극과 무용학과 명예교수다. 나라드라마(Narradrama)의 창시자로 「이야기 치료사와 예술: 나라드라마」, 「더블 스틱 테이프: 청소년을 대상으로 한 시, 사진, 드라마와 이야기」를 썼고 영화 '나라드라마 탐험하기'를 제작했다. 던 박사는 광범한 국제적 워크숍을 진행해왔고, 북미연극치료협회장으로 일한 바 있으며, 심사위원 이사회의 초대 멤버다. 2014년에는 북미연극치료협회(NADTA)에서 수여하는 우수강사상을 받았다.

르네 에무나(Renée Emunah)는 미국 통합연구 캘리포니아 학교 연극치료 석사과정의 창립자이자 감독이며 30년 넘게 교수로 일해

왔다. 그녀는 이 분야의 고전이자 중국어와 일본어로도 번역된 「현실을 위한 연기: 연극치료 과정, 기법, 공연」(1994)의 저자다. 그녀는 또한 수 년 넘게 국제적 저널인 '심리치료에서의 예술'의 편집이사로 있었다. 1996년에는 연극치료 분야에서의 탁월한 기여를 인정받아 북미연극치료협회(NADTA)의 거트루드 셰트너 상을 수상한 바 있다. 그녀는 이 분야를 개척한 활동가이자 국제적인 트레이너이며, 자기계시적 공연의 창시자이자 북미연극치료협회 전 협회장이다.

알리다 거시(Alida Gersie)는 작가, 심리치료사, 변화상담가다. 그녀는 예술, 보건과 교육 분야의 전문가들에게 작업의 결과를 향상시키기 위한 창조적 방법을 제안한다. 수년 동안 알리다는 영국 허트포쉬어 대학의 예술치료 프로그램에서 가르쳐왔다. 거기서 그녀는 영국 최초의 연극치료 석사과정과 수퍼바이저 훈련과정, 장애 성인을 위한 전 유럽의 '트레이너 훈련' 과정, 변화를 위한 이야기 모듈을 개발했다. 2001년 이후로는 예술 기반의 공적 보건정책을 주도해왔다. 그녀는 40여개 나라에서 변화를 촉발한 중요한 저서들의 저자이기도 하다.

도브랫 해럴(Dovret Harrel)은 이스라엘 하이파 대학 창조적 예술치료 대학원 과정에서 가르친다. 그녀는 연극치료사이자 개인 상담의 수퍼바이저이며, 17년 동안 치매노인과 가족을 위한 주간보호 센터에서 일해 왔다. 그녀는 이스라엘 알츠하이머 협회(EMDA)와 함께 인지기능이 쇠퇴하는 사람들을 위한 창조적 케어 프로그램을 개발하고 있다. 2011년 도브랫은 치매 환자를 대상으로 한 박사 논문으로 미국 위스콘슨-수페리어 대학의 회상과 삶의 회고를 위한 학교(IIRLR)에서 주는 상을 받은 바 있다.

마리아 호더마스카(Maria Hodermarska)는 미국 뉴욕 대학의 연극치료 주임 강사다. 연극치료사이자 NYU의 연극치료 석사과정의 일원인 그녀는 연극치료에 관한 여러 논문과 저서를 집필했다. 현재는 극단주의 행동이나 무장 갈등으로 가족을 잃은 전 세계 청년을 대상으로 작업하면서 아들을 비롯한 몇몇 동료와 장애와 관련한 연극 프로젝트를 계발 중에 있다.

장-프랑수아 자크(Jean-Francois Jacques)는 연극치료사이며, 지역사회 성인 정신보건 서비스의 임상 감독이고, 지역사회 연극 연출가이자 연구자이기도 하다. 그는 영국 앵글리아 러스킨 대학 연극치료 석사 과정의 초빙 강사이며, 거기서 자전적 연구를 가르치면서 연극치료에서 자전 공연의 의미 창조를 연구하고 있다.

데이비드 리드 존슨(David Read Johnson)은 발달 변형 학교의 책임자이며 미국 뉴헤븐 외상후 스트레스 센터의 공동감독이자 예일대학 심리치료학과의 임상 교수다. 르네 에무나와 「연극치료의 접근법들」(2009)을, 수재너 펜직와 스테픈 스노우와 함께 「연극치료에서 진단평가」(2012)를, 니샤 샤자니와 함께 「트라우마를 다루는 연극치료」(2014)를 편집했다. 북미 연극치료협회의 전 협회장이며 '심리치료에서의 예술'의 전 편집장이기도 하다.

스테파니 오멘스(Stephanie Omens)는 미국 뉴욕 주의 창조적 예술

치료사이자 연극치료사이며 아동전문가다. 스테파니는 2002년 이후 해큰색 대학 메디컬센터에서 만성질환으로 인한 장기입원 환자, 유족과 조산아를 대상으로 일해 왔다. 그녀는 뉴욕 대학, 티쉬 예술 학교의 연극학과에서 연극치료를 가르친다. 그리고 「보건 전문가: 미국 건강복지에서의 경향과 기회」(2007)의 한 장의 공동저자이고, 「트라우마를 다루는 연극치료: 클리닉, 교실과 지역사회를 변형하기」(2014)에서 한 장을 쓴 바 있다.

수재너 펜직(Susana Pendzik)은 이스라엘 텔 하이 대학 연극치료 석사 과정의 책임자이며, 스위스의 연극치료 학교와 예루살렘 헤브루 대학의 연극학과에서 강의한다. 그녀는 세계 곳곳에서 워크숍을 진행하고, 중남미에서 연극치료를 개척하고 있다. 그녀는 20년 넘게 자전적 치료적 퍼포먼스를 가르쳐왔고, 「학대피해 여성을 대상으로 한 집단 작업 핸드북」(스페인어로 1992년 그리고 독일어로 1995년)을 썼고 데이비드 리드 존슨과 스테픈 스노우와 함께 「연극치료에서의 진단평가」를 편집하였다.

줄스 도레이 리치몬드(Jules Dorey Richmond)와 **데이비드 리치몬드(David Richmond)**는 모두 영국 요크 성 존 대학 연극과 공연학과의 강사다. 지난 10년 동안 줄은 자전적 솔로 퍼포먼스를 가르쳤고, 데이비드는 아우슈비츠에서 시작해 협동적 앙상블 퍼포먼스로 마무리되는 '목격자로서의 예술가' 모듈을 운영해왔다. 그들은 25년 넘게 파트너로 협업하면서 시각 예술과 연극의 독자적 원리로 서로를 견인하면서 다양한 맥락에서 창조적인 작업을 해왔다. 기억, 장소와 퍼포먼스에 관한 그들의 연구는 솔로 프로젝트와 협동적 실천 양측에서 나타나며, 특히 제2차 세계대전의 참전군인, 생존자, 목격자들과 함께 한 일련의 목격자의 연극 시리즈로 유명하다. 그 작업은 '퍼포먼스 리서치: 트라우마에 대하여'에 기록되어 있다.

셰일라 루빈(Sheila Rubin)은 연극치료사이자 스토리텔러로 샌프란시스코와 버클리에서 결혼과 가족치료사로 일한다. 그녀는 CIIS 학생들의 최종 프로젝트로 25편이 넘는 자기계시적 공연을 연출해왔다. 그리고 자신의 공연 또한 5편이며, 백여 편의 짧은 체현된 인생 이야기 퍼포먼스들이 있다. 그녀는 국제적으로 치료사들을 위한 수치심 치유 워크숍을 진행하면서 자기계시적 공연을 가르친다. 그와 관련하여 「상호작용적이고 즉흥적인 드라마」(2007)에 실린 '자기계시적 공연'과 「우울증을 위한 표현예술치료」(2015)에 실린 '마법에 가까운'을 썼다.

니샤 사자니(Nisha Sajnani)는 미국 레슬리 대학 연극치료 석사과정의 교수이자 코디네이터다. 그녀는 또한 뉴욕 대학 연극치료 과정과 난민 트라우마 하버드 프로그램의 교수이며, '연극치료 리뷰'의 편집자이자 북미연극치료협회 전 협회장이다. 그녀는 즉흥극, 다양성, 예술기반 연구, 트라우마, 비평 이론에 관한 다수의 저작활동을 해왔다. 그녀는 또한 경계를 넘는 연극의 예술 감독이자 레슬리 대학의 표현적 치료 연구센터의 공동 코디네이터다.

안나 세이무어(Anna Seymour)는 영국 로햄튼 대학 연극치료 학과 강사다. 연극치료사이며 연구자인 그녀는 고등교육아카데미의 주요 회원으로 영국과 세계 각지에서 논문을 발표하고 강좌와 훈련 프로그램을 진행했다. 그녀는 영국 연극치료사들의 전문 저널인 '연극치료'의 편집자이자 「연극치료: 접근법, 관계, 비평적 아이디어」의 시리즈 편집자이기도 하다.

스테픈 스노우(Stephen Snow)는 캐나다 몬트리올 콘코디아 대학 인간 발달을 위한 예술 센터의 연구이사이자 창조적 예술치료 학과에서 연극치료를 가르치는 교수다. 그는 배우, 연출가이자 다양한 임상적이고 교육적인 환경에서의 경험을 가진 30년 경력의 연극치료사다. 배우로서 그는 1970년대의 실험 연극과 두 편의 자기 계시적 공연 '펄펄 끓는 두뇌'와 '도시의 나이트라이더'를 포함해 100편의 공연에 참여해왔다. 그는 연극치료에 대한 여러 논문을 써왔고 「창조적 예술치료에서의 평가」(2009)와 「연극치료에서의 평가」(2012)의 공동편집자다.

아만드 볼카스(Armand Volkas)는 미국 통합 연구를 위한 캘리포니아 학교 연극치료 과정의 교수이며, 심리치료사이자 연극치료사이면서 연극 연출가이기도 하다. 그는 리빙 아트 카운슬링 센터의 임상 감독이며, 28년째를 맞고 있는 리빙 아트 플레이백 시어터 앙상블의 연출가이기도 하다. 아만드는 연극치료를 이용하여 문화 간 갈등 변형과 평화구축 등의 사회적 변화를 촉발하는 혁신적인 국제적 프로그램을 개발해왔다. 그리고 수년 간 치료적 자전공연을 주제로 작업해왔다.

기든 제하비(Gideon Zehavi)는 이스라엘 예루살렘의 헤브루 대학 연극학과에서 강사이자 박사과정생이면서 텔 하이 칼리지 연극치료 과정의 부교수다. 기든은 국제적으로 활동하는 연극치료사이면서 슈퍼바이저로, 이스라엘에서 발달 변형 학교를 이끌고 있다. 그리고 치료적 자전공연을 연구하고 있으며, 자폐스펙트럼 장애인을 대상으로 한 연극치료에 관한 다수의 논문을 집필한 바 있다.

01

퍼포먼스에서의 자기 : 맥락, 정의, 방향

수재너 펜직, 르네 에무나, 데이비드 리드 존슨

20세기 후반에 퍼포먼스와 예술적 표현은 개인적인 것을 포용하는 방향으로 강력한 흐름을 보였다. 문학에서의 회고록, 사회정치적이고 여성주의적인 시각 예술, 솔로 퍼포먼스, 자전적 퍼포먼

S. Pendzik, PhD, MA, RDT (✉)
Tel Hai Academic College, Kiryat Shemona, Israel
Hebrew University of Jerusalem, Jerusalem, Israel
Swiss Institute of Dramatherapy, St Gallen, Switzerland
e-mail: pend@netvision.net.il

R. Emunah, PhD, RDT-BCT
California Institute of Integral Studies, San Francisco, CA, USA
e-mail: remunah@ciis.edu

D. R. Johnson, PhD, RDT-BCT
Institute for Developmental Transformations, New York, NY, USA
Post Traumatic Stress Center, New Haven, CT, USA
Department of Psychiatry, Yale University School of Medicine, New Haven, CT, USA
e-mail: davidreadjohnson@gmail.com

스 등이 그것이다. 21세기가 시작된 후로는 리얼리티 프로그램, 유튜브, 셀피에 대한 대중의 관심사가 보편화되면서, 사적인 것이 공적인 것으로 변모하여 진실과 허구, 현실과 가상의 경계가 더할 수 없이 모호해졌다. 자기(Self)가 도처에서 상연되고 있다는 것이다.

연극에서 이런 경향은 **자기참조적** 혹은 **사적** 연극으로 불릴 만한 것, 즉 공연의 내용이 공연자의 실제 경험으로 구성되는 연극의 출현으로 표현되어 왔다. 이 작업은 느슨하게 **자전적** 형식(배우의 개인적 경험에 관한)과 **자기민족지적** 형식(배우의 인종, 계급, 젠더나 사회적 집단과 관련한)으로 범주화될 수 있을 것이다. 또 그것은 **비치료적** 형식(예술적이거나 교육적이거나 권익옹호를 목적으로 하는)과 **치료적** 형식(개인적 성장을 목표로 하는)으로 나뉠 것이다. 이 책은 후자의 범주로 자전적이고 자기민족지적이면서 치료적인 연극/공연을 다룬다.

서구적 사고에서는 치료란 모름지기 개인적 이야기를 하는 것과 관련된다는 생각이 뿌리 깊다. 그러나 자신의 이야기를 하는 것이 반드시 해방적인 효과를 가질까? 단지 개인의 불행과 고통을 전시하는 것 이상은 아니지 않을까? 이 질문은 자전공연의 맥락에서 더욱 중요해진다. 리허설을 통해 해당 경험이 몸과 두뇌에 더 깊게 새겨지고, 관객 앞에서 노출함으로써 승인을 얻을 수 있기 때문이다. 경험, 강박, 기억이나 꿈을 무대에서 표현하는 것은 불가피하게 치료적 결과를 가져오는가?(Pendzik, 2013a; Thompson, 2009). 자전공연이 심리적 안녕과 트라우마의 치유와 개인적 성장을 촉진하기 위해서는 무엇이 요구되는가?

정신분석가 찰스 라이크로프트(1983)는 '오래된 자아의 지속적 존재를 광고하는 것' 이상의 목적을 지니지 못한다며 자전적 글쓰기의 치료적 가능성에 의문을 제기한 바 있다(p.193). 그는 치료적 자서전이 되기 위해서는 자기발견을 목표로 한 성찰적 실천이 수반되어야 함을 강조한다. 그는 진정한 치료적 과정에서는 현재의 자기(I)와 과거의 나(me) 사이에 변증법적 대화가 일어나고 그를 통해 종국에는 서로가 서로를 변화시킴으로써 작가-주체는 진실로 "내가 그것을 썼다" 그리고 "그것이 나를 썼다"고 말할 수 있게 된다고 주장한다(p.192).

자전공연이 갖는 역량강화와 치유 효과는 해당 장르가 여성주의와 정치 운동에서 시작된 것과 관련될 수 있다. 거기서 작가/공연자에 의해 발화된 개인적 주체성은 우리의 경험을 이야기하는 것에 내재한 변형적 가능성을 강조하고, 개인적인 것을 공적으로 재현하는 비정통적이고 급진적인 실천에 중심 - 무대 - 를 제공했다(Claycomb, 2012; Heddon, 2008; Park-Fuller, 2003; Spry, 2011).

이 장에서 우리는 자전적이고 자기민족지적이면서 치료적 목표를 강조하지 않는 유사한 작업과 비교하면서, 치료적이고 자기참조적인 공연을 여타 자기참조적 양식(서구와 비서구)의 체계 내에서 맥락화하는 작업을 시작한다. 여기서는 사람들이 제안한 다양한 정의를 펼쳐놓되, 공통된 개념을 강조하고 더 명확해져야 할 데가 어디인지를 살필 것이다. 그런 노력을 통해 그 같은 공연에서 연극적인 것과 치료적 목표의 복합적 관계를 명료화하고자 한다. 그리고 이 책을 구성한 각 장의 내용을 요약한 다음 앞으로의 연구를 위한 제언으로 마무리할 것이다.

서구와 비서구적 전통에 나타난 자기참조적 예술 양식

자기성찰적이면서 개인적 표현을 위한 도구로서 예술적으로 제작된 자기참조적 양식을 사용하는 것은 전 세계에 걸쳐 나타나며 수세기를 거슬러 올라간다. 제인 워커(1994)가 주장하듯 '비단 서구뿐 아니라 모든 문명은 현재도 그렇지만 역사적으로도 "개인적인 자기이해"에 관심을 기울여왔다(p.207). 중국, 일본, 인도, 아랍과 그 밖의 비서구적 전통을 포함해, 그 같은 예술적 자기참조적 형식은 남녀 모두에게 관찰된다. 예를 들어, 일본 문학 전통에는 그것이 시작된 이후로 자전적 의도를 가진 자기성찰적 작품이 줄곧 포함되어 있다(Walker, 1994). 거기에는 11세기에 성행한 **일본식 시적 일기**가 있는데, 그것은 정점에 이른 미적 특질로서, 여성의 자산으로 간주되기도 했다(Miner, 1968, p.42). 자기를 공연하는 데 더 가까운 전통은 카야비족(브라질의 마토 그로소 지역에 사는 토착 집단)의 자전적 서사다. 그들은 샤먼의 치유를 포함한 제의의 맥락 속에서 개인적 경험을 교직하며, 거기서 샤먼은 공연적인 치유 방식의 일부로 자신의 우주여행, 꿈, 감정 등을 표현한다(Oakdale, 2005).

비서구 전통에서의 자전적 서사는 자기를 좀 더 양식적이거나 허구화된 버전으로 드러내고(Walker, 1994), 다중적인 혼종의 이미지(프리다 칼로가 자화상에서 자기와 맥락을 혼합하는 것과 같이)로 나타나거나(Helland, 1992) '특권화된 자기를 중심으로 관련된 사건이나 인물들을 배경에 배치하는' 조직화에 저항하기도 한다(More-Gilbert, 2009, p.103). 탈식민주의나 여성주의 비평가들이 지적한 대로, 주변부의 예술가들은 전통적인 서구의 자기표현이나 고백적 스타일과 달리 복수성을 특권화하고, 구술성을 강조하며, 대화의 형식을 사용해 자기-서사를 소리 내어 말한다(Miller, Taylor & Carver, 2003; Smith & Watson, 1998).

그레이스(2003)는 서구 문화에서 텍스트로 된 서사가 자전적 재현의 모든 형식을 이해하는 축으로서 비평적 담론을 지배하는 경향이 있음을 강조한다. 학문은 전통적으로 성 어거스틴의 「고백록(Confessions)」을 '근대 서구 자서전의 기원'으로 간주하면서 아버지의 지위를 부여한다(Anderson, 2011, p.17). 그의 작품과 일치하는 일군의 남성(가령 루소와 워즈워드 같은)이 해당 장르의 모범으로 여겨져 왔다. 여성에게 허용된 몇 안 되는 채널 중에서 글로써 출구를 마련하려는 전략으로 많은 여성 작가들이 삶의 글쓰기, 곧 자신의 개인적 경험을 글로 쓰기를 실행해 왔음(아빌라의 성 테레사와 같이)에도 불구하고 말이다(Weber, 1990). 서구의 문학적 규범은 그 문학적 가치를 불신하거나 걸출한 (대개는 남성인) 대표자에게 초점을 제한하는 식으로, 자기참조적 글쓰기에 관해 양가적인 태도를 취해왔다. 비평은 자전적 작품, 회고록, 그 밖의 자기-쓰기 형식에서 저자의 정직성과 신뢰성을 확립하는 것과 저자와 텍스트의 관계를 논하는 데 집중되어왔다(Anderson, 2011; De Man, 1979; Smith & Watson, 1998).

자기참조적 연극과 치료학의 관계를 맥락화하기

자기참조적 글쓰기에 대한 오랜 가부장적 접근과 대조적으로, **자기참조적 공연**(self-referential performed praxes)의 형태와 형식은 매우 자유롭게 형성된 것으로 보인다. 젠더와 정치적으로 각성된 관점이 자기참조적 연극에 대한 비평적 담론에 적용되어 왔다. 그것은 자기결정을 지지하고, 해방적인 행동을 촉진하며, 식민화에 도전하고, 비판 의식을 조형하고, 개인적인 것과 공적인 것을 잇는 가시적/비가시적 접점을 드러내는 여성주의적 세계관을 보증한다(Forte, 1988; Schmor, 1994). 데어드르 헤돈(2008)은 이렇게 말한다.

> 자전적인 것과 정치적인 것은 서로 연결되어 있다. 누가 말하는가? 무엇을 말하는가? 어떤 삶이 재현되고 경쟁하고 상상되는가? 자전적 공연의 대다수는 공연이라는 공적 공간에서 거부당하고 소외된 주체를 가시화하고 그들이 '소리 내어 말하게' 하는데 혹은 그들에 대한 지배적 재현에 도전하고 저항하며 문제를 제기함으로써 '대꾸하게' 하는 것에 관심을 기울여 왔다(p.20).

그녀는 1970년대에 개인적인 내용을 '라이브 퍼포먼스로 변형하는 것은 반박의 여지없이 의식 고양을 주된 동기로 삼았다'고 덧붙였다. 그것은 개인의 삶과 젠더 억압이 함께 탐험되어야 한다는 사실에 대한 집단적 이해가 활성화되었음을 의미했다. 20세기의 마지막 20년 동안, 이 정신은 퀴어 자전적 솔로 퍼포먼스에서 뚜렷한 반향을 일으켰고, 정체성과 '소리내어 말하기'라는 주제를 탐험하면서 사회적 비가시성과 주변부화에 도전했다(Sandal, 2003; Pearlman, 2015).

헤돈(2008)은 현재의 자전공연을 '개인적인 것과 정치적인 것 사이의 관계를 탐험(묻고 드러내기)함으로써 자기들과 경험의 산만한 구성을 개념화하고 서로 맞물리게 하는 것'(p.162)이라고 정의한다. 그녀의 관점에서, 자전공연은 자기를 상연된 역할로 표면화함으로써 '상연하는 주체의 다중성뿐 아니라 주체들을 구축하는 담론의 다중성'을 드러낸다(p.39).

그와 유사한 맥락에서, 자기민족지적 연극은 사회적·정치적·젠더 접근법에 바탕을 둔다(Saldana, 2003; Spry, 2001). 그들은 '사회적 의식의 의제를 지향하고'(Saldana, 2011, p.31) 젠더와 인종적 불평등과 같은 이슈를 다루는 경향이 있다(Spry, 2010). 정치적으로나 학문적으로 급진적인 형식으로 간주되는 이 형식은 '학제적 담론의 단조로운 제약으로부터 학문적 목소리들을 해방시킬 수 있는 방식'으로 몸을 연구의 담론에 소개하는 것을 목표로 한다(Spry 2001, p.720). 타미 스프라이(2011)는 이렇게 말한다.

> 수행적 자기민족지는 **개인적·정치적 사회적 실천**이며, 비평적이고 성찰적인 방법론이다. 그것은 수행적 자기민족지가 우리의 개인적인 삶이 몸의 정치학 속에서 지배적인 문화적 기대를 바꿔가며 다른 사람들의 삶과 교차하고 충돌하고 교감하는 방식을 비평적으로 성찰하는 체계를 제공한다는 뜻이다. 그것은 우리의 지구적인 삶에 대한 질문을 던지고 다룰 수 있는 서사적 장치를 제공하면서, 우리에게 서로에게 맞서는 만큼 서로를 포용하기를 요구한다(p.54).

자기참조적 연극이 치료 작업과 겹치는 지점이 바로 이 맥락에 있다. 개인적 탐구와 비판적 자기성찰이 전통적으로 심리치료와 심리학의 초점이었던 정체성, 역할, 역량강화, 해방적/억압적 자기표현, 기억, 서사와 같은 주제와의 관련 속에서 추구되는 것이다(Langellier & Peterson, 2004). 그로 인해 자기참조적 연극 형식과 치료적 과정 사이에 암묵적이고 자연스러운 연합이 생성된다.

연극과 연극치료 분야의 학자들 모두가 자기참조적 공연이 부수적으로 치료적 효과를 가질 수 있음을 인정한다(Emunah, 2015). 헤돈(2008)은 자신의 외상적 경험을 '회복의 행동'으로 다룬 스팰딩 그레이나 린다 몬타노의 작업을 언급하면서 자전공연이 '개인적 치유와 등치될 수 있음'을 말한다(p.54). 그녀는 린다 박-풀러의 〈그 깨끗한 젖가슴(A clean breast of it)〉과 같은 작품의 치료적 가능성에 주목한다. 거기서 공연자는 자신의 정체성을 '환자-피해자'라는 역할에서 생존자 역할로 변형하는 개인적이고 정치적인 작업을 해냈다(Park-Fuller, 2003, p.215). 그러나 관련 학자와 공연자의 상당수는 감정을 표현하거나 개인적인 이야기를 하는 것이 과연 치료적 영역에만 속하는지에 의문을 표하면서 그들의 작업을 치료적인 것으로 규정하기를 주저한다. 자기성찰적인 자기민족지적 공연의 감정적 영향에 주목하면서, 스프라이(2011)는 '감정이 본질적으로 인식론적이지 않다'고 경고한다(p.108).

> 공연을 연구하는 사람들은 수세기 동안 지식을 생산하면서 감정의 체현을 다루어왔으며, 감정 표현이 미학적 감각을 대신하기를 기대하는 것의 잠재적 위험성을 잘 알고 있다(p.108).

그러므로 예술 형식으로서의 자기참조적 공연과 치료 방법론으로서의 자기참조적 공연의 교차점은 만남의 장소이면서 분리의 장소이기도 하다. 에무나(2015)는 '자전적 연극은 … 개인적 경험에 대한 극적 스토리텔링이나 극화와 관련된다. 하지만 거기에는 해당 경험을 변형하거나 치유하고자 하는 의식적인 목표가 없다'(p.72)고 말한다. 반면에, 그녀가 **자기계시적 공연**이라 명명한 것은 치료 과정이면서 동시에 연극 형식의 일종이다. 그녀는 이렇게 설명한다.

> 공연자의 삶 속에서 당면한 중요한 이슈를 미학적으로 표현하고 변형하는 것은 분명히 관객을 강렬한 느낌으로 사로잡을 수 있다. 작품이 전개되면서 나타나는 자연스러운 서스펜스와 의외성 그리고 주제의 직접성과 그것과 씨름하는 새로운 방식들, 이 모두가 좋은 연극의 구성 요소다(Emunah, 2015, p.79).

리처드 셰크너(2013)는 (모두 퍼포먼스의 일종인) 제의와 연극을 구분하기 위해 **효험-오락**의 개념을 사용한다. 일차적 목적이 변화에 있다면 효험의 측면이 우세한 것이고, 미학적인 것이 일차적 목표라면 오락의 요인이 승한 것이다. 그러나 셰크너(2013)는 효험과 오락의 관계가 엄격히 분리된 것이 아니라 시간과 특정한 문화적 맥락에 따라 달라지는 유동적인 것임을 강조한다(p.80). 그러므로 우리는 이제 이렇게 합의한다. 미학과 치료는 서로 배타적이지 않으며, 오히려 강력하게 합치된다(Emunah, 1994, 2015; Emunah & Johnson, 1983; Pendzik, 2013a, 2013b; Sajnani, 2012; Snow, D'Amico & Tanguay, 2003).

정의와 용어

자기참조적 형식들은 지나치게 여러 다른 말로 자신을 지칭하는 경향이 있다. 스미스와 왓슨(2010)에 따르면 '자기참조적 양식의 풍부하고 다양한 역사가 일견 동일한 것을 지칭하는 듯한 용어들 – **자서전, 기억, 삶의 글쓰기, 삶의 서사** – 을 구분'하도록 요구한다(p.2). 그 밖에 **기념적인, 자기민족지, 심리전기** 등의 용어도 있다. 이 같은 용어의 과잉은 자기참조적 연극과 공연에 모두 해당된다. 민

족지연극과 **민족지드라마** 장르를 연구하면서, 샐다나(2011)는 그와 관련하여 무려 80개의 고유한 용어를 찾아냈다. **오토드라마**, **오토퍼포먼스**, **일상생활 퍼포먼스**, **팩추얼 연극**, **생성적인 자서전**, **유산 연극**, **기억 연극**, **마이스토리**, **현실 연극**, **자서전 퍼포밍**, **회상 연극**, **자기-퍼포먼스**, **증언적 연극**(pp. 13~14). 특히 자전공연을 칭하는 용어는 이 밖에도 더 있다. **자전적 스토리텔링 퍼포먼스**(Langellier & Peterson, 2004), **고백적 퍼포먼스**(Schmor, 1994), **셀프-스토리**(Beglau, 2012), **솔로 자전적 퍼포먼스**(Wallace, 2006), **현실의 연극**(Martin, 2013). 일부 용어는 공연이 행해지는 장소를 고려하여 자전적 장소특정적 공연이나 **오토포그라피**(autopography)라고 하기도 한다(Stephenson, 2012).

연극치료 분야에서 자기의 퍼포먼스를 말할 때도 문화, 언어, 실행과 관련한 여러 용어를 사용한다. 르네 에무나(1994, 2015)는 자기계시적 공연이라는 접근법을 개발하여 미국과 캐나다의 연극과 연극치료 분야에서 활동해왔다. 그녀에 따르면, 자기계시적 공연은 '공연자가 자신의 당면한 삶의 경험으로부터 공연을 창조해내는 연극치료와 연극의 한 형식이다(Emunah, 2015, p.71). 초점은 궁극적으로 다층적 치유의 가닥들이며 그것이 연극적 특질을 (절충이 아니라) 강화한다는 것에 있다. 치료적 공연에 대한 그녀의 설명, 특히 치료적 이슈를 연극적으로 다루는 방법론과 개인적 연극에 내재한 치유적 요소에 대한 분석은 용어나 형식과 상관없이 해당 분야 전반에 영향을 미쳐왔다.

많은 활동가들이 **치료적 자전공연***(autobiographical therapeutic

* autobiographical therapeutic theater/performance를 그대로 옮기면 '자전적 치료적 연극/공연'이지만 우리말로 하기에 좀 더 편안하고 적합하도록 '치료적 자전공연'으로 번역한다. 다만 영어 두문자어로 말할 때는 ATP로

theater/performance, 이하 ATP)라는 포괄적인 용어를 사용한다. 펜직(2013)은 치료적 자전공연을 개인적 경험에 바탕을 둔 공연으로서 치료적 목표를 가지고 관객 앞에서 상연되는 연극치료의 한 형식으로 정의한다. 그녀는 또 이렇게 덧붙인다.

> 그런 폭넓은 정의에도 그에 해당하지 않는 것에 대한 경계가 내포되어 있다. 즉흥적 작품은 배제된다. 시간을 두고 리허설 단계를 거친 작품만이 치료적 자전공연이라 할 수 있다. 또 그것은 문학적이거나 보편적인 것이 아니라 개인적인 경험에 집중한다. 그리고 다른 사람들 앞에서 상연될 것을 염두에 두고 제작된다는 점에서 소통적 기능이 있다. 마지막으로 그것은 오락이 아니라 치료적 목적을 지향한다. 이들 전제의 조합은 **과정**과 **결과**의 균형을 필수 요소로 한다. 치료적 자전공연에서는 그 두 가지가 똑같이 중요하기 때문이다(pp.4~5).

영국에서는, 연극치료를 공부하는 학생들이 교육 과정 중에 자기에 관한 공연을 발표하도록 하며 그것을 **개인적 연극** 혹은 단순히 자전 공연이라 불러왔다(Seymour, 4장). 자크(7장)는 **연극치료에서의 자전 공연**이라는 말을 쓰고, 독터와 거시(13장)는 이들 용어가 영국에서 다른 것들과 뒤섞여 사용되어 왔다고 말한다.

이 책의 필자들이 자신의 작업을 명명하는 용어들 사이의 미묘한 차이에도 불구하고, 우리는 **치료적(혹은 자기민족지적) 자전공연(혹은 연극)**(ATP) 그 모두를 포괄하는 용어로 제안하며, 이 책에서

통칭한다.

그 용어를 사용할 것이다. 에무나는 자기계시적 공연이라는 개념을 치료적 자전공연이라는 용어가 사용되기 이전에 이미 만들었고, 당면한 개인적 주제를 탐험할 것, 치료적 **훈습**의 깊이, 예술적 숙달의 완성도를 강조하는 고유한 기준과 구체적인 형식을 갖고 있다. 그런 자기계시적 공연에 영향을 받거나 겹치기도 하지만, ATP의 넓은 우산 아래에는 작가의 연극치료 방법론이나 임상적으로 특정한 초점을 강조하는 형식들이 있다. 듄의 **변형된 각본 공연**(10장)이나 작업의 목적으로서 **치료적**이라는 단어를 필수로 강조하는 볼카스(8장)가 그렇다.

책에 대한 개괄

이 책은 개념적으로 연극/퍼포먼스와 심리치료의 교차점에 기반을 두며, 그 두 패러다임 사이를 유동적으로 활보한다. 일부 장에서는 서로 다른 분야의 개념이 통합되기도 한다.

1부에서는 ATP의 역사적 배경과 개념적 관점을 제공한다. 스테픈 스노우는 실험적이고 전위적인 연극이 자기계시적 공연의 발달에 어떤 영향을 주었는지를 밝힌다. 자기계시적 공연은 '환영주의 연극의 유명한 제4의 벽을 제거'하는 데서 시작했다. 그는 아르토, 그로토프스키, 리빙 시어터, 오픈 시어터, 스팰딩 그레이의 자전 공연을 자기계시적 공연의 중요한 전조로 거론한다. 르네 에무나는 자기계시적 공연을 계발하는 과정에서 (공연자와 연출자의 긴밀한 협업을 포함해) '무대 뒤에서' 무슨 일이 벌어지는지를 소개한다. 그리고 그렇듯 사적인 공연에서 관객이 수행하는 역할과 함께 관객을 대면하면서 공연자에게 무슨 일이 일어나는지를 분석한다. 그녀는 리허설과 공연 단계에서 공연자가 개인적 갈등을 체현적이고 연극적인 방식으로 다루고 변형하는 과정, 곧 **훈습**의 중요성을 강조한다. 그리고 그 같은 공연에 잠복한 '코끼리'인 자기몰두의 위험성을 경고한다.

수재너 펜직은 개인적 이야기의 재현을 단순히 피해를 당한 경험을 드러내는 데서 치료적 경험으로 나아가게 하는 ATP의 드라마터지적 요소에 초점을 맞춘다. 유지니오 바르바의 작업에 나타난 아이디어를 살펴보고 공연뿐 아니라 과정 전반을 특징짓는 패턴을 탐험하면서, ATP의 원형적 특징을 선별하고 그 과정을 치료적인 것으로 전환시키는 드라마터지적 구조의 예를 제시한다. 데이비드 리드 존슨은 자기계시적 공연에서의 **놀라움**의 경험을 살펴보면서 다음 질문을 숙고한다. 작품을 이미 암기하고 연습한 상태에서 공연자는 무대에서 어떻게 발견을 성취하는가? 그는 개인적 작품에 내포된 타자성의 의미를 강조한다. 그것은 배우의 무의식, 연출자, 무대미술, 관객의 존재에서 비롯된다. **발달 변형**의 불안정 이론에 의지하여, 그는 공연이 진행되는 동안 배우의 취약함과 현재에 열려있음의 중요성을 강조한다.

니샤 사쟈니는 또한 솔로 퍼포먼스에서 타자의 중요성을 강조하면서 **관계 미학**을 통해 개인적 이야기의 공연을 탐험하고, 예술, 윤리학, 관객의 관계적 관점을 조명한다. 몇몇 퍼포먼스 예술가의 작품 사례를 통합하면서, 그녀는 개인적 연극 작품의 내용과 과정 그리고 공연자와 관객 사이에 내재한 관계를 강조한다. 그 **상호주관적** 관점으로부터, 장-프랑수아 자크는 이 책을 관통하는 뚜렷한 한 주제인 공연자와 관객의 관계 탐험을 지속한다. 퍼포먼스 연구, 연극치료, 현상학, 상호주관성 이론의 제 요소를 통합함으로써, 배우와 관객의 역동적 만남을 톺아보고, 연극치료에서의 자전 공연에 내재하는 목격하기의 다양한 층과 유형을 개괄하면서 의미 생산을 위한 개념적 체계를 제시한다.

2부는 다양한 접근법에 기반한 ATP의 사례로 시작한다. 아만드 볼카스는 조지프 캠벨의 **영웅 여정**의 개념과 인류학적 모델의 **통과 의례**, 그리고 에릭 번의 **교류 분석**을 조합하여 심리치료의 한 양상으로서 참여자가 ATP를 창조하는 것을 돕는 과정을 분석한다. 셰일라 루빈은 수치심과 트라우마의 치유에 기여하는 자기계시적 공연에 초점을 맞춘다. 그녀의 **체현된 인생 이야기** 과정은 손상되거나 와해된 대인관계의 회복을 돕는 치료적 관계에 주목한다. 볼카스와 같이, 그녀는 이야기의 새로운 차원이나 심층적 측면에 접근함에 있어 회복적인 목격자의 중요성을 강조한다. 팸 던의 **변형된 각본 공연** 과정은 이야기 치료와 긍정 심리학에 기반을 두며, 볼카스와 루빈과 마찬가지로 심리치료 내담자를 대상으로 활용된다. 초점은 내담자의 삶에서 문제적인 패턴이나 각본을 드러내고, 보다 긍정적인 결과나 정체성을 이끌어내기 위해 **이야기를 고쳐 쓴** 다음 그 변형된 이야기를 상연하는 것이다.

드류 버드는 클라크 무스타카스의 **현상학적 연구**의 여섯 단계를 가져와 ATP에 적용하면서 그것을 개인적인 공연에 대한 성찰과 통합한다. 최초의 개입, 몰입, 잠복기, 조명, 전개, 창조적 종합의 단계는 ATP의 준비 과정을 이해하기 위한 발달적 구조를 제공한다. 그리고 이스라엘에서 유명한 네 편의 자전 공연을 살펴보는데, 그중 두 편이 연극치료적으로 계발되었고, 기든 제하비는 존 오스틴의 퍼포먼스 이론의 **퍼포머티브**라는 개념을 사용하여 자전 공연 내에서 발생하는 변형적 순간의 역동을 검증한다. 그는 이와 같은 순간들은 배우가 역할에서 나와 자신으로서 관객을 대면할 때 자주 발생하며, 훈습 역시 그와 비슷하게 배우와 그의 역할의 차이가 관객에게 노출될 때 발생한다고 결론짓는다.

다음 두 장은 특히 영국 연극치료 교육과정에서 개인적인 연극을 상연하는 것에 초점을 둔다. 디티 독터와 알리다 거시는 영국 연극치료 교육과정에서의 자전 공연의 역사를 살펴보고, 졸업생들이 회고한 공연 과정을 분석한다. 가족관계, 다양성, 목격되는 것, 사적인 것, 변형 등의 주제를 논하며, 그중 일부는 펜직과 그 밖의 필자들이 제기한 주제와 겹치기도 한다. 안나 세이무어는 개인적 연극에 관해 졸업생들을 인터뷰하고, 그것을 브레히트와 자크 랑시에의 공연자와 목격자/관객의 역학에 관한 연구에 의지해 변증법적이고 사회정치적인 관점에서 분석한다. 그녀의 분석은 배우 내에 있는 모순적이고 다층적인 충동들(가령 보이고 싶은 마음과 숨고 싶은 마음)을 드러내고, 자전 공연에서 관객 역할의 본질에 대한 질문을 제기한다.

그 뒤로 도브랫 해럴과 제이나 다카셰의 장에서는 좀 더 구체적인 활용으로 들어가 특정 대상과 ATP를 연출하는 주제를 살펴본다. 해럴은 이스라엘에서 치매 노인과 작업하고, 다카셰는 레바논 감옥의 재소자들과 작업했다. 해럴은 ATP가 어떻게 기억을 되살리고 유지하는지를 설명하며, 그것은 서사 노인학의 회상에 관한 연구 결과와 일치한다. 그녀는 ATP를 통해 노인의 자존감이 향상되고 긍정적인 자기정체감이 확장되는 과정을 묘사한다. 다카셰의 작업 또한 재소자들이 자신의 삶을 말하고 많은 관객 앞에서 감옥에서의 경험을 극화하는 것이 전혀 불가능해 보이던 희망을 불어넣는 것을 보여준다. 보알의 **입법 연극**에 영감을 받아, 그녀는 자신의 여정을 레바논의 사회적이고 법적인 개혁을 촉진하는 것과 관련지으며, 그 결과 "가정 폭력으로부터 여성과 가족구성원을 보호하기"라는 새로운 법안이 2014년 레바논 의회에서 통과됨으로써 구체적인 사회 변화를 창출할 수 있는 ATP의 강력한 가능성을 시사한다.

마지막 두 장은 ATP를 독특한 방식으로 사용해 작품을 만든 사람들이 직접 그 제작과정을 설명하는 것으로 구성된다. 줄스와 데이비드 리치몬드는 그것을 상실, 노화, 시간의 경과를 탐험하는 자기민족지적 공연을 창조하는 장기간의 부부 여정으로 설명한다. 그들의 시적이고 개인적인 이야기는 사회적이고 환경적인 필요와 관련한 정치적 헌신(과 환멸)과 접속한다. 마리아 호더마스카, 프렌티스 벤야민, 스테파니 오멘스는 **참여자로서의 연극**을 체화함으로써 ATP의 통상적 구조를 뒤집는다. 대부분의 공연에서 배우는 경험의 원천이자 동시에 극작가이며 공연자가 된다. 그런데 세 사람은 이들 역할을 모두 분리시킨다. 거기에 참여자는 없고, 오직 연출자가 공연자와 극작가와 개인적 경험을 제공하는 사람을 연결한다. 이 해체된 과정에 대한 그들의 성찰은 ATP와 자기계시적 공연에서 매우 흥미로운 질문과 중요한 주제를 조명한다.

책을 만들기 위해 우리는 ATP를 사용하거나 관련된 형식을 개입 방식으로 삼는 전 세계의 활동가와 학자를 접촉하려 노력했다. 그러나 응답은 주로 유럽, 북미, 중동 지역에 제한되었고, 그래서 우리는 가까운 미래에 이 책의 문화적이고 지리적인 한계가 수정될 수 있기를 바란다.

토론

이 책의 필자뿐 아니라 자전적이거나 자기민족지적·치료적 공연을 하는 사람들은 핵심적인 가치와 방법론을 공유한다. 다양한 이론적 배경, 특정 대상의 구체적인 욕구, 환경과 맥락 혹은 작가가 선호하는 언어 등에서 발생하는 차이는 대체로 미묘하다. 이 책에 표현된 공연은 모두 예외 없이 개인적 **서사**를 활용한다. 또한 자기의 **체현**과 **목격되는** 것과 관련해서도 관객 앞에서 이뤄지는 개인적 퍼포먼스가 가진 근본적인 힘을 활용한다. 그리고 공연자의 **노출**의 힘과 관객의 입장에서 그에 상응하는 **수용**의 윤리학을 강조한다. 이 주제들은 연극과 심리치료 모두의 핵심적인 원리와 깊이 연관되어 있다. 마음과 몸의 통합, 회복적 관계의 중심성, 자신의 역사와 문화적 환경과 관련한 개인의 연계와 개별화의 복합성. 진정으로 이 작업은 자유에서 태어나고 자유를 지향한다.

여기 언급된 많은 주제가 학문적으로 연구할 만한 가치가 있다. 거기에는 (1) 관객의 역할 (2) 연출자/치료사의 역할 (3) 연극치료 교육과정에서 사용하는 것 (4) 창조적 변형과 그 윤리적 차원 (5) 임박한 공연의 영향 (6) ATP가 대체로 한 번만 상연된다는 사실이 포함된다.

관객의 역할

이 책의 필자들은 하나같이 관객의 중요성을 언급한다. 그들은 또한 관객 중 다수가 공연자의 친구, 동료, 가족인 친밀하고 개인적인 공연 유형에서 관객의 역할은 통상적인 연극에서와 미묘하게 다르다고 말한다. 일부 필자는 이 특별한 관계의 윤리적 본질을 암시하나 세부사항은 부족하다. 예를 들어 활동가들은 얼마나 자주 그리고 얼마나 철저하게 공연에 앞서 관객을 준비시키는가 또는 마무리 회기나 후속 작업을 갖는가? 만일 그렇게 한다면 그 목적과 내용은 어떤 것인가? 그것은 배우를 위한 것인가 아니면 관객을 위한 것인가? 언제 혹은 어떤 맥락에서 관객은 공연에 자신을 비추어 보게 되는가? 관객의 기대는 어떤 역할을 하는가?

연출자/치료사의 역할

연출자가 주로 연극치료사로 기능할 것인가 아니면 예술적 과제에 특히 집중해 ATP라는 결실을 맺는 데 초점을 둘 것인가 사이에는 정도의 차이가 있다. 전자의 경우, 연출자는 ATP 이전과 이후에도 개인의 치료사로 기능할 것이며, 후자의 경우에는 공연자와 연출자는 리허설과 공연 과정에서만 협력할 것이다. 또한 연출자/치료사가 치료 과정과 최종 공연의 예술성을 최선으로 이끌어내는 것 중에 어디에 더 힘을 실을 것인가에서도 차이가 있을 수 있다. 일부 ATP 연출자/치료사는 컨설팅이나 목격자 역할을 선호해 극작과 내용 생산의 과제를 공연자에게 맡기는 반면, 더 적극적인 경우에는 최종 대본 구성을 책임지면서 공동창작자로서 개입하는 연출자/치료사도 있다. 예를 들어 자기계시적 공연에서 연출자는 치료적 가능성을 확장하기 위해 적극적으로 개입하면서 동시에 극적으로 탁월한 공연을 만들어내는 데도 개입한다. 관객이 보는 최종 공연에 포함된 연출자/치료사의 흔적은 연구가 필요한 흥미로운 주제다.

연극치료 교육과정

다수의 ATP 활동가들이 연극치료 교육과정에서 학생들과 작업하며, ATP는 교육과정에서 권장되거나 최종 프로젝트로 의무화되어 있기도 하다. 그 경우에는 객석을 강사와 동료 학생들이 채우는 것이 보통이다. 학생/배우들은 가장 성취적인 경험과 같이 매우 개인적인 경험을 다루도록 권장되고, 그것이 평가의 요소로 작용한다. 그로 인해 경쟁, 평가, 권력 관계를 둘러싼 윤리적이고 방법론적인 이슈들이 제기된다. 독터와 거시(13장) 그리고 에무나, 로셔 & 라미레즈－에르난데스(2014)는 이 과정에 대한 첫 번째 자료를 제공해주었다. 이 같은 환경에서의 ATP에 대한 글은 충분하지 않지만, 학생들의 반응은 그 경험을 매우 가치 있게 평가하고 교사와 동료 학생들로부터 지지를 경험했음을 보여준다.

창조적 변형과 윤리학

대부분의 회고록은 개인의 삶의 의미를 조명하거나 익명성을 기하기 위해 이름, 장소, 행동, 사건, 심지어 진실의 본질을 바꾸는 **창조적 변형**을 일정 부분 허용한다. 진실과 진정성의 관계는 무엇인가? 이것은 회고록뿐 아니라 ATP에서도 중요한 윤리적 주제로 보인다. 진실은 해당 문화의 기준에 따라 일련의 은유와 상징의 옷을 입을 수 있다. 그러나 이 책의 필자들은 아무도 ATP 과정에서 재현의 윤리적 경계를 확증하는 절차를 언급하지 않았다. 그것은 아마도 참여자/배우들이 그들의 삶에 대해 진실하다고 가정했기 때문일 것이다. 이 과정에 대해 연구할 것이 많을 것이며, 그것을 자전 문학과 자전 공연 분야에서 행해진 유사한 작업과 통합할 수 있을 것이다.

임박한 공연의 영향

일부 필자들이 ATP의 리허설 과정에서 상연 날짜를 잡는 것의 영향을 언급한다. 이것은 어떤 연극에서도 피할 수 없는 필수 요소다. 개막일! 그 날이 다가오면서, 제작, 연출, 연기와 관련한 갖은 종류의 결정이 줄줄이 이어진다. 그리고 그중 다수는 치료적이라 말하기 힘든 것이다. 대사는 삭제되고 동선은 바뀐다. 반면에 데드라인은 참여자가 용기 있게 나아가 더 이상 주저하지 않고 과제를 수행하도록 촉진하기도 한다. 배우와 연출자는 ATP의 최종적이고 압박감 높은 순간에 어떻게 미학적이고 치료적인 목표의 균형을 취할 수 있을까?

일회성 공연?

ATP는 대체로 한 번만 상연된다. 왜? 이것은 ATP의 통과의례적 특성과 관련된 것인가? ATP라는 과제에서 비롯되는 불안과 박수갈채 및 안도감을 주는 결말을 심리적 상처 자체의 성공적인 해결로 오해해서는 안 된다. ATP가 공연자와 관객에게 모두 의미 있다면, 오직 한 번 상연하는 것이 그 가능성을 제한할 수도 있을 것이다. 혹은 자신의 공연이 '순회에 들어갔다'고 느끼는 사람들에게 그 경험은 어떤 것이었을까? 그 경우에도 여전히 공연은 치료적일까 아니면 일반적인 자전 공연으로 변하게 될까? 다시 한 번, 우리는 이 주제를 깊이 들여다 볼 필요가 있음을 확인한다.

요약

우리는 이 책이 연극치료 분야에서 그리고 그것을 넘어 자전적이고 치료적 자전공연의 매혹적이고 도전적인 작업에 대한 적극적인 대화를 이끌어내기를 희망한다. 이것은 대다수 연극치료사의 교육과정에서 핵심이 되었고 보다 광범한 환경에서 다양하게 활용되고 있다. 퍼포먼스 연구와 밀접하게 연관될 뿐 아니라 포스트모던과 후기 구조주의 문학, 여성주의 이론, 사회정치적 운동과도 관련된다. 또한 하나의 직업으로서 연극치료의 치료적 가능성을 확장하고, 체현적이고 관계적인 윤리학의 본질에 대한 새로운 질문을 제시한다. ATP는 21세기 연극치료의 한 형식이며, 이 시대를 창조적 상호연계와 자기성찰의 시대로 만드는데 크게 기여할 것이다.

참고문헌

Anderson, L. (2011). *Autobiography*. Abingdon and New York: Routledge.

Beglau, N. (2012). *Self-story drama therapy: Healing through autobiographical stories in action*. Unpublished MA thesis, Pacifi ca Graduate Institute.

Claycomb, R. (2012). *Lives in play: Autobiography and biography on the feminist stage*. Ann Arbor: University of Michigan Press.

De Man, Paul. (1979). Autobiography as de-facement. *MLN, 94* (5), 919–930. http://links.jstor.org/sici?sici=0026-7910%2819791 2%2994%3A5%3C919%3AAAD%3E2.0.CO%3B2-K

Emunah, R. (1994). *Acting for real: Drama therapy process, technique, and performance*. New York: Taylor & Francis.

Emunah, R. (2015). Self-revelatory performance. A form of drama therapy and theatre. *Drama Therapy Review, 1* (1), 71–85. https://doi.org/10.1386/dtr.1.1.71_1

Emunah, R., & Johnson, D. R. (1983). The impact of theatrical performance on the self-images of psychiatric patients. *Arts in Psychotherapy, 10*, 233–239.

Emunah, R., Raucher, G. & Ramirez-Hernandez, A. (2014). Self-revelatory performance in mitigating the impact of trauma. In N. Sajnani & D. Johnson(Eds.), *Trauma-informed drama therapy: Transforming clinics, classrooms, and communities* (pp. 93–121). Springfi eld, IL: Charles C Thomas.

Forte, J. (1988). Women's performance art: Feminism and postmodernism. *Theatre Journal, 40* (2), 217-235.

Grace, S. (2003). *Performing the auto/biographical pact: Towards a theory of identity in performance.* Accessed August 11, 2015, from http://www.english.ubc.ca/faculty/grace/thtr_ab.htm

Heddon, D. (2008). Autobiography and performance . Hampshire and New York: Palgrave Macmillan.

Helland, J. (1992). Culture, politics, and identity in the paintings of Frida Kahlo. In N. Broude & M. Garrard (Eds.), The expanding discourse: Feminism and art history (pp. 397-408). New York: HarperCollins.

Langellier, K., & Peterson, E. (2004). Performing narrative: Storytelling in daily life. Philadelphia: Temple University Press.

Martin, C. (2013). Theatre of the real. Basingstoke and New York: Palgrave Macmillan.

Miller, L., Taylor, J., & Carver, M. H. (Eds.) (2003). Voices made fl esh: Performing women's autobiography. Madison, Wisconsin: University of Wisconsin Press.

Miner, E. (1968). The traditions and forms of the Japanese poetic diary. Pacifi c Coast Philology, 3, 38-48. http://www.jstor.org/stable/1316671

More－Gilbert, B. (2009). Postcolonial life－writing culture, politics and selfrepresentation. Abingdon, Oxon: Routledge.

Oakdale, S. (2005). I foresee my life: The ritual performance of autobiography in an Amazonian community. Lincoln and London: University of Nebraska Press.

Park－Fuller, L. (2003). A clean breast of it. In L. C. Miller, J. Taylor & M. Carver (Eds.), Performing women's autobiography: Voices made flesh (pp. 215-236). Madison, Wisconsin: University of Wisconsin Press.

Pearlman, L. (2015). 'Dissemblage' and 'truth praps': Creating methodologies of resistance in queer autobiographical theatre. Theatre Research International, 40 (1), 88–91.

Pendzik, S. (2013a). The poiesis and praxis of autobiographical the rapeutic theatre. Keynote speech, 13th Summer Academy of the German Association of Theatre–Therapy (DGFT), Remscheid, Germany. https://www.academia.edu/12635258/The_Poiesis_and_Praxis_of_Autobiographical_Therapeutic_Theatre

Pendzik, S. (2013b). The 6–Key Model and the assessment of the aesthetic dimension in dramatherapy. Dramatherapy, 35 (2), 90–98.

Rycroft, C. (1983). Psychoanalysis and beyond . London: Chatto & Windus-Hogarth Press.

Sajnani, N. (2012). The implicated witness: Towards a relational aesthetic in dramatherapy. Dramatherapy, 34 (1), 6–21.

Saldaña, J. (2003). Dramatizing data: A premier. Qualitative Inquiry, 9 (2), 218–236.

Saldaña, J. (2011). Ethnotheatre: Research from page to stage. Walnut Creek, CA: Left Coast Press.

Sandhal, C. (2003). Queering the crip or creeping the queer? Intersections of queer and crip identities in solo autobiographical performances. GLQ: A Journal of Lesbian and Gay Studies, 9 (1–2), 25–56.

Schechner, R. (2013). *Performance studies: An introduction* (3rd ed.). London: Routledge.

Schmor, J. B. (1994). Confessional performance: Postmodern culture in recent American theatre. *Journal of Dramatic Theory and Criticism*, *9* (1), 157–172.

Smith, S., & Watson, J. (1998). Introduction: Situating subjectivity in autobiographical practices. In S. Smith & J. Watson (Eds.), *Women, autobiography, theory: A reader* (pp. 3–51). Madison, Wisconsin: The University of Wisconsin Press.

Smith, S., & Watson, J. (2010). *Reading autobiography: A guide for interpreting life narratives.* Minneapolis, MN: Minnesota University Press.

Snow, S., D'Amico, M., & Tanguay, D. (2003). Therapeutic theatre and wellbeing. *Arts in Psychotherapy, 30* (2), 73–82.

Spry, T. (2001). Performing autoethnography: An embodied methodological praxis. *Qualitative Inquiry, 7* (6), 706–732.

Spry, T. (2010). Call it swing: A jazz blues autoethnography. *Cultural Studies ↔ Critical Methodologies, 10* (4), 271–282.

Spry, T. (2011). *Body, paper, stage: Writing and performing autoethnography.* Walnut Creek, CA: Left Coast Press.

Stephenson, J. (2012). After the apple: Post–lapsarian realism in *Garden//Suburbia* —An autobiographical site–specifi c work. In R. Barker & K. Solga(Eds.), *New Canadian realisms: New essays on Canadian theatre volume 2*(pp. 68–86). Toronto: Playwrights Canada.

Thompson, J. (2009). Ah pava! Nathiye: Respecting silence and the performance of not–telling. In S. Jennings (Ed.), *Dramatherapy and social theatre: Necessary dialogues* (pp. 48–62). London: Routledge.

Walker, J. (1994). Reading genres across cultures: The example of autobiography. In L. Lawal (Ed.), *Reading world literature: Theory, history, practice*(pp. 203–236). Austin, TX: University of Texas Press.

Wallace, C. (2006). Monologue theatre, solo performance, and self as spectacle. In C. Wallace (Ed.), *Monologues: Theatre, performance, subjectivity*(pp. 1–16). Prague: Litteraria Pragensia.

Weber, A. (1990). *Teresa of Avila and the rhetoric of femininity*. Princeton: Princeton University Press.

PART

01

영향과 개념

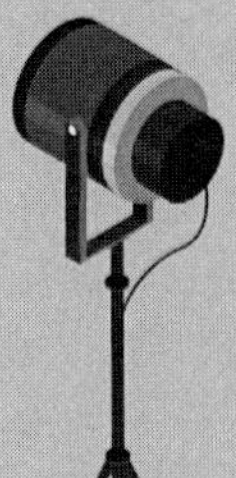

02

자기계시적 공연과 실험 연극의 영향

스테픈 스노우

필 존스는 「예술 치료: 건강보건에서의 혁명(The Arts Therapies: A Revolution in Health Care)」(2005)에서 예술의 전위 운동과 예술 치료의 등장을 관련짓는다. 그는 특히 1950년대 초반 블랙 마운틴 대학에서 일어난 창조적 폭발, 그중에서도 '첫 번째 해프닝'이라 불린, 1952년 존 케이지의 〈연극 작품 No.1(Theater Piece No. 1)〉을 언급한다. 존스는 케이지가 연출한 이 이벤트를 머스 커닝햄의 즉흥적인 춤과 함께 설명한다. 거기서 공연자들은 공간 전체를 돌아다니며 즉흥적으로 움직였고, 필름과 슬라이드가 그것을 벽에 투사했다(2005, p.69). 아마도 이 작품과 관련한 그의 가장 의미 있는 진술은 '사람들은 허구의 인물을 연기하지 않고 그들

S. Snow, PhD, RDT–BCT (✉)
The Department of Creative Arts Therapies and Centre for the Arts in Human Development, Concordia University, Montreal, Quebec, Canada
e–mail: dramarx@sympatico.ca

자신으로 있었다'일 것이다(2005, p.69). 나는 이것이 전위와 실험 연극의 진화에서 중요한 마디라는 데 존스와 의견을 같이한다. 그것은 1960년대에 벌어질 것들의 전조로서 환영주의 연극의 유명한 제4의 벽의 소거의 시작이며 퍼포먼스에서 자기의 실행을 위한 예술적 순간을 규정한다. 존스는 블랙 마운틴 대학의 실험에서 발생한 연극과 치료의 접속을 상술하는 것으로 나아간다. '배우들과 극작가들은 준비 과정에서 치료 기반의 기술을 활용했고, 예술가들은 즉흥과 발견을 의식적으로 끌어들여 사용했으며 … 그런 예술에서의 혁명은 예술치료의 발달에 영향을 받았다'(2005, p.70).

실험 연극과 치료의 이러한 의미심장한 연계는 루스 에반스의 「실험 연극: 스타니슬라브스키부터 오늘날까지(Experimental Theater: From Stanislavsky to Today)」(1970)에서 다시 한 번 언급된다. 그는 이후에 거론할 연극치료사들에게 스승이자 영감으로 기억되는 위대한 실험 연극 연출가 예지 그로토프스키의 작업을 설명하고, 그의 연극이 진정으로 '…분석심리학적 의미에서 "자기－치유"의 수단'이라고 말한다(p.7). 마지막으로, 퍼포먼스 이론가이자 실험 연극 연출자인 리처드 셰크너 또한 「효험/오락의 매듭: 15세기부터 21세기의 영미 연극(Efficacy/Entertainment Braid: Fifteenth to Twenty－First Centuries in English and American Theater)」(1977, p.77)에서 전위 예술과 치료의 심층적 연계를 논한다. 이 모델의 도해의 오른쪽 위, 곧 효험 원리에 가장 몰두하는 퍼포먼스가 배치되는 분면에, 그는 전위 연극과 사이코드라마를 놓는다. 셰크너는 이렇게 쓴다. '20세기 중반까지 전위는 직접적인 정치 행위인 **심리치료**(강조는 필자)와 다른 명백하게 효험적인 종류의 퍼포먼스를 포함하도록 확장되었다'(1977, p.78). 사이코드라마와 관련해서는 그 발명가인 제이

콥 레비 모레노와 함께, 그가 그로부터 창안한 또 다른 형식이자 **자기계시적 퍼포먼스**와 매우 관련이 깊은 오토드라마 혹은 모노드라마에 주목할 필요가 있다. 모노드라마는 내담자가 자신의 삶에 등장하는 사람들과 그 내적 투사를 혼자서 연기하는 치료적 형식이다. 1960년대의 유명한 심리치료사인 프리츠 펄스는 '…모노드라마를 게슈탈트 치료의 핵심 기법으로 사용했다'(Blatner, 1973, p.16). 우리는 이 모든 다양한 징후들, 1950년대 블랙 마운틴 대학에서의 퍼포먼스 실험부터 1960년대 예지 그로토프스키 실험실의 영향 속에서, 실험 연극의 발달과 연극치료의 등장 사이의 진실하고 유기적인 접점을 확인할 수 있다.

연극치료의 등장과 실험 연극

심리치료의 한 형식으로서 연극치료는 여러 측면에서 1960년대 사회 전반과 예술에서 발생한 혁명적 변화의 맥락 속에서 태동되었고, 이 특정한 문화적 시기에 깊이 영향을 받았다(Johnson & Emunah, 2009; Jones, 1996). 그러나 연극치료에 미친 위대한 연극적 영향력을 살핌에 있어서, 우리는 그보다 앞선 실험 연극으로 거슬러 올라가 스타니슬라브스키와 브레히트의 작업이 어떤 영향을 미쳤는지를 알아야만 한다(Roose-Evans, 1970). 그로토프스키에 앞서, 스타니슬라브스키의 **정서 기억**과 브레히트의 **소외 효과**는 연극치료 방법론의 발달에 매우 중요한 영향을 미쳤다. 미국의 **메소드** 연기라는 해석으로 인해, 스타니슬라브스키가 정서 기억을 포함한 그의 연기 시스템에서 의도한 바가 정확히 무엇인지에 대한 논쟁이 있었다(Benedetti in Stanislavski, 2008, p.xx). 그러나 그와 상관없이 위대한 연기 스승이 배우가 자신의 심리와 감정을 탐험하기를 기대했다는 것은 분명하다. 이는 「배우 수업(An Actor Prepares)」의 정서 기억에 관한 장에 매우 분명하게 기술되어 있다. '**배우는 절대 자신으로부터 멀어질 수 없다**… 어떻게 연기하든, 얼마나 많은 역할을 연기하든, 자신의 감정을 사용한다는 규칙에서 예외일 수 없다'(Stanislavski, 1936, p.167). 이것은 엄격한 자기탐색과 자기인식을 함의한다. 에무나가 여기서 연극치료의 발달에 중요한 영향력을 발견한 것은 놀랍지 않다. 브레히트의 소외 효과 역시 마찬가지다. 그것은 랜디의 거리조절 개념에 이론적 바탕을 제공한다. 랜디는 그것을 이렇게 확장한다. '브레히트의 거리두기 이론은 불완전하다. 건강한 기능은 감정과 사고의 균형을 요한다. 거리조절은 밀착과 분리의 스펙트럼으로 특징 지워지는 상호작용이나 심리내적 현상이다'(Landy, 1986, p.98). 또 다른 데서 랜디는 '참여자에 대한 극적 개입에서 거리조절은 핵심 개념이자 도구다… 그리고 연극치료사는 그가 거리조절의 차원을 이해할 수 있을 때 보다 효율적으로 개입할 수 있다'고 말한다(Landy, 1996, p.14). 랜디와 에무나는 모두 자신이 1960년대와 1970년대 연극 예술의 혁명을 위한 길을 열어 준 선대의 실험 연극에 빚지고 있음을 잘 알았고, 그것이 공연에서 자기가 재현되는 새로운 방식의 전조가 되었다.

랜디(1982)는 연극치료 이론의 발달에 그로토프스키, 아르토, 줄리앙 벡이 어떻게 기여했는지를 인식한다. 에무나(1994) 역시 이 세 사람이 자신의 접근법을 계발하는 데 지대한 영향을 주었다고 말한다. 랜디는 그로토프스키가 자신의 배우 훈련 메소드를 일종의 치료로 간주했다는 근거를 그의 말에서 찾는다. '나는 메소드에 대해 말하고 있다. 나는 한계를 뛰어넘는 것, 직면, 자기인식의 과정,

그리고 어떤 의미에서 치료에 대해 말한다'(Grotowski as quoted in Landy, 1982, p.92). 그 밖에도 많은 필자들이 자신의 작업을 그로토프스키에게 빚졌다고 고백한다. 특히 발달 변형을 창안한 존슨(2009)이 그렇다. 존슨과 그의 동료들이 쓴 「가난한 연극치료를 향하여(Towards a Poor Drama Therapy)」(Johnson, Forrester, Dintino, James & Schnee, 1996)는 단일한 연극치료 접근법에 실험 연극 활동가가 미친 영향력을 가장 분명하게 보여준다. 그들이 말하는 바와 같이 '그로토프스키의 작업은 연극에서 치료로 가는 길을 밝혀주었고, 우리는 줄곧 그 길을 걸어왔다'(1996, p.265).

자기계시적 공연접근법과 실험 연극

연극치료에서 중요한 책인 「현실을 위한 연기: 연극치료 과정, 기법, 공연(Acting for Real: Drama Therapy Process, Technique and Performance)」(1994)에서 에무나는 자신의 생각에 영향을 준 실험 연극 활동가를 열 명 이상 언급한다. 그녀는 다음과 같이 뚜렷이 밝힌다. '지난 수십년 간 실험 연극은 공연이나 퍼포먼스에 초점을 맞추기보다 연기의 과정에 더 주목해왔다. 다양한 연극 연출가와 이론가들이 연기와 공연을 고찰한 방식이 연극치료의 발달에 중대한 영향을 미쳤다'(1994, p.8).

에무나는 1983년에 **자기계시적 공연**(self-revelatory performance) 접근법을 창안했고(2014, p.73) 그 방법론과 개발과정을 명확하게 밝혀왔다(Emunah, 1994, 2009, 2015). 여기서 중요한 것은 실험 연극의 이론과 실천에 대한 그녀의 이해가 자기계시적 공연의 계발에 어떻게 적용되었는가이다. 「현실을 위한 연기」 10장에서 그녀는 이렇게 말한다. '자기계시적 공연은 새로운 종류의 치료일 뿐 아니라 새로운 장르의 연극이다. 그것은 그로토프스키, 아르토, 리빙 시어터 그리고 그 밖에 경계와 배우의 과정과 배우와 관객의 관계를 탐험한 실험 연극 연출가와 극단들의 작업에 토대를 둔다'(1994, p.291).

이것은 '새로운 장르의 연극'이라는 말로써 그것이 수반하는 모든 미학적 함의를 가지고 연극치료를 연극의 영역으로 편입시키는 강력한 진술이다. 또 다른 관점에서 그것은 연극치료라는 수행적 형식을 일종의 실험 연극으로 성립시킨다.

앙토낭 아르토

여러 측면에서 아르토는 실험 연극 운동의 시인-철학자가 되었다. 그의 아이디어는 이 시대의 가장 급진적인 극단 중 하나인 리빙 시어터의 작업으로 가장 생생하게 구현되었다. 아르토는 1920년대 그가 직면한 프랑스 부르주아 연극에 철저하게 저항했다. 그가 남긴 가장 유명한 말 중 하나는 이것이다. '… 만약 우리 시대에 지독히 기분 나쁘고 저주스러운 것이 하나 있다면, 그것은 **화형대에서 불타면서 그 불꽃으로 말하는 희생자**가 되는 대신 형식을 가지고 미적대는 우리의 예술적 꾸물거림이다'(Artaud, 1958, p.13, 강조는 필자). 특히 앞 구절은 1960년대 수많은 급진적 연극 예술가들의 슬로건이 되었다. 광인이자 시인이자 선지자인 아르토는 연극 예술가들이 자연주의와 사실주의의 규준을 벗어나 인간의 심층을 표현하도록 촉구했다. 그는 실제로 신비주의자였다. 1920년 파리 박람회에서 경험한 발리 연극에 대한 그의 광상적인 글은, 전위 연극의 동방으로의 방향 전환과 또 다른 특징들을 예언했다. 반면에 아르토는 연기 예술을 위한 개념을 매우 단순하고 우아하게 표현했다. 나는 '감정의 운동선수'(1958, p.133)라는 배우에 대한 그의 채플린식 표현을 좋아한다. **정서적인 운동경기**라는 그의 아이디어는 1960년대와 1970년대 연기 스타일에 지대한 영향을 주었다. 에무나는 자기계시적 공연의 계발에 미친 아르토의 영향에 대해 이렇게 말한다. 아르토는 예술적 연극을 창조했다. '거기서는 진실이 드러나고 정서적이고 영적인 순화가 일어난다. 아르토는 말과 선형적 플롯이 지배하는 당대의 연극 관습에서 벗어나 꿈, 이미지 몸짓, 시의 언어를 사용했다'(1994, p.10). 이 인용구를 통해 우리는 연극에 대한 아르토의 빛나는 시적 사고가 치유적 연극의 발달에 영향을 주었음을 확인할 수 있다.

예지 그로토프스키

연기 예술의 새로운 개념화에 전기를 마련한 사람을 한 명만 꼽는다면 아마도 폴란드 연극 연출가 예지 그로토프스키일 것이다. 피터 브룩은 그를 두고 이렇게 말한다. '… 스타니슬라브스키 이후로 연기의 본질, 그 현상과 의미와 정신적－신체적－정서적 과정의 과학을 그로토프스키만큼 심층적이고 완벽하게 탐구한 이는 없다'(Grotowski, 1969, p.13). 예지 그로토프스키가 1960년대 말 미국 전위 연극 문화에 들이닥쳤을 때, 그는 연기를 위한 전적으로 새로운 패러다임의 선지자가 되었다. 몇 년 지나지 않아 **성스러운 배우**, 연극의 **전례**, **부정법**이라는 그의 개념은 연극의 관용구가 되었고, 그가 실험 연극 연출가 리처드 셰크너에게 미친 영향은 실로 거대하다. 에무나는 그로토프스키와 아르토가 제시한 연극 개념의 접점을 이렇게 말한다. '그것은…(우리의 문제, 고통, 딜레마, 갈망 등)으로부터 도망치는 방식이 아니라 그 내부로의 심원한 여정이다. 진실함을 가지고 연기하는 것 혹은 진실함으로 연기하는 다른 사람들에게 관객이 되는 것은 깊은 이해와 치유를 향한 길이다'(1994, p.11). 그러므로 우리는 여기서 1960년대에 나타난 연기 이론과 자기계시적 공연의 진정한 접점을 발견한다. **자기 관통**이라는 그로토프스키의 개념의 강력한 영향은 연극치료 교육과정에서 최종 과제로 자기계시적 공연을 수행하는 학생들의 작업에서 반복된다. 콘코디아 대학 연극치료 과정에 다니는 학생 한 명은 그로토프스키의 말을 자기 작품의 상징으로 인용했다.

> '만약 배우가 공개적으로 자신에게 도전함으로써 다른 사람들에게 도전한다면, 그리고 철저한 과잉, 신성모독과 언어도단의 불경함으로 일상의 가면을 스스로 벗어버린다면, 그는 관객 역시 그와 비슷한 자기 관통의 과정에 착수하게 할 수 있다'(Grotowski, as quoted in Furlong, 2010, p.25).

리빙 시어터, 오픈 시어터, 퍼포먼스 그룹

연극치료에 영향을 미친 것으로 랜디(1982)와 에무나(1994)가 모두 언급한 세 번째는 리빙 시어터다. 리빙 시어터가 연극치료에 기여한 바는 그 지속적인 변신의 역사 때문에 다소 정확하게 조명하기가 어렵다. 흥미롭게도 리빙 시어터의 초기 역사는 블랙 마운틴 대학 장면의 두 베테랑, 곧 머스 커닝햄과 존 케이지와 인연이 깊다. 그들은 1958년 리빙 시어터가 14번가에 연습 공간을 마련할 수 있도록 도와주었고, 리빙 시어터는 퍼포먼스에서 개인적 자기를 사용할 수 있는 모판이 되어주었다. 그들의 목표는 정치적 억압으로부터의 해방, 일종의 사회적 치료였으며, 그것은 심리적 억압과 깊이 관련되었다. 스테판 브레히트는 그들에 대해 이렇게 쓴다.

> 아르토가 자신의 연극이 그 특유한 범죄적 문명을 순화시킬 수 있다고 농담을 한다면, 그 같은 순화를 의도한 리빙 시어터는 그의 무대 트릭뿐 아니라 내용에 대한 아이디어 곧 **문명의 고통과 잔혹성**으로 돌아가 … 무정부주의적 혁명과 같은 것을 상연하고자 했다 (1969, p.52).

그러나 그들의 연극은 정치적으로 급진적일 뿐 아니라 퍼포먼스 그룹으로서 심리학적으로도 급진적이었다. 그들 작업의 주된 목적은 '**개인 속에 있는 억압** – 최초의 억압, 자기 억압, 사회 속의 억압의 근원이자 원천을 심리적으로 공격하는 것'이었다(Brecht, 1969, p.48). 그들은 빌헬름 라이히의 심리성적 계율과 R. D. 랭의 급진적 사회 심리학을 따랐다. 사실상 〈이제는 낙원으로(Paradise Now)〉에서, 그들은 랭의 책 「경험의 정치학(The Politics of Experience)」(1967)의 마지막 문장인 '만일 내가 당신을 흥분시킬 수 있다면, 당신의 비참한 생각을 몰아낼 수 있다면, 당신이 알게 될 것을 말해줄 수 있다면'(McDermott, 1969, p.83)을 노래로 불렀다. 아마도 이것이 1960년대 퍼포먼스에서 진정한 자기의 재현을 향한 가장 극단적인 움직임일 것이다. 랭의 인용구는 그 시대의 주문을 전형적으로 보여준다. 그것은 또한 전후 전쟁의 공포로 고통 받는 인간성의 거대한 소외를, 치유되어야 할 문화의 본질적 질병으로 간주하는 **세계관**을 표현한다. 랭의 관점에서 보면, 소위 정상성은 그 자체로 질병이었다. <이제는 낙원으로>의 공연에서 이것은 사회적 억압의 모든 양상(사람들이 있는 데서 벌거벗는 것을 금지한 법을 포함하여)에 도전하는 것으로 그리고 개인적 표현의 자유와 자발성을 전폭적으로 허용한 공연 양식으로 구현되었다. 줄리앙 벡은 그 공연과 관련해 이런 말을 남겼다. '… 우리는 우리 자신밖에 가진 게 없다'(Schechner, 1969, p.32). 그들은 관객이 공동체적 혁명에 도전하도록, '천국을 향한 문을 열어젖히도록' 자기 자신을 사용했다. '내가 내 옷을 벗는 걸 금지 당했어!' 배우들은 관객이 자발적 행동에 나서기를 희망하며 히스테릭한 절망에 싸여 이 대사를 외쳤다.

리빙 시어터는 1960년대 문화에 지워지지 않는 흔적을 남겼다. 그들은 모레노식의 사회적 치료를 꿈꾸었다. 그것은 '진정으로 치료적인 여느 과정과 같이, 인류 전체를 목표로 삼는다'(Moreno, 1993, p.3). 이런 의미에서 그들의 혁명은 랭의 그것과 마찬가지로, 인류를 그 '마음이 만들어낸 수갑'으로부터 자유롭게 해주는 치료적 혁명이다. 1968년에 한 평론가는 그들의 스펙터클에 대해 이렇게 썼다. '그 효과는 집단 치료의 요란한 과정처럼, 즉각적으로 대단히 파괴적이고 최종적으로 유쾌하다'(Secrest as quoted in Rostegno, 1970, p.54).

조셉 차이킨이 이끄는 오픈 시어터와 리처드 셰크너의 퍼포먼스 그룹은 당시의 또 다른 중요한 실험 연극 집단이다. 1960년대 초반부터 차이킨의 작업은 앙상블을 이루는 창조적 공동체에 초점을 두었다(Blumenthal, 1977, p.126). 그는 '배우들이 자신을 때때로 연극적 역할을 맡는 사람으로 생각하기를, 그렇지 않을 때는 다른 배우들과 관객을 포함한 지역사회의 일부가 되도록 자극했다'(Blumenthal, 1977, p.118). 그로토프스키와 비슷하게, 그는 배우가 사회적으로 조건화된 페르소나를 벗고 자신으로서 관객과 만나기를 원했다. 블루멘탈은 이렇게 쓴다. '현존은 바로 지금 바로 여기에 있음의 특질로서, 실제 공간과 실제 순간 그리고 그 공간과 순간에서의 생생한 만남에 대한 자각을 뜻한다'(1977, p.113). 차이킨의 접근법은 연기 훈련에 큰 영향을 미쳤고, 나아가 퍼포먼스에서 배우의 강력한 개인적 존재감을 발달시켰다. 셰크너는 환경 연극으로 가장 잘 알려져 있지만(Schechner, 1970), 그는 역할에서 빠져나와 자기 자신을 표현하는 배우와 관련한 실험으로 시작했다. 예를 들어, 디오니소스를 연기하는 배우는 자신을 신으로 소개하며 시작했다. '내 이름은 윌리엄 핀리, 윌리엄 핀리의 아들 … 나는 오늘밤 여기에 나의 신성을 공표하러 왔다 …'(Schechner, 1970, p.38). 공연에서 디오니소스를 연기한 또 다른 배우 조안 맥킨토시는 이렇게 말했다. '250명에게 내가 신이라고 말하는 부조리함은 나와 관객을 웃게 했지만 점점 힘이 들어오면서 자조가 사라졌다 … 나의 퍼포먼스 전체가 그 장면에 전적으로 달려있다'(Schechner, 1970, p.48). 이 중대한 실험 연극 공연으로부터 개인적 자기가 공연 공간에 등장하기 시작했다.

공연에서 개인적 자기를 향한 변화

인물의 가면 뒤에서 개인적 자기가 출현한 시점을 포착하기 위해서는 1959년 미국 실험 연극의 시작점으로 거슬러 올라가야 한다. 아서 세이너는 이른바 '우리 눈앞에서 일어난 드라마라는 직물의 급진적 느슨해짐'(1975, p.12)이라는 것을 명료하게 분석한다. 그는 잭 겔버의 희곡을 무대에 올린 리빙 시어터의 공연 〈커넥션(The Connection)〉을 인용한다. 그 공연에서 배우들은 '인물을 연기하는 것과 자신으로 있는 것 사이를 오갔다. … 공연자들은 겔버의 대본이 극으로 불러들일 때까지 자기 자신**으로서** 편안하게 있었다 …'(Sainer, 1975, p.12). 세이너는 이것을 미국 연극에 새로운 드라마터지와 새로운 퍼포먼스 이론이 시작된 분기점으로 지목한다. 리처드 셰크너는 그의 에세이 「드라마, 희곡, 연극과 퍼포먼스(Drama, Script, Theater and Performance)」에서 이 급진적인 느슨함의 주제를 이해한다. '이 영역에서 나의 작업은 공연자와 관객이 개념적으로 구분되는 드라마, 희곡, 연극과 퍼포먼스라는 현실의 중복을 자각하도록 만드는 것이었다'(1977, p.44). 이 같은 퍼포먼스 프레임의 급진적 해체는 그가 샘 셰퍼드의 〈범죄의 이빨(The Tooth of Crime)〉에서 스팰딩 그레이를 연출할 때 더욱 두드러지기 시작했다.

자전퍼포먼스를 향한 첫 발: 스팰딩 그레이

'그레이가 그 자신을 재료로 사용한 것은 연기의 역사에서 스타니슬라브스키와 브레히트의 혁신 못지않은 변곡점을 이룬다'(Lee Breuer as quoted in Copeland, New York Times, 3 June, 1979). 셰크너는 자신이 서문을 쓴 데마스테의 책 「스팰딩 그레이의 미국(Spalding Gray's America)」(2008)에서 스팰딩 그레이의 작업에서 그가 **자전퍼포먼스**(autoperformance)라 부르는 것(Schechner, 1982)을 향한 움직임을 아름답게 개괄한다. 새로운 장르는 '일인극인데, 좀 더 급진적인 장면에서 그 한 명의 공연자는 자신을 퍼포먼스의 재료로 사용한다'(1982, p.44). 1970년 TPG의 〈코뮌(Commune)〉에서 스팰딩 그레이는 '인물, 스팰딩'으로서 자기 자신을 연기했다. 그러나 본격적인 자전 공연을 향한 그의 여정의 시작점은 〈범죄의 이빨〉(1972~1973)에서 셰크너가 그를 연출했을 때다. 그레이는 인물을 벗고 나와 자기 자신이 될 수 있었던 그 과정을 이렇게 말한다. '갑자기 그런 질문들이 일어났어요. 만약 내가 인물을 재구성하지 않으면 어떻게 될까? … 난 뭐라고 말할까? 그리고 그것이 내가 공개적으로 스팰딩 그레이가 될 수 있을 거라는 맨 처음 호기심과 유혹이 생겨난 지점인 것 같아요'(Gray as quoted in Schechner, 2008, p.xiv). 그리고 연출가 엘리자베스 르콩트와 함께 어머니의 자살을 다룬 작품 〈럼스틱 로드(Rumstick Road)〉(1977)를 제작하면서 그 다음 단계로 이어졌다. 실험 연극 연출가 리 브루어에 따르면 '럼스틱 로드와 함께 … 드디어 모든 게 명확해졌다. 성명서는 말한다. 나는 모든 영역에서 나의 재료다. 시각적으로, 음성적으로, 역사적으로, 영적으로, 심리적으로, 인지적으로, 정서적으로. 나는 나 자신이다 … [이것은] … **금세기에 나타난 연기에 관한 세 번째 새로운 아이디어다**(강조는 필자)'(Breuer as quoted in Copeland, 1979).

이것이 연극에서 개인적 자기를 표현하는 것을 향한 전환의 시작점이며, 연극치료를 포함한 여러 분야에 거대한 영향을 미쳤다. 그것은 하임즈가 **직역**이라 부른 것 혹은 장르의 해석적 변형이 바로 그것이다(Ben-Amos & Goldstein, 1975, p.20). 〈럼스틱 로드〉는 그 같은 변형을 이끌어낸 전이적 순간이다. 〈럼스틱 로드〉 이후, 그레이는 일련의 자전적 작품을 올리기 시작했다. 그것은 〈14살까지의 섹스와 죽음(Sex and Death to the Age 14)〉(1979)로 시작해 나중에 조너선 드미가 상업 영화로 제작한 〈캄보디아까지 헤엄쳐가기(Swimming to Cambodia)〉(1985)로 이어졌다. 〈럼스틱 로드〉에서 그레이는 자신의 가장 고통스러운 경험 중 일부를 공개적인 자리에서 연극적으로 표현했다. 무대에 혼자 올라가 자신의 삶에 관한 이야기를 들려주는 것은 그래서 상대적으로 쉬운 단계였다. 셰크너는 이렇게 말한다. '… 그레이의 진보는 특히 완벽하다. 그는 해석자로서의 배우에서 시작해 환경 연극의 공연자를 거쳐 자기공연자로 나아가는 과정의 모델이다'(1982, p.45).

미국 연극의 다른 공연자들은 그레이의 혁신에서 엄청난 영향을 받았다. 영은 그에 대해 이렇게 쓴다. '로스 앤젤레스에서 활동한 연출자 마크 W. 트레비스는 〈캄보디아〉가 무대에서 상연되는 것을 본 후 자전적 성격의 일인극 세 편을 성공적으로 제작했다'(1989, P.179). 첫 번째는, 폴 린케의 일인극 〈살아있는 동안 시간은 쏜살같다(Time Flies When You're Alive)〉로 공연자는 거기서 유방암으로 아내를 잃은 일과 그로 인해 자신과 가족이 겪는 것을 이야기했다. 스팰딩 그레이가 그 공연을 보고 이렇게 말했다. '… 내가 본 일인극 중 가장 생생하고 강렬했다. … 사는 것과 그에 대해 성찰하는 것 사이의 훌륭한 균형'(Young, 1989, p.183). 두 번째 작품은 배우 셰인 맥카브의 것으로, 그는 어린 시절의 학대와 그 파괴적인 영향을 다루었다. 매우 개인적인 경험을 다룬 그레이의 자전퍼포먼스에서와 마찬가지로, 〈집이 최고다(No Place Like Home)〉를 본 관객은 공연이 끝난 후 배우에게 찾아와 자신의 개인적 경험을 공유했다(Young, 1989, p.185).

1987년 NYU에서 '연극치료에서 퍼포먼스와 치유'라는 제목으로 열린 8차 전미연극치료협회 연례 회의에서는 연기와 치유와 관련한 모든 것들이 다루어졌다. 르네 에무나는 당시 중요한 저서인 「현실을 위한 연기」(1994)를 출간하지 못한 상태였고, 그래서 세 시간 동안 '자기계시적 공연 제작하기'라는 제목의 워크숍을 진행했다. 컨퍼런스는 전문 배우인 버크 비네스의 〈미국의 경찰들(America's Finest)〉이라는 자전적이고 치유적인 작품으로 열었고, 그것은 그의 어린 시절과 어른이 된 후에 남자가 되는 법을 배우는 것과 관련한 트라우마를 다루었다. 버크는 스팰딩 그레이의 〈47개의 침대(47 Beds)〉를 보았고 그가 공개적인 자리에서 자신의 남성성을 의심하고 동성애를 솔직하게 공개한데 감동을 받았다. 그리고 거기서 영감을 받아 자신의 삶에서 그 같은 금기를 공개할 수 있었다고 말했다.

자전 공연과 자기계시적 공연의 비교

공적인 공간에서 사적인 진실을 이야기하는 것의 위력은 자전 공연과 자기계시적 공연 모두에 해당하는 가장 역동적 요소 중 하나로 보인다. 그렇다면 버크 비네스나 스팰딩 그레이의 자전공연과 에무나의 자기계시적 공연의 차이는 무엇일까? 에무나는 자기계시적 공연에서는 심리적이고 정서적인 주제가 단지 표현되는 것을 넘어 실질적으로 훈습된다고 말한다. 그리고 이것은 연기 과정과 일치하는 효율적인 치료 과정을 내포한다. 나 역시 그녀의 평가에 동의한다. 그러나 에무나는 두 형식 사이에 정서적 강도의 측면에서 차이가 있다고 말함으로써 한 발 더 나아간다.

> **자기계시적 공연**은 개인의 실제 삶에 기반을 둘 뿐 아니라 이미 해결된 과거의 문제가 아니라 현재의 문제를 다룬다는 점에서 매우 높은 강도의 위험을 감수해야 하며, 그런 측면에서 자전적 연극과 구분된다. 가령 자전적 연극은 스팰딩 그레이의 예에서 나타나듯 강도 높게 사적이거나 정서적으로 위태롭지는 않은 과거의 사건을 이야기하는 것일 수 있다. 그에 비해 **자기계시적 공연**은 언제나 정서적인 위험을 감수한다(1994, p.224).

내가 보기에 스팰딩 그레이의 초기작들, 그러니까 〈럼스틱 로드〉와 같은 전이적 작품은 강도 높은 정서적 진정성과 강렬함을 보여주었다. 뉴욕타임즈 연극비평가 리처드 엘더는 〈럼스틱 로드〉에 대해 이렇게 썼다. '… 마음을 사로잡는 빛나는 작품. 그 추상과 복합성은 진정한 감정을 불러일으킨다'(Jacket of Rumstick Road, Video Reconstruction, Wooster Group, 2013). 실제로 많은 자전 공연은 효율적인 연기력으로 강렬한 정서적 폭발력을 지녔을 뿐 아니라 고난도의 정서적 위험을 감수하기도 한다.

그러나 작품의 위력과 상관없이, 스팰딩 그레이는 자전적 연극을 만들고 상연하는 것을 통해 치료적 의도를 가졌을까? 자기계시적 공연에 근접한 그의 공연은 그에게 개인적으로 치유로 작용했을까? 진정한 자기계시적 작품이라 할 만한 〈럼스틱 로드〉 이후에, 그는 일인극으로 넘어가기 시작했다. 그것은 일대일로 '자기 제시의 서사'를 들려주는 매우 미니멀한 형식이었다(Schechner, 1982, p.47). 물 한 병과 공책과 녹음기가 놓인 탁자 뒤에 앉아 자신의 특정한 경험을 이야기하는 것이다. 〈14살까지의 섹스와 죽음〉, 〈술판(Booze)〉, 〈자동차와 여대생(Cars and College Girls)〉, 〈47개의 침대〉가 모두 그 같은 일인극이다. 그러나 이들 작품에서는 공연자가 퍼포먼스가 치료적이기를 의식적으로 추구한다는 증거를 찾아볼 수 없다. <럼스틱 로드>에서와 같이 어머니의 자살을 주제로 하면서, 그는 외상적 사건에 접근하려 시도했을지도 모른다. 그러나 그것은 치료적 의미에서의 의식적인 훈습은 아니었을 것이다. 데마스테는 이렇게 말한다. '어머니의 자살과 같은 큰 사건부터 일상의 작은 해프닝에 이르기까지, 그것에 질서를 부여함으로써, 그는 스스로에게 도망칠 수 없는 기억을 견뎌낼 수 있는 기회를 부여했다. 그레이의 예술은 그를 압도하는 강력한 후회로부터 자신의 삶을 구원한 방식이다'(Demastes, 2008, p.208). 〈럼스틱 로드〉(2013)를 재구성한 새로운 비디오를 보면, 그레이의 진실한 현존, 그의 이야기의 신실함, 연출자와 동료 배우들이 만들어내는 실험 연극의 분위기에서 전해지는 진짜 감정을 느낄 수 있다. '럼스틱 로드는 우아 – 그리고 나는 일부러 이 말을 쓰는 것이다 – 하다. 사적인 것의 침범을 두 개의 삶 곧 엘리자베스 호손 그레이의 인생과 그녀의 아들 스팰딩 그레이의 인생을 이해하려는 공연자의 노력에 끼워 넣음으로써 보완한다는 점에서 그렇다(Schechner, 1982, p.47). 그러나 버크 비네스가 자신의 일인극을 그렇게 칭한 것과 달리, 그는 한 번도 그것을 치유적 작품이라 말한 적이 없다.

스팰딩 그레이는 예술과 치료를 별개의 영역에 두었다. 1975년 퍼포먼스 그룹과 인도를 여행할 당시, 그는 신경쇠약으로 쓰러졌고 뉴욕으로 돌아온 후에 정신과 치료를 받았다(Casey, 2012, pp.43~44). 흥미롭게도 그것은 그가 〈럼스틱 로드〉를 상연하고 얼마 후의 일이었다. 그것을 둘러싼 정신질환과 심리치료의 갖은 울림을 고려할 때, 나는 그 작품이 아마도 에무나가 말하는바, 자기계시적 공연에 가장 가까울 것이라 생각한다. 그러나 그것은 갑자기 멈춘다. 그레이가 연극을 자기치료의 형식으로 사용하는 것보다 예술에 관심을 두었기 때문이다. 그는 매우 재능 있는 공연자였고, 이후 20년 동안 독특한 스타일의 자전적 독백을 창조했다. 일인극에서 그가 발휘한 오락적 능력은 발군의 것이어서, 뉴욕타임즈의 멜 구소우는 그를 일러 "스탠드업 코미디언의 희극적 감수성을 지닌 앉은뱅이 독백가"라고 평할 정도였다(Gussow as quoted in Casey, 2012, p.102). 그의 오락적 재능과 예술적으로 이야기하는 능력이 가장 유감없이 발휘된 것은 조너선 드미가 감독한 〈캄보디아까지 헤엄쳐가기〉(1987)의 영화 버전이다. 그레이는 이 영화의 유명한 독백에서 관객의 넋을 빼놓는다. 관객은 거기서 대사와 이미지와 연기의 마법을 능란한 기술로 엮어내는, 기량이 한껏 물오른 예술가를 볼 수 있다.

스팰딩 그레이는 자신의 삶을 예술로 만들었고 위험을 무릅쓴 용감한 예술가였다. 그는 자신의 치료와 연극을 별개로 두었지만, 그럼에도 자주 '심층의 풍경을 파고들어감으로써' 어둠의 심장으로 뛰어들었다(Gray as quoted in Young, 1989, p.178). 그는 연극 예술을 통해 개인적 이슈를 탐험하는 방식을 보여준 선구자였다. 비록 끝에는 예술이나 그 밖의 방법으로도 자신의 개인적이고 심리적인 문제를 풀지 못해 슬픈 결말을 맞았지만 말이다.

결론

연극치료 학자와 활동가들은 실험 연극 운동에서 많은 영향을 받아왔다. 연극치료를 이끌어가는 학자들 중 다수가 아르토, 그로

코프스키, 리빙 시어터와 같은 이들에게 깊이 영향 받았음을 고백한다(Johnson, 2009; Johnson et al., 1996). 르네 에무나는 자기계시적 공연의 방법론을 계발함에 있어 그로토프스키가, 그중에서도 특히 연기 방법론으로서 자기 관통이라는 개념이 큰 영향을 주었다고 밝혔다(Emunah, 1994, p.10). 전체론적인 관점에서, 스팰딩 그레이의 혁신적인 자전퍼포먼스 작업 – 브루어가 '금세기 연기에 대한 세 번째 새로운 아이디어'라 말한 – 또한 자기계시적 공연의 개념을 갖추는데 도움을 주었다. 이런 의미에서 자기계시적 공연은 그 자체로 하나의 새로운 실험 연극 장르라 할 수 있다.

에무나는 치료적이면서 동시에 미학적인 것으로서 자신의 메소드에 관한 상당한 사례를 갖고 있다. 그녀는 이렇게 쓴다. '예술이 의도적으로 치료적일 경우에는 진정한 예술이 될 수 없다고 믿는 사람들이 있다. 그러나 자기계시적 공연은 그 같은 신화를 파괴한다. 자기계시적 공연은 예술과 치료 사이의 긴장을 유지하며, 어느 한 요소도 희생시키지 않을 뿐 아니라 오히려 그 둘을 모두 강화 한다'(Emunah, 2015, p.81). 도전적이고 자극적인 아이디어가 아닐 수 없다. 예술과 치유의 이 같은 일치는 자기계시적 공연에 핵심적이다. 그것은 '관객의 심리적 건강을 증진시킨다면 그 연극은 치료다'(Kirby, 1976, p.3)라는 개념을 훨씬 앞지른다. 그것을 여타 형식의 자전적 연극과 차별화하는 것은 지금 공연자의 삶을 혼란스럽게 하는 중요한 심리적 이슈를 의식적으로 다룬다는 점이다. 에무나는 그에 대해 이렇게 말한다. '자기계시적 공연의 훈습은 문제를 그저 드러내는 데서 올 수 있는 불안정한 상처 대신 공연자에게 새로운 마음 상태와 일종의 숙달감을 갖게 해준다'(2015, p.78). 필 존스 또한 동일한 기준으로 연극과 연극치료의 차이를 구분한다. '연극과 연극치료의 주요한 차이는 연극치료 경험은 탐험과 투사의 해결을 허용하는 반면 연극은 오직 투사된 감정의 표현만을 허용한다는 데 있다'(Jones, 1996, p.135).

자기계시적 공연은 실험 연극과 전위 연극에 깊이 뿌리를 대고 있고, 연극치료 분야의 통찰과 치료적 정향을 양분 삼아 자라났으며, 그리하여 이 책의 출간과 함께 새로운 형식의 치료적 연극으로 인식될 준비를 마친 듯 보인다.

참고문헌

Artaud, A. (1958). *The theater and its double* (M. C. Richards, Trans.). New York: Grove Press.

Ben-Amos, D. & Goldstein, K. S. (Eds.) (1975). *Folklore: Performance and communication*. Paris: Mouton & Co.

Blatner, A. (1973). *Acting-in: Practical applications of psychodramatic methods*. New York: Springer.

Blumenthal, E. (1977). Joseph Chaikin: An open theory of acting. *Yale/Theatre, 8*(2&3), 112-133.

Brecht, S. (1969). Revolution at the Brooklyn Academy of Music. *The Drama Review, 13*(3), 47-73.

Casey, N. (Ed.) (2012). *The journals of spalding gray*. New York: Vintage Books.

Copeland, R. (1979, June 3). New York: *New York Times*, Arts and Leisure Section.

Emunah, R. (1994). *Acting for real: Drama therapy process, technique, and performance*. New York: Brunner-Mazel; Taylor and Francis.

Emunah, R. (2009). The integrative five phase model of drama therapy. In D. Johnson & R. Emunah (Eds.), *Current approaches in drama therapy*(pp. 37-64). Springfi eld, IL: C. C. Thomas.

Emunah, R. (2015). Self-revelatory performance: A form of drama therapy and theatre. *Drama Therapy Review, 1*(1), 71-85.

Furlong, J. (2010). Exploring the hero's journey as a transformative experience: Self－revelatory performance as personal therapy and healing (Unpublished Master's research paper). Concordia University, Montreal.

Grotowski, J. (1969). *Towards a poor theatre.* New York: Simon and Schuster.

Johnson, D. R. (2009). Developmental transformations: Towards the body as presence. In R. Emunah & D. R. Johnson (Eds.), *Current approaches in drama therapy*(pp. 89–116). Springfi eld, IL: C. C. Thomas.

Johnson, D., & Emunah, R. (Eds.) (2009). Current approaches in drama therapy. Springfi eld, IL: C.C. Thomas.

Johnson, D. R., Forrester, A., Dintino, C., James, M. & Schnee, G. (1996). Towards a poor drama therapy. *Arts in Psychotherapy, 23*(4), 293–306.

Jones, P. (1996). *Drama as therapy,* theatre as living. London: Routledge.

Jones, P. (2005). *The arts therapies: A revolution in healthcare.* New York: Brunner－Routledge.

Kirby, M. (1976). Introduction to the theatre and therapy issue. *The Drama Review, 20*(1), 3.

Laing, R. D. (1967). *The politics of experience and the bird of paradise.* Harmondsworth, Middlesex. England: Penguin Books.

Landy, R. (1982). Training the drama therapist—A four－part model. *Arts in Psychotherapy,* 9, 91–99.

Landy, R. (1986). *Drama therapy: Concepts and practices.* Springfi eld, IL: C. C. Thomas.

Landy, R. (1996). *Essays in drama therapy: The double life.* London: Jessica Kinsley.

McDermott, P. (1969). Portrait of an actor, watching: Antiphonal feedback to the Living Theatre. *The Drama Review, 13*(3), 74-83.

Moreno, J. L. (1993). *Who shall survive: Foundations of sociometry, group psychotherapy and sociodrama* (student ed.). McLean, VA: American Society for Group Psychotherapy and Psychodrama.

Roose-Evans, J. (1970). *Experimental theatre: From Stanislavski to today*. New York: Routledge.

Rostegno, A. (1970). *We, the living theatre*. New York: Ballantine Books, Inc.

Sainer, A. (1975). *The radical theatre notebook*. New York: Avon.

Schechner, R. (1969). Containment is the enemy: Judith Malina and Julian Beck interviewed by Richard Schechner. *The Drama Review, 13*(3), 24-46.

Schechner, R. (Ed.). (1970). *Dionysus in 69: The performance group*. New York: Farrar, Straus and Giroux.

Schechner, R. (1973). *Environmental theatre*. New York: Hawthorne Books.

Schechner, R. (1977). *Essays in performance theory*, 1970-1977. New York: Drama Book Specialists.

Schechner, R. (1982). *The end of humanism: Writings on performance*. New York: Performing Arts Journal Publications.

Schechner, R. (2008). Foreword: Spalding. In W. W. Demastes (Ed.), *Spalding Gray's America*(pp. ix-xxi). New York: Limelight Editions.

Stanislavski, C. (1936). *An actor prepares* (E. R. Hapgood, Trans.). New York: Theatre Arts Books.

Stanislavski, C. (2008). *An actor's work: A student's diary* (J. Benedetti, Ed. and Trans.). London: Routledge.

The Wooster Group (Producer). (2013). *Video reconstruction of*

Rumstick Road by Ken Kobland and Elizabeth Lecompte with Clay Hapaz, Matt Schloss and Max Bernstein [DVD]. Available from www.thewoostergroup.org

Young, J. R. (1989). *Acting solo: The art of one-man shows.* Beverly Hill, CA: Moonstone Press.

03

자기계시적 공연의 제작부터 상연까지

르네 에무나

연극치료이자 연극의 한 형식인 **자기계시적 공연**은 탐험이나 치유 혹은 변형이 필요한 개인의 당면한 이슈를 바탕으로 고유한 연극 작품을 만드는 것이다. 자기계시적 공연의 개발 그리고 자전 공연 및 치료적 연극과의 관계는 최근의 논문 「자기계시적 공연: 연극치료와 연극의 한 형식(Self-Revelatory Performance: A Form of Drama Therapy and Theatre)」(Emunah, 2015)에서 밝힌 바 있다. 그 논문은 개인적 경험에 대한 연극적 **훈습**에 초점을 둔다. 그것은 자기계시적 공연의 핵심 요소로서 극적으로 고심하는 방법론과 치유적 분투를 포함하는 동시에 관객에게 보일 만한 예술 작품의 계발을 보장한다. 이 장에서는 자기계시적 공연의 전 과정을 면밀히 살

R. Emunah , PhD, RDT-BCT (✉)
Drama Therapy Graduate Program, California Institute of Integral Studies, San Francisco, CA, USA
e-mail: remunah@ciis.edu

필 것이다. 그것은 공연자와 연출자의 창조적 협업을 요하는 강도 높은 탐험적 여정이다. 자기계시적 공연은 무대에서의 상연으로 귀결되므로, 관객과의 상호작용과 더불어 그 같은 친밀한 공연에서 관객이 수행하는 역할을 살필 것이다. 또 개인적인 것과 보편적인 것 그리고 사회문화적 차원과 개인적인 차원이 교차하는 방식을 명시하면서 자기계시적 공연의 잠재적 함정이라 할 수 있는 자기 몰두를 점검한다.

공연자의 과정과 연출자의 과정

초기 단계

공연자와 연출자는 개인적 치유 과정을 구축하는 것과 관객에게 말하는 최종 작품을 창조하는 것 사이의 가는 선을 가로지른다. 공연에서는 언제나 양자가 공존하지만, 전체적으로는 전자에서 후자로 점진적으로 진행한다.

자기계시적 공연의 이상적인 공연자는 연극적 배경과 심리적 자기성찰 능력을 모두 소유한다. 이 점을 고려하면, 실제로 공연자 다수가 연극치료사라는 것이 전혀 놀랍지 않다. 자기계시적 공연은 연극치료 교육과정의 캡스톤 프로젝트*(Emunah, Raucher & Ramirez, 2014)뿐 아니라 임상과 연극 분야에서 활용되어 왔다. 연출자는 전

* 졸업전시회나 발표회로 불리기도 하는 캡스톤 프로젝트는 학생이 교육과정에서 배운 것을 토대로 스스로 주제를 선택하고 연구하여 그 결과를 발표하게 하는 경험적인 과제를 뜻한다. 여기에 '최고의 성취'를 뜻하는 캡스톤(capstone)이라는 수식이 붙은 이유는 석사학위 취득에 필요한 요구사항을 충족시키는 프로젝트이기 때문이다.

형적으로 뛰어난 연출력과 임상 기술을 갖춘 연극치료사다.

자기계시적 공연의 초기 과정에서, 공연자와 연출자는 내면의 풍경을 그리면서 가장 본질적으로 탐험해야 할 것이 무엇인지를 탐색한다. 공연자가 처음부터 어떤 이슈를 다루어야 할지를 분명히 아는 경우도 있지만 대개는 여러 문제가 두서없이 떠오르기 때문에 초기 작업에서는 가장 '뜨거운 문제'가 무엇인지를 읽어내는 것이 중요하다. 그것은 바꿔 말해 당면한 것 중에서 공연자에게 가장 부담스럽고 중요한 혹은 긴급한 이슈를 가려내는 것이다. 이 초기 탐색은 치료 회기에서 일어나는 것과 유사하다. 한 주에 한 번 한 시간씩 진행되는 회기에서 모든 것을 탐험하기는 어렵지만, 능숙한 치료사는 참여자가 핵심 주제로 접근하도록 촉진하며, 참여자는 그에 따라 좀 더 중요한 이슈와 간접적으로 관련된 문제에 대해 말하기 시작할 것이다. 비슷하게 자기계시적 공연 과정 초기에 공연자와 연출자는 가장 의미 있고 본질적인 문제에 접근하는 것을 목표로 한다. 대다수 사례에서는 지나치게 많은 이슈가 올라오고 그래서 그것을 증류하는 것이 중요한 반면, 정반대의 도전에 직면하는 공연자들도 있다. 자신에게 충분히 의미 있는 이슈가 있는지를 확신하지 못하는 것이다. 그것은 자기계시적 공연에 임할 때가 무르익지 않아서 일수도 있지만, 대개의 경우 오래지 않아 뜻밖의 의미를 가진 이슈가 떠오른다.

'이슈'는 사실 더 좋은 용어가 없어 쓰는 말이다. 자기계시적 공연은 전형적으로 진행 중인 삶의 주제나 갈등 또는 근원적인 함의를 가진 사건이나 양상을 중심으로 진행된다. 그것이 현재적인가? 문제가 공연자의 자각의 전면에 부상해 있는지 그리고 그것이 현재와 미래에 미치는 영향을 무대에서 다룰 준비가 되어 있는지를 점검한다. 공연자에게는 문제를 붙들고 씨름하여 치유하고자 하는 욕구/욕망이 있다. 그 과정은 일종의 결말로 매듭지어지거나 또 다른 여정의 입구로 이어질 수도 있다.

공연자가 중요한 주제를 선별하도록 언어적인 방식으로 돕는 연출자도 있지만, 대다수 연출자들은 연극과 움직임에 기반한 다양한 접근법과 함께 연극치료를 통합한 행동적인 방식을 사용한다. 어떤 메소드를 쓰는가와 무관하게, 초기 단계에서 연출자는 공연자와 신뢰를 구축하는 데 집중하며 공연자의 강점, 취약성, 진정성, 표현의 자유를 독려한다.

연출자는 공연자의 최초의 관객이다. 한 공연자는 (공연 후 쓴 저널에서) 이렇게 말한다.

> 내 삶의 상처는 관계에서 발생했다. 나는 타자의 현존 속에 내가 있음을 아는 데서 비롯되는 좀 더 깊은 연결과 자유를 갈망했다. 애초의 트라우마와 자기계시적 공연이 유사한 과정임이 분명해지면서, 연출자가 나의 과정을 존중하지 않을까봐 내가 얼마나 두려워하는지를 알아차렸다. (그러나) 연출자는 나를 아무런 조건 없이 수용해주었다. … 그리고 나의 슬픔과 여러 감정을 연민으로 세심하게 보살펴주었다. 그것은 초기 과정에서 정확하게 내가 필요로 했던 것이었고 … 덕분에 나는 스스로에게 충분히 몰두하면서 더 많은 나를 드러낼 수 있었다 … (Dorothy Lemoult, 2011).

공연자들은 글쓰기, 일지쓰기, 꿈 되새기기, 극화하기, 그림그리기, 춤추기, 움직이는 자신을 알아차리기 등을 통해 자신의 경험을 다룬다. 그 과정에서 창조성과 자기 관찰이 모두 고조될 수 있고, 때로 그 날의 경험이 신선한 발견과 더욱 정밀한 탐색으로 이어지기도 한다. 과정 중에 일어나는 모든 것이 공연의 잠재적 재료가 된다.

자기계시적 공연의 주제가 명료해지면, 작업의 핵심 단계가 시작된다. 해당 경험으로 들어가 그것을 다양한 각도에서 탐험하면서 시야를 확장하여 전혀 새로운 방식의 접근을 이끌어내는 것이다. 연출자와 공연자는 동시에 그 과정(그리고 궁극적으로는 공연이)이 단지 가공되지 않은 자서전에 머물기보다 갈등의 이해와 치유를 확장해갈 것을 확증한다. 공연자와 연출자의 다차원적이고 강도 높은 탐험은 그전까지 깊이 묻혀있거나 부인되었을지도 모르는 가장 핵심에 위치한 문제를 파고드는 것을 궁극의 목표로 한다.

후기 단계

작품의 전반적 서사에 윤곽이 잡히면, 공연자와 연출자는 자전적 요소를 검토하면서 어떤 정보가 작품을 이해하는 데 중요한지를 선별한 다음 그것을 어떻게 창조적으로 통합하여 간결하게 소통할 것인지를 탐험한다. 공연자 대니얼 스미슨는 〈뿌리(Root)〉(2012)에서 어린 시절의 반복된 이사를 무대 주변을 정신없이 돌아다니는 것으로 표현했다. 무대 한쪽에는 한 사람이 대니얼이 살았던 지역의 목록이 적힌 칠판 옆에 말없이 서 있다가 대니얼이 한 바퀴 돌 때마다 목록에서 해당 지역을 지웠다. 이 단순한 움직임은 대니얼이 옷을 찢는 동작과 어우러져 배경 설명 없이도 정곡을 찌르는 표현이 되었다.

사실을 밝히는 것에 관한 질문이 일어날 것이다. 꼭 말해야 하는 것은 무엇인가, 공연자가 드러내기를 불편해/편안해 하는 것은 무엇인가, 해당 작품의 범위에서 벗어나는 것은 무엇인가? 또 작품에 나오는 다른 사람과 관련하여 심리적이거나 윤리적으로 고려해야 할 사항이 있을 수 있다. 자기민족지적/개인적 서사 분야에서 관련 주제를 연구한 캐롤린 엘리스(2007)는 '돌봄의 상관적 윤리학'을 제안한다(이것은 연극치료에서 니샤 사쟈니의 관계 미학을 연상시킨다, 2012). 엘리스의 작업과 자기민족지적 글쓰기와 퍼포먼스를 참조함에 있어, 폴로우스는 딜레마가 있다고 밝힌다. '이 이야기들은 알려져서는 안 되는데, 알려지지 않을 수가 없기도 하다! … 비밀을 깨고 나와 … 이야기를 공들여 만드는 것은 그 이야기와 관련된 이들을 위한 것일까 아니면 그들을 대상으로 하는 것일까?'(2019, p.13).

그 밖에도 혼자 연기할지 다른 배우의 도움을 받을지 또는 공연자의 강점을 끄집어내고 특정 이슈를 가장 잘 조명하는 스타일이 무엇인지를 결정해야 하는 미학적이면서 치료적인 고려사항들이 있다.

매 단계와 질문이 도전적이지만 가장 커다란 도전은 자기계시적 공연의 핵심부에 있다. 공연자는 어떻게 진정으로 해당 이슈를 치유하고 훈습할 것인가. 공연자와 연출자는 어떻게 이슈의 본질로 접근하여 적절한 단계와 수위를 거쳐 변화와 치유 혹은 변형을 성취할 것인가. 이 과정은 시간이 걸릴 뿐 아니라 공연자의 자발성과 연출자의 임상 기술을 요구한다. 무엇이 치유를 이끌어내는가에 대한 질문이 연출자와 공연자 모두에게 일어날 것이다.

'훈습'이란 무엇인가? 그것은 이슈와 씨름하고 그 속에 뛰어들어 문제를 풀고 그 기원과 함의를 더 잘 이해하고자 하는 의식적 노력을 뜻한다. 그것은 심리적 자기검증이자 우리를 만든 힘과의 상호작용에 대한 소유권을 의미한다. 그것은 또한 문제로 인해 강해지거나 부드러워지거나 또 다르게 변형되는, 그리하여 '그것을 통과하는' 방법을 찾아내는 것을 의미한다. 통과한다는 것은 또 무엇인가? 그것은 내려놓기, 제어하기, 협상하기, 직면하기, 수용하기, 인정하기, 용서하기, 초대하기, 입장 바꾸기, 저항하기, 약속하기, 이동하기, 재고하기, 재창조하기 등일 수 있다. 개인과 이슈는 저마다 특정한 특징과 복합성을 띤 채 다르며, 따라서 일정한 공식은 없다(Emunah, 2015, pp.74~75).

한 공연자는 이렇게 성찰했다.

> 미학적 영역과 병행된 개인적 과정에 대한 자각은 내게 끝까지 일관되고 중요한 안내자가 되어주었다. 가장 흥미로운 것 중 한 가지는 내가 당시에 고민하던 비밀 중 일부를 공개하는 것이 그 배후의 이슈 저변에 깔린 것을 탐험하고 드러내는 것보다 훨씬 쉽다는 사실이다. 그것이 이 과정이 치료적인 이유를 정확히 보여준다(Jesse Jo Toth, 2011).

내적 장벽, 사회적 압력, 두려움, 항상성, 뿌리 깊은 패턴에 직면할 때 저항이 일어날 수 있다. 그러나 저항은 특정한 형태를 취하기 마련이며, 공연자를 더 깊은 통찰로 이끌 수 있을 뿐 아니라 연극적으로 활용될 수도 있다. 많은 공연자들은 퍼포먼스에서 자신의 저항을 극적으로 표현한다. 〈내면의 자장가(Inner World Lullabies)〉(2011)에서 제스 조 토스는 '내면의 비평가'와 지나치게 열성적인 '정신건강 치어리더'와 '진정한 자기'의 세 인물을 구현했다. 이들 인물을 통해 그녀는 자신의 결함 곧 사랑과 삶과 치료사가 되는 것에 대한 두려움과 자기검증에 대한 저항(그런 그녀가 자기계시적 공연을 한다는 것 자체가 매우 흥미로운 역설이다!)을 탐험했다. 또 다른 공연자 엘리사 킬먼은 〈이것은 비통함에 대한 것이다(This is about Heartbreak)〉(2009)에서, 취약해질 수 있음을 경고하며 자기계시적 공연을 하지 말라 조언하는 보호자/유대인 엄마를 연기했다. 또 공연자 제넬 마자리스는 〈작은 미스 셀프(Little Miss Self)〉(2008)에서 관객을 계속 기다리게 하면서 무대에 서는 것에 대한 두려움을 표현했다. 그러다가 (권투 장갑을 낀!) 거친 내면의 보호자가 제넬이 무대에 올라오지 않을 거라고 말하고 들어가면 드라마 '가십걸'의 캐릭터가 등장해 제넬의 비밀을 누설한다. 급기야 제넬이 무대에 나타나지 않을 게 분명해지면서 위기관리팀이 그녀를 찾기 시작했다.

이렇듯 저항을 연극적으로 표현하는 것 – 그것은 신중한 알아차림을 동반한 일종의 액팅 아웃이다(Blatner, 1988; Emunah, 1994, 1995) – 은 전형적으로 작품에 유머와 파토스를 더해주며, 공연자가 저항을 뚫고 미답의 내면세계로 좀 더 쉽게 진입할 수 있게 해준다.

공연자와 연출자는 즉흥극과 연극치료적 과정에서 발생하는 충격적이고 강렬하고 가슴 아프고 계몽적이며 명료하고 유머러스하고 의미심장한 순간의 대사와 장면을 기록한다. 또 연극적으로 호소력이 있는 치료 방법과 장면 역시 녹화한다. 궁극적으로 그 재료에서 대본이 만들어지기 때문이다.

대본은 점진적으로 작성된다. 그러나 현재에 기반한 자기계시적 공연은 내용이 계속해서 바뀔 수 있고, 공연을 준비하는 과정에서 일어난 일이 작품에 영향을 줄 수도 있다. 한 공연자는 혼자라는 두려움에 관한 작품을 만들던 중에 기대치 않은 만남을 갖게 되었고 그것이 작품에 영향을 주었다(아마 그 반대도!). 공연은 개인의 삶과 나란히 성장하며, 개인의 삶 역시 공연 작업에 영향을 받는다.

공연자와 연출자의 초점은 대본을 다듬고 깎아내고 이어붙이는 것으로 옮겨간다. 작품의 본질을 흐리거나 과도한 부분이 있을 수 있고, 더 정교하게 그려야 할 대목도 있을 것이다. 대사를 더 명료하고 간결하게 고칠 수도 있다. 과정 중심에서 최종 공연을 가다듬는 것으로 초점이 바뀌는 이 시점에서, 연출자의 작업은 배우의 기술을 향상시키고, 몸짓, 억양, 표정, 동선과 같은 세부 사항을 조율하는 것을 포함해 전통적인 연출에 가까워진다. 음악, 음향, 무대장치, 조명, 소도구를 살피고 공연 전반을 조형하고 확정하는 데 적극적으로 개입한다. 흔히 공연자와 연출자는 모두 이 시기에 공연에 필요한 요소를 덧붙이면서 새로운 창조성의 불꽃을 경험하곤 한다. 배우는 대본을 암기하고 연습한다.

공연의 마지막 장면은 매우 중요하며, 리허설 과정 후반까지도 확정되지 않을 수 있다. 결말과 관련해 몇 가지 질문을 고려할 필요가 있다. 공연자는 관객을 두고 떠날 것인가? 혹은 자신이 마지막까지 남을 것인가? 결말이 공연을 아름답고 강렬하고 명료하게 집약하는가? 단순하거나 지나치게 능숙하지는 않은가? 작품의 힘과 메시지를 강화하는가? 그러나 이들 문장과 달리, 강렬한 결말은 일반적으로 물음표로 끝나지 않는다!

공연 날짜가 가까워지면서 관객의 존재가 실감됨에 따라, 공연자는 새로운 두려움을 경험하기 마련이다. 이때 연출자는 강하고 침착한 태도로 공연자가 두려움을 잘 다룰 수 있도록 돕는다. 연극치료 메소드는 불안을 다루고, 공연자를 공연 당일과 그 후에 발생할 수 있는 감정에 준비시키는 데 유용하다. 일반적으로 공연 일자가 다가오면, 불안은 흥분으로 바뀌고 공연자는 관객 앞에서 공연할 수 있을 만큼 준비되었다고 느낀다.

자기계시적 공연과 관객

관객에게 공연을 선보이는 순간까지는 공연자와 연출자 사이에서 공연자의 내적 고통을 발굴하고, 자원과 회복탄력성을 강화하며, 통찰의 층을 벗겨가는 점진적이고 상관적인 과정이다. 잠자고 있는 것들을 조명하는 발굴의 여정에서 한 가지 새로운 요소, 관객과 작품을 공유하는 것이 도입된다. 공연자들은 이 중대한 만남에 자신을 준비시킬 필요가 있다.

배우라면 당연히 공연 전에 웜 업을 하며, 그것은 자기계시적 공연에서도 중요하다. 배우는 자기계시적 공연의 연극적이고 개인적인 측면을 모두 다루어야 한다. 목소리와 몸은 활력 있어야 하고, 무대에 온전히 현존하도록 준비되어야 한다. 그러나 무대에서의 현존은 페르소나가 아니라 한 사람이자 가장 진실한 자기, 다시 말해 단순히 자기가 아니라 관객 앞에서 기꺼이 변화하고자 하는 자기로서의 문제다. 웜 업은 공연자가 관객과 자기 자신에게 깊이 연결될 수 있도록 개방성을 촉진해야 한다. 공연자는 관객에게 제물을 바쳐야 할 뿐 아니라 그들로부터 어마어마한 선물을 받을 예정이다. 치유적 효과를 다지는 자기계시적 공연의 정점이 바로 그것이다. 웜 업을 통해 이 선물을 받을 수 있는 자세와 그것과 함께 오는 감정을 경험할 수 있는 힘을 끌어낸다.

웜 업은 이상적으로 공연자의 모든 역할, 용기를 포함한 다양한 자기를 활성화한다. 실제로 취약함을 수용하는 강점인 과감함은 자기계시적 공연을 수행하는 데 꼭 필요하다. 공연 직전의 웜 업은 공연자의 현존과 정서적 거리조절에 영향을 미칠 수 있다. 공연자는 관객과 자기 자신을 위해 모습을 드러낼 필요가 있다. 많은 공연자들이 웜 업을 하면서 곧 일어날 것의 의미에 갑자기 직면하여 눈물을 보이곤 한다. 자기계시적 공연에서 즐겨 쓰는 웜 업 한 가지는 공연자를 가운데 두고 동료들(보조 배우나 공연 과정을 직접 지원하는 이들)이 동그랗게 둘러서서 공연자에게 도움이 될 만한 긍정의 메시지를 전한다. 공연자가 천천히 쓰러지면 둘러싼 사람들이 그를 안전하게 받아 일으키면서 각자의 방식으로 긍정의 메시지를 반복해서 말해준다.

공연 내용은 때로 그것이 관객과 공유될 때 공연자에게 새로운 방식으로(인지적으로, 정서적으로, 영적으로) 충격을 주기도 한다. 배우의 상처 그리고 관객과 관련되지 않은 공연은 없지만, 자기계시적 공연에서 발생하는 치료적 변화는 그 취약함과 관객과의 연계를 새로운 차원에 가져다놓는다. 많은 것이 위험에 처한다. 연극은 본질적으로 일시적이지만 자기계시적 공연은 일반적으로 단일한 관객 앞에서 오직 한 번 상연되며, 그것은 퍼포먼스의 덧없음을 조명하는 동시에 그 장기적인 파급효과가 선명하게 각인되는 통과의례적 특성을 강조한다.

공연자 마리사 스노디(2011)는 이렇게 말한다.

> 무대에 서기 전 가장 큰 걱정거리는 대사를 잊지 않을까 하는 것과 공연 시간이 얼마나 될까 하는 것이었다. 그런데 일단 (등장인물인) '엄마 불'이 되자 마치 파도를 타는 듯한 느낌이 들었다. 작품

속에서 연기를 하는 게 아니라 그것을 살고 있는 것처럼 느껴졌다. 모든 게 너무도 생생했다.

많은 공연자가 무대에 있는 동안 특정한 대사나 공연의 어떤 요소가 새로운 차원의 통찰이나 기대치 않았던 정서를 끌어내는 것을 경험한다. 관객은 목격자로서 공연 내용과 공연자의 관계에 영향을 미치고 깨달음을 강화한다. 관객과 공연자의 명백한 연계는 치유적 행동이나 변형의 의미를 강화하고 나아가 치료적 효과를 중층화한다. 어린 시절의 성적 학대를 둘러싼 강렬한 작품을 만든 공연자가 있었다. 한 시점에서 그녀는 관객 앞에서 마치 처음 하는 말인 듯 부드럽게 '나는 생존자입니다'라고 선언했다. 잠시 침묵이 이어지다가 객석에서 갑자기 커다란 박수갈채가 터져 나와 오래도록 계속되었다. 전혀 기대치 않은 그 순간에 공연자는 관객에게 받은 뜨거운 성원으로 그 단순한 문장을 보다 깊이 새길 수 있었다.

공연이 끝나고 관객이 박수할 때(때로는 기립박수를 하기도 한다), 공연자는 숨을 쉬면서 객석의 반응을 받아들이고 그 순간을 만끽하도록 한다. 박수가 멈춘 뒤에는 보통 혼자서 혹은 연출자(친한 친구)와 함께 조용히 경험을 소화하는 것이 중요하다. 공연 직후는 일종의 탄생의 순간으로 매우 소중하다.

자기계시적 공연의 공연자는 전형적으로 쇄도하는 안도감과 성취감뿐 아니라 자기수용과 활성화된 변화의 파도를 경험한다. 소화할 것이 많으므로, 연출자와 공연자는 공연 후에 최소 두 번 이상 만나는 것이 좋다. 후속 작업에서는 과정과 공연을 마무리하고 일상으로 녹여 넣으면서 공연 후 단계를 준비한다. 일상생활이 이어지면서 자연스럽게 심리적 치유가 진행된다. 자기계시적 공연은 분명히 치료적 성장과 창조적 숙달을 가속화하는 주요한 계기이지만 그렇다고 만병통치약은 아니다. 공연자가 자기계시적 공연에서 발생한 강렬한 내면의 변화를 동화하려 할 때 모종의 불안이 있을 수 있다. 그러므로 연출자는 공연자가 새로운 성장을 통합하고, 성취를 축하하며, 여정의 다음 단계를 준비할 수 있도록 돕는다.

20년 넘게 자기계시적 공연을 해오면서 나는 **공연 후 우울**이나 실망이 여타 형식의 치료적 연극보다 자기계시적 공연에서 상대적으로 덜 나타나는 것을 관찰했다(Emunah, 1994; Emunah & Johnson, 1983). 그것은 아마도 공연에서 성취된 치유의 정도 및 깊이와 관련될 것이다(물론 자기계시적 공연들 사이에도 편차가 있기 마련이다). 치료적 차원의 작업보다 자기노출을 강조한 공연은 공연자를 불안정하게 하며 그로 인해 공연 후 우울을 겪는 경우가 많다. 예를 들어 깊이 있는 치유 없이 트라우마의 경험을 재현하거나 자기검증이 충분하지 않은 상태에서 불만을 토로하는 자기계시적 공연은 관객에게 돌봄이나 인정 또는 구원을 구하는 무의식적 기대의 발로일 수 있으며, 그것이 나중에 실망으로 귀결되는 것이다. 노출 강도는 높은데 치료적으로는 미약한 작품을 상연한 공연자들은 후에 풀리지 않거나 지나치게 노출된 느낌에 빠질 수 있다. 치유적 메소드의 깊이와 다중성을 갖추지 않은 연극 작품에서 지나치게 능란하거나 출세지향적인 결말은 금세 사그라지는 피상적인 승리감을 줄 뿐이며, 그 뒤에는 스트레스가 따를 수밖에 없다. 자기계시적 공연의 가장 중요한 원칙은 연극치료를 통해 정직하게 치유에 접근하는 것이다. 이상의 경고는 매우 중요하다.

흥미롭게도 치료적 연극을 공연한 후에 참여자-공연자들은 흔히 공연에서 표현한 능력이 자신의 실제 능력보다 훨씬 크다고 느낀다. 그 차이는 '현실로의 귀환' 혹은 '이전 자기들로의 귀환'과 함께 고통과 불안을 야기할 수 있다. 자기계시적 공연에서는 이 같은 간극이 상대적으로 작다. 공연자는 치유와 희망을 추구하지만, 준비 과정과 공연은 매우 현실적이면서 훈습과 단단히 연결되어 있기 때문에, 공연 후에도 공연자는 무대에서 보여준 것을 따라잡아야 한다는 부담보다 수용과 감사에 둘러싸인 기분을 느끼는 것이 보통이다. 또한 자기 자신, 자신의 이야기, 자신의 발견을 다른 사람들과 공유한데서 오는 순수한 안도감을 경험한다.

자기계시적 공연 〈와글거리는 고장난 삶의 비트(The Buzzing Broken Beat of Life)〉(2011)를 마치고 일주일 후에 마리사 스노디는 이렇게 썼다.

> 공연 후에 나는 많은 것을 느꼈다. 마치 구름에 앉아 떠다니는 듯한 순간들이 있었다. 나 자신과 감정에 대한 더 큰 책임감이 느껴진다. 내가 매우 열려있고 직관적임을 느낀다. 내 이야기를 연극으로 번역하는 것은 믿을 수 없을 만큼 큰 힘을 주었다. 내 이야기를 크게 소리 내어 말했고, 그것이 다시 이야기에 대한 나의 관계를 바꾸었다. 나는 이제 그것을 혼자 짊어지고 있지 않기 때문에 가볍다고 느낀다. 세상에는 나와 함께 이야기를 담아준 다른 사람들이 있다.

공연자 도로시 르몰트는 〈바다의 악(Mal de Mer)〉(2011)을 마치고 이렇게 썼다.

나는 다른 연극 작품에서는 한 번도 경험한 적 없는 방식으로 진실함과 연결됨을 느꼈다. 고립이 유대로 바뀌었고 고통을 이해하면서 괴로움은 희망이 되었다. 이것은 내가 줄곧 알던바, 연극과 치료가 할 수 있는 바로 그것이었다.

관객의 역할

졸업 과제로 자기계시적 공연을 한 CIIS 연극치료 과정 졸업생을 대상으로 실시한 조사에서, 치유의 측면(15개 요인 중)에서 가장 효율적인(43명이 응답) 양상은 '공감적인 목격자인 관객 앞에서 공연하는 것'으로 나타났다(Emunah et al., 2014, p.114).

대다수 관객은 자기계시적 공연을 보는 것이 처음이며, 무엇을 기대할지 혹은 자신에게 기대되는 것이 무엇인지를 잘 모른다. 그런 관객을 위해 약간의 안내가 필요하지만, 그들에게 부담을 주거나 특정한 기대를 갖게 해서는 안 된다. 자기계시적 공연은 개인적 갈등을 탐험하고 치유하는 내밀한 연극이라는 것 그리고 관객의 역할은 열린 마음으로 무대에서 벌어지는 것을 지켜보는 것이라는 정도의 소개면 충분하다. 관객은 강렬한 공연에 빠져들 것이며, 수용적 관객이라는 보다 보편적인 역할에서 공감적 목격자의 역할로 옮겨갈 것이다. 관객은 이내 그것이 배우의 치유에 미묘하게 연관됨을 깨닫게 되고, 그 알아차림이 개입과 현존을 강화한다.

열린 마음으로 공연을 지켜보도록 관객을 초대하는 것은 배우를 위한 것일 뿐 아니라 관객 자신을 위한 것이기도 하다. 공연이 관객을 개인적이고 정서적인 방식으로 감동시킬 것이기 때문이다. 그러나 관객이 배우의 갈등으로 인해 부담을 느껴서는 안 된다. 배우는 부담을 촉발시킬 수 있지만 한편으로는 그것을 자신의 것으로 담아내야 한다. 강렬한 자기계시적 공연에서, 관객은 공연자에게 깊이 감동받지만 공연자의 무게를 덜어주어야 한다고 느끼거나 공연 후에 공연자가 잘 지낼지를 염려하지는 않는다. 물론 공연자를 아는 관객이라면 그에 대한 공감과 사랑과 경외감으로 자극 받을 수 있다. 그러나 관객이 공연자나 공연과 관련해 비판적인 의식을 내려놓아야 한다는 생각은 옳지 않다. '공연자를 동일시하고 그를 "응원"하고자 하는 관객의 자연스러운 경향은 공연자의 능력 곧 해당 이슈를 치료적으로 숙달하고 공연을 예술적으로 숙달하는 능력과 균형을 이룰 필요가 있다. 이 치료적이고 예술적인 숙달이 없다면, 관객은 배우를 지나치게 염려하거나 동정하면서 공연에서 힘을 얻기보다 짐을 지게 될 수도 있다.'(Emunah, 2015, p.79)

자기계시적 공연을 소개할 때 공연자가 공연 후에 평소와 달리 민감한 상태에 있을 수 있음을 안내하는 것이 유용하다. 그렇게 하면 공연 후에 관객이 공연자와 상호작용할 때 더 주의를 기울일 것이다. 자전 공연에서는 흔히 공연자와 관객의 상호작용과 공연 후 대화를 장려한다. 그러나 자기계시적 공연의 경우에 공연자는 치유 작업이 막 끝났고 아직 그것을 통합하는 중이기에 상당히 취약할 수 있다. 자기계시적 공연 후에는 관객 역시 자신의 심리가 자극되어 예민할 수 있다. 공연의 특정한 내용과 관련해서 그럴 수도 있고 깊고 내밀한 방식으로 자신을 드러내고 스스로 치유하는 과정을 목격한 것만으로도 그럴 수 있다.

일부 자기계시적 공연은 관객에게 과제를 부여하여 직접적으로 끌어들임으로써, 공연자의 치유에 참여하는 관객의 기능을 강화하기도 한다. 한 공연자는 관객에게 자신이 무대의 특정 구역에 들어갈 때마다 '당신 몸으로 사는 건 어떤 느낌인가요?'라고 묻도록 부탁했다. 그녀는 그때마다 그 질문에 즉흥적으로 느리게 반응했다. 그녀의 공연에는 어린 시절의 외상 사건을 재현하는 장면이 있었고, 그래서 지금 여기에서 자기 자신과 관객을 다시 연결해주는 그 질문은 치료적으로 유용할 뿐 아니라 관객의 감각을 공연자의 여정에 더욱 단단히 접합시켰다. 흔하지는 않지만, 공연자들은 간혹 특정 관객에게 말을 걸면서 제4의 벽을 깨뜨리기도 한다. 〈사랑의 노래(Canta Corazón)〉(2010)를 공연한 클라우디아 쿠엔타스 오비에도는 공연 후반부에 객석에 있는 엄마에게 스페인어로 말을 했다. 많은 관객이 그 말을 이해하지는 못했지만, 그녀가 스카프로 돌돌 감은 자신의 내면아이에게 부드럽게 이야기한다는 것만은 분명했다. 그녀는 그 장면을 통해 어머니에게 존경을 표하면서 동시에 자신의 상처를 돌보는 것에 대한 책임을 분명히 했다. 한편 처음에는 특정 관객에게 말을 하거나 관객이 객석에서 무대로 올라오는 듯 보였지만, 나중에 그들이 관객이 아니라 공연자의 삶에서 중요한 인물을 연기하는 배우임이 밝혀지는 공연도 있다.

관객은 일반적으로 무대에서 벌어지는 것에 몰입한다고 느끼지만(Sajnani, 2012), 관객이 주변에 소외되었다고 느낄 수 있는 충격적인 방식도 있을 수 있다. 그런 경우 공연자는 외견상 관객을 의식하지 못하고 자신에게 집중하는 듯 보인다. 공연의 미학과 그것을 관객에게 소통하는 능력은 절대 간과되거나 희생되어선 안 된다. 그러나 매우 취약한 순간을 살아내기 위해 공연자는 자신에게 가장 치료적이고 정서적으로 나은 형식을 사용하기 마련이다. 가령 일부 공연자는 중요한 순간에 갑자기 모국어로 말하기도 한다. 연극치료 과정의 3단계나 4단계*에서(Emunah, 1994, p.2009)

모국어를 사용하면, 참여자가 장면에 정서적으로 더 깊게 연결되도록 도울 수 있고, 어린 시절에 쓰던 말이나 원초적인 심층의 말을 찾아낼 수도 있다. 공연에서 그 같은 언어 전환이 일어날 때 공연자는 전형적으로 밀착되며(Landy, 1986) 그의 감정은 관객의 몰입을 고조시킨다. 이 순간은 대체로 짧지만 매우 강렬하다. 관객 역시 그 순간에 공연자가 경험하는 문화적이고 언어적인 차원을 이해한다. 〈보이지 않는 실(Unseen Thread)〉(2012)에서 아훼이 치는 평생 동안 외부에 통제 당했다는 느낌을 줄에 묶인 마리오네트로 표현했다. 그리고 마리오네트의 줄을 천천히 풀어내고 더 이상 줄에 묶이지 않은 인형을 가만히 안고서 만다린어로 부드럽게 말하기 시작했다. 그 장면은 공연의 치유적 핵심으로 뿌리 깊은 감정을 길어 올렸다.

관객에게 부담 주는 것을 피해야 하는 만큼, 관객에게 얼마나 많은 힘을 할당하는지를 공연자가 스스로 살피는 것은 중요하다. 관객의 목격이 공연자를 위한 공연의 치유적 잠재력과 밀접하게 연결됨에도 불구하고, 공연 자체는 지나치게 관객에게 의존하지 않도록 해야 한다. 한 공연자는 공연 – 그녀의 공연은 14살 때 어머니가 돌아가신 충격이 지나치게 오래 가는 것을 다루었다 – 중에 관객에게 돌아가신 엄마가 지금의 자신에게 뭐라 말할 거라 생각하는지 질문하는 것을 고려했다. 그것은 매우 강렬할 수도 있지만,

* 이는 르네 에무나가 개발한 통합 5단계 모델의 세 번째 역할 연기 단계와 네 번째 최종 연행 단계를 말한다. 통합 5단계 모델은 연극치료와 심리극의 특성을 집단의 발달단계에 따라 정교하게 교직한 접근법으로서 극적 놀이, 장면 작업, 역할 연기, 최종 연행, 극적 의식의 다섯 단계로 구성된다. 이 중 특히 3단계와 4단계는 참여자가 당면한 현실의 문제를 탐험하고 변형하는 데 집중한다.

그녀가 들을 필요가 있는 말을 스스로 찾아내어 내면화하는 것(어머니가 돌아가신 당시 사춘기의 죄책감과 혼합된)이 치료적으로 의미 있다는 점에서 위험하기도 했다. 그래서 나는 연출자로 그녀와 협업하면서 관객에게 묻는 대신 그녀가 자신만의 대사를 찾도록 권했다. 그녀는 결국 그렇게 했고, 그 장면은 연극적이고 치료적으로 용기를 북돋우는 순간을 만들어냈다.

자기계시적 공연과 자기몰두

자기계시적 공연이라는 용어와 그에 대한 설명은 자연스럽게 자기몰두를 염려하게 만들 수 있다. 이 시대는 지나치게 자기를 강조하면서도 필요한 변화 – 사회적으로나 환경적으로나 지구적으로 – 를 창출하는 데는 별로 관심을 기울이지 않는다. 자기계시적 공연의 공연자와 연출자는 자기몰두라는 잠재적 함정에 반드시 유의해야 한다. 강렬한 자기계시적 공연에서 개인은 보편적인 공감대를 갖고, 공연자의 정서는 관객의 정서와 공명한다. 나아가 잘 만들어진 자기계시적 공연은 사회적으로 비판적인 이슈를 조명하고, 개인은 자신을 맥락 속에서 검증한다. 관점을 확장하는 것은 자기계시적 공연의 핵심이다. 개인적 경험을 깊이 파고들면서 **동시에** 그 광범한 함의를 향해 외부로 확장하는 것이다.

동일한 자기몰두의 위험을 감수하는 자전 공연은 사실상 개인적인 것을 정치적인 것과 연관시키는 긴 역사를 갖고 있다. 1970년대 자전 공연의 성행은 특히 여성주의에서 촉발된 의식고양 운동과 관련이 깊다(Heddon, 2008). 대다수 자전 공연은 부정되거나 소외된 주체를 가시화하는 것 … 그들에 대한 지배적 재현과 편견을 문제화하고 그에 도전하고 맞서는 것과 관련되었다. 치료적 연극 또한 선입견과 편견에 도전한다. 사회적으로 소외되거나 낙인찍힌 사람들이 피상적인 인식 너머 자신이 직면한 장애와 소망과 회복력과 인간으로서의 보편적 관심사를 표현하는 진짜 자신에 관한 공연을 보여주는 것이다(Emunah & Johnson, 1983; Snow, D'Amico & Tanguay, 2003). 이것은 내가 연출자로 있었던 정신병력이 있는 환자를 위한 극단 '분석을 넘어서'에 그대로 적용되었다(Emunah, 1994).

그 극단의 공연 〈인사이드 아웃(Inside Out)〉을 보고 '가는 선'이라는 제목의 글을 쓴 비평가 마이클 갤런츠는 중요한 문제를 지적했다. '〈인사이드 아웃〉이 제기한 가장 날카로운 질문은 매우 간접적으로만 제시된다. 삶은 언제 예술이 되는가? 그것은 우리가 생각조차 해보지 않았을 질문이다. 왜냐하면 공연이 충분한 연극적 기술과 독창성을 갖고 있지 않기 때문이다. … 그러나 그 공연은 무대에 있는 사람들 대다수가 자신의 삶을 이야기한다는 점에서 강렬함을 성취한다'(Gallantz, 1981, p.28, also in Emunah, 1994, p.291). 〈인사이드 아웃〉은 자기계시적 공연과 치료적 연극의 경계에 있는 작품이었다(나는 그때까지 자기계시적 공연이라는 용어를 쓰지 않았고, 그 공연에는 자전적이고 소시오드라마적인 요소가 포함되었다). 그의 비평은 삶과 예술 그리고 자기몰두와 예술적 초월 사이의 잠재적으로 모호한 경계를 논했다.

개인적인 것과 그것에 영향을 미치는 보다 광범한 사회적 영역의 혼합은 깊이와 폭의 측면에서 다중적인 연극으로 귀결된다. 개인적인 것과 사회정치적인 것의 상호관계에 대한 분석은 감동적이고 계몽적인 공연을 산출한다. 자기계시적 공연은 홀로코스트의 심리적 반향과 외상후 노예 신드롬을 포함한 트라우마의 다세대적 전파(Degruy, 2005), 차별과 내면화된 억압의 경험이 자존감과 접촉되는 방식들, 여성에 대한 폭력의 다층적인 영향을 담아왔다. 또 많은 자기계시적 공연이 문화적 기대, 책임감, 결속의 복합성을 다룬다. 한 젊은 인도 여성은 할머니와 어머니로부터 전해진 문화적 기대의 관점에서 정체성에 대한 질문을 탐험했다. 그녀는 인도와 미국에서 각각 다른 가면을 썼다. 그리고 할머니와 어머니에 대한 사랑과 유대감 그리고 그들이 고수해온 여성에 대한 문화적 규준에 대한 저항 사이에서 갈등했다. 또 다른 여성은 유대인 혈통과 양성애자라는 정체성, 자신의 과거를 수용하는 것과 거부하는 것 사이에서의 항해, 자신의 삶에서 발견되는 여러 가지 '이중성', 수용과 온전함을 향한 욕망 등을 탐험했다. 그녀는 직접 쓴 가사에 유대식 가락을 붙여 노래를 불렀고, 그것이 자기계시적 공연에서 자주 그렇듯 깊은 반향을 일으켰다.

자기노출은 자기계시적 공연의 뚜렷한 요소다. 공연자와 연출자는 공연자나 관객을 불필요한 디테일로 방해하지 않으면서 공연에서 보여주어야 할 것이 무엇인지 선별하는 작업을 한다. 가장 중요한 것은, 이미 드러난 경험으로 무엇을 할 것인가(좀 더 드러내는 것 대신)에 초점을 두는 것이 공연을 폭넓게 이끌어가도록 돕는다는 점이다. 사람들이 개인적인 투쟁을 어떻게 다루고 변형하는지를 읽어내는 지혜와 보편성이 있다.

자기계시적 공연은 연극적 특질과 변화와 치유에 강조점을 두며, 그것이 자기몰두를 피해가도록 돕는다. 반복과 제한적인 자기중심성이 특징인 자기몰두는 알아차림과 예술성의 장애물이다. 자기계시적 공연의 기저에는 관객을 예술적으로 만족시키고자 하는 고집이 있다. 과정과 결과의 양면에 초점을 두는 것이 때로 저글링을 하는 듯한 긴장을 유발하지만, 그보다 더 자주 미적인 것과 치료적 차원의 결정은 일치하거나 서로를 보완한다(Emunah, 1994). 과정중심적인 연극치료에서조차 미적인 것에 대한 주의와 배려는 중요하며(Emunah, 1994; Pendzik, 2013), 자기계시적 공연에서 연극적 숙달은 결정적이다.

개인의 갈등을 문화적이고 다세대적 맥락에서 살피는 것, 개인의 삶에서 다른 여러 인물의 관점을 이해하는 것, 심리적 복합성을 파헤치는 것, 복잡다단한 인간의 감정과 다차원성을 탐험하는 것, 예술적으로 가치 있는 작품을 창조하는 것, 이 모두가 자기계시적 공연을 자기몰두로부터 멀어지도록 해준다. 궁극적으로 자기계시적 공연을 자기몰두에서 벗어나 보편성과 연결성으로 이끄는 가장 중요한 측면은, 우리의 생동하는 생명력으로 내적 혼돈을 붙들고 늘어져 끝내 변형하는 것이다.

결론

강렬한 자기계시적 공연에서, 관객은 흔히 공연자가 해당 갈등에 접근해 그것을 치유할 수 있을지 궁금해 하며 서스펜스 상태에 놓인다. 그리고 연극치료적 순간에 '아, 이게 치유구나'라고 생각하기 시작한다. 그런 몇 번의 순간이 있은 뒤에야 새로운 관점과 지향과 영향이 표현되고 해체되고 다뤄지며, 관객은 그때 비로소 첫 번째 치유의 순간의 피상성을 깨닫고, 공연에 더 많은 치유의 층이 있음을 알아차린다. 심리적 깊이에 대한 강조는 자기계시적 공연의 연극적 위력을 증가시킨다. 그리고 공연자에게 연극적 성취는 개인적 치유와 강력하게 연결된다.

나는 독자들이 자기몰두를 포함해 자기계시적 공연의 잠재적 위험뿐 아니라 그 위력과 가능성을 잘 이해하기를 바란다. 자기계시적 공연은 앞으로도 발전할 것이다. 나는 이 장에서 자기계시적 공연을 계발하는 과정을 설명했다. 그리고 관객이라는 목격자가 공연자에게 지니는 뉘앙스와 더불어, 성스럽지는 않다 해도 그처럼 내밀한 연극적 행위를 지켜보는 것이 관객에게 어떤 영향을 미치는지를 이야기했다.

참고문헌

Blatner, A. (1988). *Acting−in*(2nd ed.). New York: Springer.

Degruy, J. (2005). *Post−traumatic slave syndrome.* Portland, Oregon: Uptone Press.

Ellis, C. (2007). Telling secrets, revealing lives: Relational ethics in research with intimate others. *Qualitative Inquiry, 13*, 3–29.

Emunah, R. (1994). *Acting for real: Drama therapy process, technique, and performance.* New York/London: Routledge/ Taylor and Francis (originally Brunner−Mazel).

Emunah, R. (1995). From adolescent trauma to adolescent drama. In S. Jennings(Ed.), *Dramatherapy with children and adolescents*(pp. 150–168). New York/London: Routledge.

Emunah, R. (2009). The integrative fi ve phase model of drama therapy. In D. Johnson & R. Emunah (Eds.), *Current approaches in drama therapy* (2nd ed., pp. 37–64). Springfi eld, IL: Charles Thomas.

Emunah, R. (2015). Self−revelatory performance: A form of drama therapy and theatre. *Drama Therapy Review, 1*(1), 71–85.

Emunah, R. & Johnson, D. (1983). The impact of theatrical performance on the self−images of psychiatric patients. *Arts in Psychotherapy, 10*, 233–239.

Emunah, R., Raucher, G. & Ramirez, A. (2014). Self−revelatory performance in mitigating the impact of trauma. In N. Sajnani & D. Johnson (Eds.), *Trauma informed drama therapy* (pp. 93–

121). Springfi eld, IL: Charles Thomas.

Gallantz, M. (1981). *ArtBeat Magazine*, p. 28. (no longer in print).

Heddon, D. (2008). *Autobiography and performance*. New York: Palgrave Macmillan.

Landy, R. (1986). *Drama therapy: Concepts and practices*. Springfi eld, IL: Charles Thomas.

Pendzik, S. (2013). The 6-key model and the assessment of the aesthetic dimension in dramatherapy. *Dramatherapy, 35*(2), 90-98.

Poulous, C. (2009). *Accidental ethnography*. Walnut Creek, CA: Left Coast Press.

Sajnani, N. (2012). The implicated witness: Towards a relational aesthetic in dramatherapy. *Dramatherapy, 34*(1), 5-20.

Snow, S., D'Amico, M. & Tanguay, D. (2003). Therapeutic theatre and wellbeing. *Arts in Psychotherapy, 30*(2), 73-82.

04

치료적 자전공연의 드라마터지

수재너 펜직

나는 20년 넘게 연극치료 교육과정 그리고 개인과 집단 상담의 다양한 맥락에서 **치료적 자전공연**(ATP)을 실행해왔으며, 나 역시 그 과정을 경험했다. 매 여정이 고유하지만, 나는 그 과정에서 **치료적 자전공연 드라마터지**의 바탕이 되는 몇 가지 패턴이 있음을 관찰했다. 이 장에서는 ATP 과정과 그 지침과 영감으로 창조된 공연의 관점에서 드라마터지와 관련된 몇 가지 측면을 살펴볼 것이다.

S. Pendzik, PhD, MA, RDT (✉)
Tel Hai Academic College, Upper Galilee, Israel
Hebrew University of Jerusalem, Jerusalem, Israel
Swiss Institute of Dramatherapy, St Gallen, Switzerland
e-mail: pend@netvision.net.il

치료적 드라마터지

서양 연극에서 드라마터지는 전통적으로 극작과 연관되어왔다. 드라마터지는 고전적인 의미에서 희곡의 구조적 요소를 다루며 '희곡 작법의 기술'로 정의된다(Pavis, 1998, p.124). 그러나 그 용어는 이후에 희곡의 무대화를 통합하는 공연으로서 (브레히트의 아이디어에 영감을 받아) 형식적인 것뿐 아니라 희곡쓰기의 이념적 구조, 무대화, 제작을 포괄하게 된다(Lehmann, 2006). 이것은 교육적이고 해석적이며 정치적이고 권력적인 함의를 끌어안는 드라마터지를 향한 길을 닦아주었다(Amkpa, 2006; Bobdad, 2006).

내가 드라마터지라는 개념을 사용하는 방식은 유지니오 바르바(2010)의 그것을 따른다. 서사 구성에 주로 관심을 두는 것과 거리가 먼 그의 관점에서, 드라마터지는 '공연과 그 다양한 요소들의 직조와 성장에 내재하는' 작동과 관련된다(p.8). 바르바는 공연을 살아있는 유기체로 간주한다. 단지 공연을 이루는 부분만 보지 않고, 그것들이 창조하는 층과 복합적인 조직과 거기서 구축되는 상호 관계에 주목한다. 그는 드라마터지는 '해부학'(2010, p.9)과 같아서 그 속에 세 가지 서로 다른 수준이 있다고 말한다. **유기적 드라마터지**는 물리적 체현의 기본 수준이고, **서사**는 사건을 엮음으로써 의미를 산출하며, **환기적 수준**은 관객 속에서 공명하는 것을 말한다. 이 장에서는 앞의 수준을 주로 다룰 것이다(세 번째 수준에 대해서는 Penzik, 2013a에서 간단하게 언급한다).

바르바(2010)는 치료적 목적과 상관없는 연출자의 관점을 표현함에도 불구하고, 그중 일부는 ATP의 맥락에서 적용가능하다. 특히 시사적인 부분을 꼽는다면 창조적 과정과 산물을 모든 수준에서 생산된 것들의 패턴이자 배열로 보는 그의 시각이다. 공연과 과정은 하나의 수를 놓는 두 가닥의 실이며, 공연의 드라마터지는 본질적으로 그리고 조직적으로 과정의 드라마터지와 연관된다.

공연은 어쩔 수 없이 공연자에게 기술적이고 구조적인 것부터 미학적이고 개념적인 데 이르는 일련의 도전을 부여한다. 이는 공연이 개인적 경험을 기반으로 한 것일 때 더욱 강력해진다. 그러나 우리는 삶을 다루는 낡고 쓸모없는 패턴 주변에 잠복해 있는 도전을 찾아 직면하고 바꿀 수 있다. 나는 이들 도전의 일부가 특정한 형식을 취한다는 사실을 관찰했다. 그에 접근하는 다양한 방식이 있겠지만, 나는 무엇보다 **치료적 드라마터지**가 통찰력 있는 변형적 가능성을 제공한다고 생각한다. 그것은 균형감 있게 위험을 감수하는 것, 정서적으로 마음을 여는 것, 역할 레퍼토리를 확장하는 것, 복합성과 역설을 표현할 수 있게 돕는 것, 변화된 미래를 상상하는 것을 포함한다. 때로 이 과정은 위니콧(2005)이 건강한 놀이가 그 자체로 치료라 말한 것처럼 예술 작업의 부산물로서 자연스럽게 드러나기도 한다. 그러나 퇴행적 패턴으로 끌어당기는 힘이 과정을 압도하는 경우도 흔하며, 바로 그것이 비치료적 드라마터지와 치료적 드라마터지가 구분되는 지점이다. ATP 드라마터지는 개인의 서사를 무대에 올리는 것을 넘어서서 변형과 변화를 목표로 하는 자기탐험과 발견의 과정을 내포한다.

나는 ATP 드라마터지에서 나타나는 배열을 과정중심적인 것과 공연중심적인 것으로 나눈다. 그러나 그렇게 하면서도 한편으로는 살아있는 유기체로서, 형식/내용/과정/산물의 패턴이 서로 다른 수준에서 반복되고 공명한다는 사실을 잊지 않으려 애쓴다.

ATP 드라마터지의 주요 단계

무의식으로 뛰어들기: 오프닝 대 선험적 구조

수잔 랭거(1953)에 따르면, 예술의 기능은 보는 사람이 '전에는 알지 못했던 것'(p.19)을 익히도록 하는 데 있다. ATP는 예술적이며 동시에 심리치료적인 여정이다. 그 여정에 오른 개인은 그 길이 자신을 어디로 데려다 줄지에 대한 생각이나 욕망 혹은 가정을 품을 수 있다. 우리가 항해에 오를 때 우리를 기다릴 모험을 기대하듯이 말이다. 어떤 사람들은 그 여정을 나타나기만 기다려온 일들을 직면할 기회로 바라보기도 하고, 또 어떤 이들은 여전히 해결되지 않은 오래된 이슈를 다룰 수 있는 또 다른 기회라는 환상을 좇기도 하며, 무대에 올리고 싶은 장면을 마음에 그리기도 한다. 이 선험적 아이디어들은 매력적일 수 있다. 그러나 그것은 여정에 도사린 첫 번째 위험이기도 한다. 그 최초의 바람에는 낡은 가치가 투사되어 있거나 이야기 치료에서 **지배적 이야기**라 부르는(White & Epston, 1990) 관습과 미학이 작동하기 때문이다. 만일 이 과정에서 자기 발견이 가능하다면, 그것의 정확한 의미는 **잘 알지 못하는 것**으로 들어가기일 것이다.

많은 학자들이 무의식으로 들어가는 것을 창조적/치료적 과정의 본질적인 단계라 말한다. 조지프 캠벨(2004)은 영웅의 모험이 흔히 '개인이 정확히 이해하지 못하는 힘과 관계로 끌어당겨지면서'(p.46) 시작된다는 것을 강조한다. 린다 쉬어즈-레오나드(2009)는 창조적 프로젝트의 첫 단계를 '무의식으로 뛰어드는 … 승복의 시간'이라고 말한다(p.7). 빅터 터너(1982)는 리미널한 단계를, 방향을 잃은 것처럼 경험되지만 잠재적으로 변형적이기도 한 '모호함, 일종의 사회적 림보'(p.24)로 상정한다. 반면 에리카 피셔-리히테(2002)는 '창조, 자기구축, 정체성의 변형'(p.4)이라는 점에서 리미널한 상태를 연극과 전이적 의례와 연관 짓는다. 예지 그로토프스키의 작업에도 이와 비슷한 생각이 배태되어 있다(1968). 그에게 공연자의 '총체적 행위'의 창조에 필요한 마음 상태는 '수동적 준비됨 … "그것을 하기를 원치 않는 것"이 아니라 "그것을 하지 않으려는 것을 그만두는 것"'이다(p.17). 비슷한 맥락에서 바르바(2000)는 '처음부터 선택과 의도의 굴레에서 벗어나 흐름, 서사, 방향의 다중성에 공간을 내주는 것'으로서 방향감각 상실 기법을 활용한다(p.60). 그리고 타미 스프라이(2011)는 자기민족지를 배우는 학생들에게 **숙련된 취약함**에 초점을 맞추도록 가르친다. 그것은 '친숙함이라는 안락한 지대에서 빠져나와 자신의 경험을 비판적으로 성찰하고 체현할 수 있는 위험하고 불편하며 불확실한 공간으로의 전략적 투항을 위한 방법론'이다(p.167).

ATP 드라마터지는 흔히 사람들을 방향감각이 상실된 혼돈에 데려다 놓곤 한다. 선험적인 아이디어나 자신에 관해 이미 알고 있는 이야기를 다시이야기 하는 경우에도, 공연자는 갑자기 또 다른 이야기가 드러나는 것을 발견할 수 있다. 그것은 대개 낯설기보다 드러나기를 기다려왔던 이야기이며, 존슨(5장)이 **놀라움**이라 부르는 것과 유사한 뜻밖의 기쁨이나 통찰 또는 발견의 느낌을 끌어낸다. 많은 사람들에게 처음 보는 자기와의 만남은 개인적 과정에서 의미 있는 전환을 이루며 해방감을 유발한다. 예를 들면, 자기가 여전히 외상 사건에 묶여 그를 둘러싼 부적응적 사이클을 반복하고 있다 믿던 사람이 실제로는 그렇지 않음을 깨달았고, 그래서 치료적 개입은 그녀의 다른 측면으로 옮겨졌다. 이 같은 통찰은 또한 그녀를 자신에 대한 좁은 인식에서 해방시켜주었고, 외상을 넘어 자신의 정체성을 다시 정의할 수 있는 자유를 부여했다.

이 단계에는 치료 작업을 위한 충분한 공간이 있다. '의식의 목록'에 없는 자전적 측면으로 뛰어드는 것은 자기 발견을 촉진하고 스스로 반복해온 담론에 도전하게 해준다. 바꿔 말해 주변적인 담론에 타당성을 부여하는 것이다. 동시에 주된 줄거리가 해체되는 것은 최종 공연에 지나치게 집중하거나 뭔가를 주장하려는 이들을 당황하게 만들어 방향을 잃게 할 수 있다. 이것은 다뤄져야 할 치료적 내용 – 에무나(2015)가 말하는 **훈습** 개념과 일치하는 – 이자 치료적 드라마터지가 개인의 경험을 무대화하는 것과 동일하지 않다는 사실을 잘 보여준다. ATP는 치료적 여정이기 때문에, 거기서 추출된 감정은 충분히 이해되고 통합되어야 한다.

나는 창조적 사이클을 시작하기 좋도록 기존의 구조를 느슨하게 만드는(Kelly, 1991) 바르바(2000)의 방향감각 상실 기법이나 스프라이(2011)의 숙련된 취약함과 매우 유사한 접근법을 사용하며 그것을 **오프닝**이라고 부른다. 오프닝은 5에서 7회기에 걸쳐 진행되며 참여자의 삶을 다양한 기법으로 서로 다른 각도에서 조명하는 확장적이고 유동적인 탐험 과정이다(Pendzik, 2013a). 예를 들어, 한 회기는 가족수(家族樹)나 민요를 활용해 가계에 초점을 둘 수 있다. 그런 뒤에는 체현된 이미지와 움직임으로 당면한 갈등을 다룰 수 있다. 각 회기는 한 단위로 간주된다. 이때는 처음부터 한 가지 주제를 중심으로 하기보다 만일 정말로 무대에 올려야 할 장면이라면 다시 나타날 거라 설득하면서 참여자가 선험적인 아이디어를 내려놓고 다양한 서사를 탐험할 수 있도록 촉진한다.

이 단계가 끝날 때쯤에는 예상치 않았지만 다룰 필요가 있는 중요한 주제나 모티프들이 떠오르곤 한다. 자기의 미답의 영역을 발견하는 것은 계시의 힘을 줄 수 있다. 어떤 사람들은 이를 개인적 수준에서 경험된 패러다임의 전환처럼 희망을 고취하는 것으로 표현한다. 창조성 사이클 모델과 마찬가지로, 이 단계는 흔히 예술적 아이디어와 내용과 더 깊은 통찰로 이끌어주는 감정의 분출이 특징적이다(Gordon, 1995). 이 창조적 풍성함은 참여자에 따라 더 길게 지속되기도 하지만, ATP에서는 이 파도를 타는 것이 특정한 시기에만 긍정적이다. 그 표현 형식이 후에 공개적으로 공유될 예술 형식이 되기 위해서는 내용이 필요하기 때문이다. 오프닝 단계에서 시작된 깨우침의 경험은 곧 **이제 뭘 해야 해** 단계로 전환될 것이며, 거기서 참여자들은 최근에 발견된 문제를 표현할 수 있는 적절한 예술 형식을 찾게 된다.

내용과 형식을 고심하기

내용과 형식의 대화는 언제나 변증법적이다. 다룰 필요가 있는 이슈를 찾아내는 것은 그것을 담아내는 형식에 영향을 주면서 동시에 그에 영향을 받기도 한다. 의미 있는 주제는 예술 형식의 중개를 통해 나타날 수도 있고, 내용과 형식이 위풍당당하게 동시에 서로를 발견하기도 한다. 그것은 설득력 있는 은유나 정확한 장르 혹은 매력적인 소도구를 통할 수도 있다. 어쨌거나 꽉 찬 치료적 순간은 의미심장한 이슈와 적절한 미학적 형태가 만날 때 발생한다.

일례로 한 공연자가 「헨젤과 그레텔」 이야기를 각색한다는 아이디어로 과정을 시작했다. 그녀는 숲에서 길을 잃는 것, 마녀와 아이들의 관계, 단것을 향한 위험하고 금지된 열정이라는 주제에 매력을 느꼈다. 그러나 막상 그 이야기로 과정에 들어가자 그것은 그저 맥락 안에서 개인적 의미를 탐험할 수 있는 넓은 공간이 되어 주었을 뿐 선험적 아이디어로 기능하지 못했다. 그 이야기가 정서적 방임과 사회적 억압을 겪은 그녀의 유년 시절을 담아낼 수 있을 거라는 생각은 뚜렷하게 의식되지 않고 그녀의 마음 뒤편에서 떠다니고 있었다. 그녀는 처음에 해설자 역할로 극에 들어갔다 나왔다 하면서 인형극을 하려고 구상했는데, 작업이 진행되면서 그 형식이 제한적이라는 사실이 드러났다. 게다가 인물로서 마녀가 충분히 계발되지 않고 자꾸 외부로 투사되는 경향이 나타났다. 그래서 나는 공연자에게 언제든 다시 시작할 수 있음을 설명한 다음 인형극을 잠시 유보하고 마녀를 둘러싼 체현 활동을 진행했다. 그리고 그것이 중요한 치료적 전환점이 되었다. 마녀 작업은 작가/공연자를 주로 희생당하는 아이들과 동일시하는 것에 도전하여 인형극을 뒤집어놓았다. 마녀로서 그녀는 젠더, 외모, 음식 섭취, 직업적 성취 등의 쟁점에 대해 목소리를 냈다. 공연은 무대에서 집 없는 사람들의 숲, 여성의 가사노동, 사회적 억압과 비판, 음식과 창조성을 상징하는 신문지를 이용한 파피에 마셰*를 포함한 체현적인 쇼가 되었다.

이야기를 발견한 과정은 이 공연자에게 매우 의미 있었지만, 주된 치료적 효과는 이야기가 아니라 거기서 무엇을 말해야 하는

* 파피에 마셰(papier mâché)는 '씹은 종이'라는 뜻으로 종이와 풀을 사용한 공예 기법이다. 풍선이나 스티로폼 등의 가벼운 재료로 원하는 모양을 만들고 그 위에 접착제에 적신 축축한 종이를 겹겹이 붙인 다음 종이가 말라 굳으면 표면에 색을 칠하고 장식을 붙여 완성한다.

지와 관련한 형식과의 싸움에서 비롯되었다. 이야기는 그녀의 여정을 특정한 지점까지만 열어줄 수 있었다. 창조 과정은 언제나 교착상태에 봉착하기 마련이며 거기서 비로소 새로운 치료적 도전을 만나게 된다.

발달 변형(DvT)을 계발하는 동안 데이비드 리드 존슨(1991)은 즉흥극에서 교착상태의 치료적 중요성에 주목했고, 연극치료사가 그것을 다룰 수 있는 몇 가지 방식을 제안했다. 발달 변형에서 교착상태란 막힌 것, 다시 말해 행동의 흐름이 끊겨 혼란을 반복하다가 막다른 장면에 이르는 것이다. 넓은 의미에서 교착상태는 '참여자가 발달의 또 다른 수준으로 넘어가려 애쓸 때 그리고/혹은 이전이 직전에 언제라도' 발생할 수 있다(Porter, 2003, p.101).

ATP에서는 이 교착상태를 여정의 모든 국면에서 만나게 된다. 그것은 참여자가 창조적 장벽에 직면할 때, 즉 경험을 완고한 구조나 낡은 예술 형식으로 다루려 하거나 자신을 특정한 서사에 고착시키거나('자신의 정당함을 입증하려 애쓰기', '있는 그대로 말하기') 똑같은 내용을 반복할 때마다 나타난다(Pendzik, 2013b). 또 한 가지 '기술적 문제'를 둘러싼 교착상태 역시 흔하다. 제작의 구체적인 수위와 관련된 것임에도 불구하고, 기술적 문제는 정서적 울림을 내포하며 정신 구조와 내면의 물적 표현으로 나타난다. 파비스(1998)가 '연극에서 의미는 언제나 물질, 형식과 구조를 다루는 기술적 이슈다'라고 주장하듯(p.125), 피터 브룩(1981)은 그것을 보다 단순하게 바꿔 말한다. '미학은 실질적이다.'(p.98)

이해를 돕기 위해 예를 들어보자. 과정 초반에 한 중년 남자가 이런 질문을 했다. '공연에서 피아노를 쓸 수 있을까요?' 불행하게도 그는 그럴 수 없다는 사실을 알게 되었지만 전혀 대안을 생각하려 들지 않았다. 잔뜩 화가 난 그는 진짜 피아노 없이는 공연을 하지 않겠다며 프로덕션 일체를 다른 장소로 옮길 것을 고집했다. 얼핏 보기에 그것은 있을 수 있는 예술적인 요구로 느껴질 수 있다. 그러나 그의 반응은 울부짖음에 가까울 만큼 정도가 지나쳤고, 그 감정에 접촉하면서 비로소 강한 억압이 전면에 드러났다. 그의 부모가 어린 시절 내내 피아노 레슨을 강요했던 것이다. 아주 오래전에 피아노 연주를 그만두었음에도 불구하고, 그는 피아노가 없는 공연을 상상할 수 없었다. 아마도 치료적이지 않은 자전적 연극 형식이라면, 정말로 프로덕션을 옮기거나 어떻게든 무대에 피아노를 놓는 것으로 문제를 해결했을 것이다. 그러나 이 예에서 나타나듯 대부분의 기술적 문제는 정서적 차원을 포함하며, ATP에서는 그것을 드라마터지의 중요한 부분으로 다룬다.

종결의 치료학 : 데우스 엑스 마키나 대 치료적 시야의 확보

ATP의 드라마터지에서 반복되는 도전(흔히 교착상태)은 공연에 적합한 결말을 찾는 것이다. 개인적 경험을 미적 형식 속에서 정서적으로 충만하게 표현하는 것은 성취감과 통찰을 가져다주지만, 의미 있는 결말로 맺지 못할 경우 그 같은 치료적 성취는 위협을 받게 된다. 더구나 공연 시점을 정해두고 작업하는 것은 이 싸움이 만들어내는 불안과 좌절을 배가시킨다. 다른 글에서 나는 ATP를 출산에 비유한 적이 있다(Pendzik, 2013a). 공연이 가까워올수록 긴장이 더해지고 모든 게 제때에 제자리에 놓여야 한다는 긴박감이 최고조에 오르면서 그렇지 못할 경우 재난이 발생하는 것이다.

에무나(2015)의 말처럼 이 도전을 **다루는** 수많은 방식이 있음에도, 사람들은 작품에 어울리는 혹은 가능한 결말을 찾아내려 애쓰는 정서적 소란 속에서, 낡은 문제해결 방식에 사로잡히곤 한다. '예상 밖의 개입자'(Cuddon, 1991, p.237)가 나타나 상황을 해결하는 **데우스 엑스 마키나**에 의지한 결말이 그 대표적인 예다. 그것은 흔히 공연자의 배우자나 자녀로 나타나며, 구원받고자 하는 소망이 중요한 타자에게 투사되는 것이다. 외상 경험이나 위기를, 신뢰할 만한 기반이 전혀 없거나(줄거리상) 극적 의미에서 외상 자체만큼 상술되지 않은 인물의 등장과 개입에 의지해 기적적으로 해결한다. 그처럼 플롯과 무관한 사건에 기댄 마법적 결말은 문제가 제대로 해결되지 않았음을 말해주며 치료 작업이 더 요구됨을 의미한다. 아리스토텔레스(1902)도 이 장치의 사용을 비판했다. 그는 '플롯의 풀림은 … 반드시 플롯 그 자체로부터 일어나야 한다' 그리고 '**데우스 엑스 마키나**는 … 인간 지식을 넘어선 사건에 대해 예외적으로 적용되어야 한다'(pp.55~56)고 했다.

또 다른 낡은 방식에는 작품을 미해결로 남겨두는 것(막이 내려올 때 주인공이 무대에서 피를 흘리고 있다), 사이클을 반복하는 것(조명이 꺼질 때 장면이 다시 시작되는 것은 또 다른 회전목마를 암시한다), 갑자기 끝내버리는 것(고통스러운 상황의 복판에서 갑자기 암전된다) 등이 있다. 이처럼 미수에 그친 자해적이고 강박적이고 충동적인 결말에는 액팅 아웃의 요소가 상당하다. 그것은 연극치료에서 '감정의 과잉'으로 정의되는 **밀착**이나 '감정 표현의 부족'으로 풀이되는 **분리**와 유사하다(Landy, 2008, p.101). 이 같은 결말은 때로 포스트드라마틱 시어터의 미학과 조응하지만(Lehmann, 2006), 우리의 관심은 관객을 감동시키거나 충격에 빠뜨리는 것이 아니라 변형을 성취하는 데 있으므로, '작가/공연자가 어떤 미학을 추구해야 하는가'라는 질문을 제기한다. 또한 공연은 자전적 경험에 기반을 둘

뿐 아니라 자전적이 된다. 공연자의 몸과 마음과 영혼에 새겨질 실제 경험을 구성한다는 뜻이다. 공연은 철저하게 연습될 것이며(대사와 몸짓을 암기하는 것을 포함해) 관객이라는 목격자의 현존을 통해 공개적으로 확증될 것이다. 이 과정에서 치료적 성취가 일어난다면, 그것은 낡은 패턴의 반복(설사 그것이 미학적으로 사고를 자극한다 해도 재외상의 위험이 있다)이 아니라 그것이 제공하는 회복의 기회 덕분임이 분명하다(Emunah, 2015). 모레노(1972) 역시 사이코드라마에서 실제 사건의 재연에 관해, 그 강조점을 모방이 아니라 '미해결된 문제를 요약하는 기회에 두어야'한다고 말한다(p.15). 여기 한 예가 있다.

한 여성이 십대 때 쓴 일기에 기반한 작품을 만들면서, 한때 자신의 상사였던 매력적인 남자에게 성폭행 당한 장면을 포함시켰다. 그녀는 한 번도 그 경험을 성폭행이라 규정한 적이 없었고, ATP 집단 작업을 통해 비로소 문제를 직면해 새롭게 다루기 시작했다. 그녀는 장면을 용감하게 독백으로 표현하기로 결정했다. 그리고 '남자가 그녀를 공격하면서 갑자기 조명이 꺼진다'는 결말을 제안했다. 다른 집단원과 촉진자들이 모두 그렇게 충격적인 결말은 사람들을 당혹스럽게 할 것이라며 말렸지만 그녀는 '내가 느낀 걸 관객이 똑같이 느끼면 좋겠어요'라고 했고, 배우로서도 그런 결말이 연극적으로 적절할 것이라고 믿었다. 나는 그녀에게 ATP는 관객이 느끼는 것보다 그녀가 해당 경험을 다루는 데 무엇이 필요한지에 더 초점을 둔다는 것을 설명하고 결말을 달리 맺도록 여러 차례 권했지만 별 소용이 없었다. 그러다가 공연이 하루 앞으로 다가왔을 때 그녀가 돌연 빛나는 이미지를 꺼냈다. 조명이 꺼지고, 몇 초 있다가 다시 밝아지면, 여성의 자유와 희망과 힘을 노래한 유명한 가수의 곡이 흐르는 가운데, 그녀가 관객을 향해 서서 뛴다. 집단원들이 한 사람씩 합류하여 서로를 응원하며 함께 뛰고, 그렇게 무대가 달리는 여자들로 가득 차는 것이다. 이 강렬한 결말은 주인공을 위한 치료 목표뿐 아니라 집단과 관객을 포함한 공동체적 공명을 일으킴으로써 공연을 전혀 다른 수준으로 끌어올렸다. 개인적인 것과 집단적인 것이 통합된 것이다.

일 년 후에 진행한 인터뷰에서, 주인공은 이 개입의 영향력이 매우 컸음을 인식했다. 그리고 내가 이 글을 쓰게 되었다고 전해주자 결말에 대한 생각을 써 보냈다.

> … 지난 몇 년 동안 깊은 울림이 지속되었어요. 어둡고 닫혀있던 뭔가가 열리면서 나눔과 힘으로 가득해졌답니다. 그리고 ATP의 좋은 결말 덕분에 … 같이 달려준 친구들의 기운이 함께 하면서 내 안에 여성적인 힘을 느낄 수 있게 되었어요. 복합성을 담아낼 수 있게 되었죠(개인적 소통).

ATP에서 개인적 경험을 무대 언어로 번역하는 것은 고통이나 미를 표현하거나 관객에게 도전하기 위함이 아니다. 그 주된 목적은 경험이 가공되도록, 변형을 겪도록, 진화할 수 있도록 허용하는 것이다. 그러므로 ATP의 결말은 **치료적 시야**를 확보할 필요가 있다. 그것은 '해당 상황에 어떤 범위의 지각, 조망, 관점 혹은 앞으로에 대한 힌트를 제시하는 것'을 말한다(Pendzick, 2013a, p.20). 모든 상황이 해피엔딩일 수는 없으며(또 그러기를 바라지도 않기에), 치료적 시야의 확보를 명랑한 해법을 찾아내는 것과 혼동하지 말아야 한다. 치료적 시야를 가진 공연은 신속한 해결책이나 상투적인 엔딩과 무관한 희망찬 기운을 끌어낸다. 때때로 희망적인 암시는 바꾸거나 돌이킬 수 없는 상황을 수용하는 데서 나타나기도 한다. 앞선 공연에서 관찰되듯이, 치료적 시야는 작가/공연자뿐 아니라 관객에게 심원한 공명을 이끌어낸다(Pendzick, 2008). 치료적 시야를 갖도록 권하는 것이 미학적 함의를 지닐 수는 있지만, 그 진짜 목적은 공연 자체가 의미 있는 자전적 경험이 됨으로써 공연자의 삶에 지속적인 치료의 흔적을 남긴다는 사실을 강조하는 데 있다.

플롯의 드라마터지 패턴

ATP를 구성하는 가능한 수많은 플롯으로부터, 나는 반복되는 몇 가지 배열을 찾아냈다. 바르바(2010)는 그것을 드라마터지의 서사 수준이라고 부른다. 그 중 두 가지는 **억압/해방 패러다임**과 **추구 원형** 혹은 여정이다. 이 일반적 범주는 다양한 조합으로 나타날 수 있다.

억압/해방 패러다임은 흔히 억압의 극단에서 시작하는 드라마터지적 배열로 구성된다. 주인공은 중요한 타인(부모, 형제자매, 또래)이나 자신의 내적 역할(내면의 비평가, 냉소적 자기)에게 착취당하고 학대당하고 방임당하고 괴롭힘 당하거나 통제 당한다. 아주 강한 엄마를 두 명이 연기한 공연이 있었다. 그들은 주인공이 이야기를 하려고 할 때마다 끼어들어 말을 고치거나 이름을 부르며 방해했다. 주인공은 점차 줄 달린 인형이 되고, 두 엄마가 높은 단에 서서 그녀를 조종한다. 그리고 주인공은 자유로이 움직여 돌아다니고 싶지만 한자리에 박혀 있는 인형에 관한 이야기를 들려준다. 이야기의 돌파구는 인형이 자신에게 심장이 있고 거기서 한 쌍의 날개가 자라고 있음을 발견하는 데서 시작된다. 그것을 깨닫자 두 엄마는 곧바로 두려움에 얼어붙고 주인공이 드디어 인형의 줄을 잘라내고 사람처럼 걷는다. 그리고 멀리서 엄마들에게 작별 키스를 보낸다.

해방의 행동은 성장하기, 떠나기, 목소리 내기, 매듭 풀기, 감옥에서 탈출하기 등 여러 형식을 취하고, 많은 경우에 몸과 관련된 은유를 사용한다. 자기민족지적 공연에서 몸의 복합적 역할을 고찰한 스프라이의 논문(2011) 역시 같은 이야기를 한다. 증거로서의 몸과 증거의 몸. 신데렐라를 괴롭히는 언니들을 한 쌍의 바비 인형으로 나타낸 공연이 있었다. 그들은 '바비 걸'이라는 노래에 맞춰 춤을 추면서 비틀린 목소리로 말했다. 신데렐라가 혼자 집안일을 할 때, 요정이 등장해 그녀가 얼마나 아름답고 특별한지 말해주지만, 신데렐라는 그 말을 무시하고 눈길조차 주지 않는다. 그러다가 새 두 마리가 나타나 비틀즈의 '블랙버드'에 맞춰 춤을 춘다. 머뭇거리던 신데렐라도 나중에는 푹 빠져서 함께 춤을 추고, 그것은 비질하는 동작에서 점차 온몸을 쓰는 자유로운 춤으로 변한다. 춤을 통해 그녀는 자신을 바비와 신데렐라의 역할에서 해방시키고, 나중에는 자신을 신부로 선택한 왕자를 체현할 수 있게 된다.

추구/여정의 패러다임은 서사극처럼 나선이나 곡선으로 사건을 전개한다. 성인식을 앞두고 성서를 암송하는 자신의 목소리를 듣고 있는 남자를 보여주며 시작하는 공연이 있다. 그는 아버지와 상상의 대화를 하면서 모로코에서 보낸 어린 시절에 관해 질문한 다음 아버지의 옷을 걸치고는 아랍어로 독백을 한다. 다음 장면은 빈둥거리며 기타를 치는 척하면서 '유행을 선도하는' 세 명의 십대로 연다. '구린 옷'을 입은 십대의 주인공이 유명한 유대인 가수의 노래에 맞춰 무대에서 열정을 폭발시킨다. 빈둥거리던 아이들은 그를 손가락질한다. 그러나 장면이 전개되면서 주인공은 패션 리더가 되고 다른 아이들이 그가 하는 모든 것을 따라한다. 세 번째 장면에서는 할머니를 방문한다. 할머니는 주인공에게 유대식 음식을 만들어주면서 조상들의 이야기를 들려준다. 옛 이야기를 하면서 그녀는 요리, 설거지, 기도와 같은 일상 활동을 춤으로 변형한다. 주인공은 그녀의 동작을 따라하면서 북아프리카 음악에 맞춰 함께 춤을 춘다. 잠시 후에 할머니는 작별 키스를 하고 무대에서 영원히 떠나고, 혼자 남겨진 그는 혼란에 빠진다. 네 번째 장면에서는 젊은 여자가 등장해 다른 음악에 맞춰 춤을 춘다. 곧이어 두 사람의 춤이 되는데, 남자가 여자를 잡으려 쫓아가고 여자는 그때마다 사라지거나 도망간다. 드디어 그는 우위를 놓고 다투지 않는 방식으로 그녀와 춤추는 법을 찾고 그렇게 그녀가 퇴장할 때까지 함께 춤춘다. 다시 혼자가 된 그는 즐겁고 자유롭게 춤을 춘다.

이 작품에서 우리는 서사극의 미학과 드라마터지를 찾아볼 수 있다(Brecht, 1981). 각 장면은 독자적이고 곡선적인 흐름을 가지며 장면 사이에는 비약이 있다. 특정한 이야기를 들려주기보다 하나의 이슈를 탐험하는 것은 물론 관객이 비판적이고 정치적인 맥락에서 공연을 살피도록 초대한다. 여기에도 해방적인 요소가 있지만 공연을 추동하는 것은 아버지와 뿌리와 정체성을 찾아가는 여정, 곧 추구의 에너지다.

두 개의 배열, 억압/해방과 추구는 조합되기도 한다. 한 여자가 어린 시절의 자신을 연기하는데 부모는 아이와 놀아주는 대신 둘만의 게임을 한다. 이 상황은 부모의 등퇴장이 몇 차례 반복되는 동안 바뀌지 않는다. 아빠는 매번 다른 여자를 태운 채 스쿠터를 타고 무대에 들어왔다가 나간다. 엄마도 계속 숨차게 달린다. 절정에 해당하는 지점에서 주인공은 흐름을 멈추며 소리친다. '난 어른들이 하는 게임을 이해 못하겠어!' 그리고 자해적 분위기의 음울한 독백을 한다. 다음 장면에서 그녀는 천국의 문에 있다. 천사가 사다리 꼭대기에서 부서진 스쿠터를 고치고 있고, 아버지의 스쿠터를 알아본 그녀가 그것을 타게 해 달라고 부탁한다. 그는 아직 그녀의 시간이 아니라고 답하고, 둘의 대화가 이어진다. 끝에 가서 그녀는 그에게 어깨에 기대도 되는지 묻는다. 그가 허락하자 그녀는 거기에 그렇게 머물면서 잠시 쉰다. 그리고 천천히 사다리를 내려오고, 조명이 어두워진다.

이 공연의 앞부분은 억압/해방 패러다임을 잘 보여준다. 크레센도의 느낌으로 부모의 등·퇴장을 가속화하면서 반복을 축적한 다음 주인공의 자해적 독백으로 폭발시킨다. 반면에 천국의 문 장면은 추구의 미학에 속한다. 그것은 성찰적이고, 극적이기보다 시적이며, 억압/해방 패러다임을 특징짓는 카타르시스적 위기가 없는 독자적인 장면이다.

이 두 개의 원형적 배열은 ATP에서 매우 빈번하게 나타난다. 물론 그것밖에 없다는 말은 아니다. 플롯은 계절이나 인생 단계에 따라 작품을 구성하는(Galila Oren, 개인적인 소통) **생애 주기**, '그때와 지금'의 장면을 유사한 구도로 맞세우는(Chen Alon, 개인적인 소통) **과거와 현재 병렬** 혹은 **기념식**이나 그 밖의 제의적 구조와 같은 또 다른 패턴으로 배열되기도 한다.

마무리

억압/해방과 추구의 배열은 바르바(2010)가 언급한 드라마터지의 세 가지 수준에서 모두 기능하는 것으로 보인다. 유기적 혹은 역동적 수준(몸, 리듬, 움직임, 감각), 서사 수준(마지막 부분에서 설명한), 환기적 수준('관객 내에서 친밀한 공명을 산출하는 공연의 기능'(p.10))은 서양 연극을 깊이 관통해 흐르는 두 개의 드라마터지적 혈관을 반영한다. 20세기에 브레히트와 아르토의 연극으로 집약된 서사적인 것과 카타르시스적인 것. 그것들은 나아가 리허설과 공연의 핵심 양상을 구성한다. 가령 오프닝은 추구 원형에 조응하는 듯 보이고, 교착상태와 치료적 시야는 억압/해방 패러다임에 더 기울어 있는 듯하다.

이 장은 작가/공연자의 드라마터지에 초점을 두었다. 바르바(2010)는 배우의 드라마터지뿐 아니라 연출자와 관객의 드라마터지가 있다고 말한다. 이는 분명히 치료사/연출자(전형적으로 연극치료사)가 동등한 공동창조자가 아닌 과정에 친밀하게 개입하는 ATP에도 적용된다. 치료사/연출자의 드라마터지는 그 복합성을 고려할 때, 살아있는 유기체를 삶으로 내보내는 일이라는 점에서(Pendzik, 2013a) 거의 산파에 맞먹는다. 관객의 드라마터지는 개인적인 것과 공동체적인 영역이 서로를 활성화하는 공명층과 연관된다. 한편으로 관객의 드라마터지는 ATP가 줄 수 있는 **코뮤니타스**(Turner, 1982) 경험을 재창조하는 것일 수 있으며, 다른 한편으로는 자크 랑시에르(2009)가 제안하듯, 공연이 자신의 이야기로 공명하는 것을 허용한 해방된 개인들의 공동체를 구현하는 것이기도 하다.

참고문헌

Amkpa, A. (2006). Re-envisioning theatre, activism, and citizenship in neocolonial contexts. In J. Cohen Cruz & M. Schutzman (Eds.), *A Boal companion: Dialogues on theatre and cultural politics*(pp. 161-172). London: Routledge.

Aristotle. (1902). *Poetics* (Transl. S. H. Butcher, 3rd ed.). London: Macmillan.

Barba, E. (2000). The deep order called turbulence: The three faces of dramaturgy. *The Drama Review, 44*(4), 56-66.

Barba, E. (2010). *On directing and dramaturgy.* London: Routledge.

Bogad, L. M. (2006). Tactical carnival: Social movements, demonstrations and dialogical performance. In J. Cohen Cruz & M. Schutzman (Eds.), *A Boal companion: Dialogues on theatre and cultural politics*(pp. 46-58). London: Routledge.

Brecht, B. (1981). The modern theatre is the epic theatre. In J. Willet (Ed. and Trans.), *Brecht on theatre*(pp. 33-43). London: Methuen.

Brook, P. (1981). *The empty space.* New York: Atheneum.

Campbell, J. (2004). *The hero with a thousand faces.* Princeton: Princeton University Press.

Cuddon, J. A. (1991). *Dictionary of literary terms and literary theory.* London: Penguin.

Emunah, R. (2015). Self-revelatory performance: A form of drama therapy and theatre. *Drama Therapy Review, 1*(1), 71-85.

Fischer—Lichte, E. (2002). *History of European drama and theatre.* London and New York: Routledge.

Gordon, R. (1995). *Bridges: Psychic structures, functions, and processes.* New Brunswick, NJ: Transaction Publishers.

Grotowski, J. (1968). *Towards a poor theatre.* New York: Simon & Schuster.

Johnson, D. R. (1991). The theory and technique of trans—formations in drama therapy. *Arts in Psychotherapy, 18,* 285-300.

Kelly, G. A. (1991). *The psychology of personal constructs.* London: Routledge.

Landy, R. (2008). *The couch and the stage.* Lanham, MD: Jason Aronson.

Langer, S. (1953). *Feeling and form.* New York: Charles Scribner's Sons.

Lehmann, H. T. (2006). *Postdramatic theatre.* London: Routledge.

Moreno, J. L. (1972). *Psychodrama*(Vol. 1, 3rd ed.). New York: Beacon Press.

Pavis, P. (1998). *Dictionary of the theatre: Terms, concepts, and analysis.* Toronto: University of Toronto Press.

Pendzik, S. (2008). Dramatic resonances: A technique of intervention in drama therapy, supervision, and training. *Arts in Psychotherapy, 35,* 217-223.

Pendzik, S. (2013a). The poiesis and praxis of autobiographical therapeutic theatre. Keynote speech, *13th Summer Academy of the German Association of Theatre—Therapy*(DGFT), Remscheid, Germany. https://www.researchgate.net/publication/280530475_

Pendzik, S. (2013b). The 6—Key model and the assessment of the aesthetic dimension in dramatherapy. *Dramatherapy, 35*(2), 90-

98. http://dx.doi.org/10.1080/02630672.2013.822524

Porter, L. (2003). Death in transformation: The importance of impasse in drama therapy. *Arts in Psychotherapy, 30*, 101-107.

Ranciere, J. (2009). *The emancipated spectator*. London/New York: Verso.

Schierse-Leonard, L. (2009). *The call to create*. New Orleans, LA: Spring Journal Books.

Spry, T. (2011). *Body, paper, stage: Writing and performing autoethnography*. Walnut Creek, CA: Left Coast Press.

Turner, V. (1982). *From ritual to theatre: The human seriousness of play*. New York: PAJ.

White, M. & Epston, D. (1990). *Narrative means to therapeutic ends*. New York & London: W.W. Norton & Company.

Winnicott, D. W. (2005). *Playing and reality*. New York: Routledge.

05

자기계시적 공연에서의 놀라움과 타자성

데이비드 리드 존슨

르네 에무나(2015)가 정의하는바, **자기계시적 공연**의 본질적 특성이 단지 자전적 경험을 보여주는 것이 아니라 리허설과 퍼포먼스 단계에서 배우가 당면한 이슈를 **훈습**하는 데 있다면, 훈습이 어떻게 성취되는지를 잘 이해하는 것은 꼭 필요하다. 그녀는 배우와 연출자의 협동 과정으로서 준비와 리허설 단계뿐 아니라 퍼포먼스 단계에서도 훈습이 일어난다고 주장한다. 그렇지 않으면 퍼포먼스는 단지 기술적으로 앞서 완결된 치료 과정을 공개하는 자전 공연이 될 것이다. 배우의 진정한 정서적 현존과 취약성은 자기계시적 공연을 일반 연극과 구분해주는 결정적 요소다(Emunah, 2015).

D. R. Johnson, PhD, RDT－BCT (✉)
Post－Traumatic Stress Center, New Haven, CT, USA
Department of Psychiatry, Yale University School of Medicine, New Haven, CT, USA
e－mail: davidreadjohnson@gmail.com

자전 공연과 **자기민족지적 공연**은 각각 개인적인 것 혹은 배우의 사회문화적인 배경으로 구성되며, 치료적이거나 치료적이지 않을 수 있다. 비치료적 형식의 퍼포먼스는 교육이나 오락으로서 **관객에게 영향**을 미치고자 한다. 반면에 자기계시적 공연은 치료적 의도를 표방하며, 그래서 연출자가 일정 정도 치료사의 역할을 감당하고 배우와 개인적 관계가 있는 사람들이 객석을 메운다. 자기계시적 공연은 관객뿐 아니라 배우에게 영향을 미치고자 한다. 그러므로 배우, 연출자, 관객은 퍼포먼스와 자기계시적 공연의 치료적 요소에 기반한 이중의 역할을 취한다.

강렬한 자전공연과 자기민족지적 공연은 개인적이고 감정을 자극하며 영감을 줄 수 있지만, 그것은 어디까지나 관객을 위한 것이다. 자기계시적 공연은 배우에게 그 같은 영향을 미쳐야 한다. 자기계시적 공연은 아르토가 말한 유명한 배우의 이미지 곧 '불붙은 제단에서 타오르며 불꽃으로 신호를 보내는 희생자'(Artaud, 1958, p.13)처럼, 직접성과 현존에 다가가려 애쓴다. 이것은 결코 사소한 과제가 아니다. 또 만일 자기계시적 공연이 관객을 배제한 채 배우를 위한 감동과 영감에만 머무른다면, 그것은 자기몰두의 감상적인 퍼포먼스가 될 뿐이다.

그러므로 자기계시적 공연은 배우에게 지속적인 발견의 과정이어야 한다. 하지만 대다수 공연이 꼼꼼한 리허설을 거쳐 대본을 정리하는데, 예상치 못한 발전의 여지가 어디서 생길 수 있을까? 리허설을 거친 공연에서 과연 발견을 기대할 수 있을까? 우리는 어떻게 스스로를 놀라게 할까? 배우와 대본은 새로운 알아차림과 예상치 못한 사건의 발생을 허용하는 흥미롭고 정교한 관계를 맺어야 한다. 그렇다면 그 정교한 배열은 무엇인가 그리고 그것은 죽은 대본에 생기를 불어넣는 좋은 연기의 본질과 다른 것인가?

퍼포먼스 단계의 훈습이 오로지 배우의 자기 보고를 기반으로 발생한다고 보기는 어렵다. 자기계시적 공연이 견고한 치료적 형식으로 인정받기 위해서는, 훈습 과정이 잘 이해되고 이론적으로 근거를 확보해야만 한다. 그리고 이것이 이 장의 목적이다.

아서 쾨슬러(1964)는 우리가 스스로 간지럽히지 못한다는 사실이 다른 사람의 존재를 증명한다는 유명한 말을 했다. 간지럼은 놀람과 도망가고 싶은 욕망을 자극한다. 그리고 동시에 기쁨과 통제할 수 없는 웃음을 끌어낸다. 쾨슬러는 또 진짜 간지럼 뒤에는 항상 가짜 간지럼이 이어지는데, 그것이 가짜임에도 마법처럼 진짜와 똑같은 강렬한 반응을 촉발한다는 것을 관찰했다. 그는 이 가짜 간지럼에 대한 반응이 최초의 연극 경험일 것이라 가정한다. 간지럼을 흉내 낼 뿐인데도 진짜로 간지럽힐 때와 똑같이 반응하는 것은 '상상의 조건을 충실히 살아내는 것'(Meisner & Longwell, 1987), 가상을 현실로 가져오는 것의 완벽한 예를 보여준다. 이는 연극적일 뿐 아니라 아무것도 없는 데서(단지 흉내) 뭔가를 끄집어낸다(우리의 반응)는 점에서 마법적이기도 하며, 어릿광대처럼 희극적이기도 하다. 누군가가 가까이에서 손가락을 까딱하기만 해도 '그만해!'라고 소리치는 것이다. 간지럼은 가장 자유로운 타자의 현존이다. 그가 어디를 건드려도 우리는 그로부터 뒷걸음친다.

만일 우리가 자신을 간지럽힐 수 없다면, 다시 말해 스스로에게 타자가 될 수 없다면, 발견의 과정에서 우리는 오로지 타자에 의존해야만 하는가? 혹은 우리 내면에 타자성의 근원이 있을까? 자발적으로 '아하'의 순간을 만날 수는 없는가? 깊은 공부와 명상을 통해 스스로 새로운 통찰에 이를 수 없는가? 그렇다면 새로운 발견과 아이디어는 어디서 오는가? 자기계시적 공연에서 치유나 훈습이 발생한다면, 새로운 뭔가는 반드시 배우/참여자에게서 비롯되어야 한다. 그것은 이미 알고 있는 것일 수는 없다. 그러므로 훈습 과정에서 현존과 생생함과 놀라움의 창조는 타자성의 원천에 접근하는 데 달려있다는 것이 나의 주장이다. 이제 자기계시적 공연 안팎에 있는 타자성의 가능한 원천들을 살펴보자.

자기계시적 공연 과정에서 타자성의 원천

가장 먼저 우리의 **개인적 무의식과 잠재의식**을 꼽을 수 있다. 무의식은 페르소나에 대하여 타자로서 망각되었거나 억압된 개인적 기억과 생각과 감정뿐 아니라 의식으로 충분히 올라오지는 못하지만 순간적으로 일어나는 환상, 욕망, 이미지를 모두 포함한다. 짐작건대 자기계시적 공연의 준비 단계에서 개인적 성찰과 체현적이고 극적인 탐험을 통해 공연자는 스스로 그리고 연출자와 함께 자신의 무의식적이고 잠재의식적인 측면을 의식으로 끌어올릴 수 있으며, 그것이 치유 과정에 기여할 것이다. 그럼에도 무의식적 내용의 발견과 프로세싱이 퍼포먼스의 고양된 순간에 어떻게 발생하는지에 대한 이해는 좀 더 복잡해 보인다. 인지적 프로세싱과 함께 의미 있는 새로운 이미지나 생각이 공연 중에 표현된다면, 그것은 아마도 즉흥극에서 공연으로 구축되는 단계에서 흔히 그렇듯, 기존 대본에서의 의미 있는 일탈로 귀결될 것이다. 그렇지 않으면 이 타자성의 원천은 준비 단계에서 영향을 미칠 가능성이 크다.

두 번째는 **연출자와의 상호작용**이다. 토론, 목격, 직접적인 피드백을 통해 연출자는 배우에게 그들이 미처 알아차리지 못한 새로운 관점을 제공한다. 배우는 그 같은 연출자의 반응에 놀라고 맞서거나 힘을 얻거나 혼란을 느낄 수 있으며, 그를 통해 핵심 문제를 더 깊이 탐험할 수 있다.

타자성의 세 번째 원천은 배우의 개인적 작업에 은유적이거나 상징적인 틀을 제공하는 이야기 곧 **신화**나 **동화** 또는 다른 작가의 **텍스트**에서 발생한다. 이야기의 긍정적 효과는 흔히 그 태생적 위력에 딸린 것으로 인식된다. 그러나 이야기에서 발생하는 통찰은 배우의 개인적 이야기에 새로운 시각을 부여하는 타자성에 기인한다.

타자성의 네 번째 원천은 소도구, 분장, 의상, 조명, 무대 감독, 동선, 타이밍 등 **연출기법의 효과**다. 이 예술적 요소들은 대체로 비인격적임에도 고유한 규칙과 한계를 지니는데, 그것이 배우의 극적 의도를 지지하거나 저항을 유발할 수 있으며, 그런 식으로 새로운 발견과 표현 방식을 끌어낼 수 있다. 외부 환경 때문에 뭔가를 다르게 해야 하는 상황에서, 배우는 이슈에 새롭게 접근하게 된다. 예를 들어, 내가 한 자기계시적 공연에서 한 번은 리허설 도중에 던진 소도구가 탁자에 부딪혀 깨졌고 그것이 무대 전체에 산산이 흩어지는 바람에 장면을 지속하기가 어려웠다. 그래서 어쩔 수 없이 소도구를 박살내는 장면을 양식적으로 느린 동작으로 바꿔 표현했는데, 그 순간 아버지의 학대에 대한 여러 가지 연상이 떠올라 새롭게 장면에 통합시킬 수 있었다. 또 다른 예를 들자면, 한 배우가 공연에서 결정적인 순간에 권총을 사용할 예정이었는데 권총을 탁자보 아래 두는 것을 까맣게 잊었고, 그 순간이 왔을 때 탁자보 아래를 더듬었지만 총이 없는 것을 발견한 그녀는 객석을 바라보며 잠시 사이를 두었다가 작은 목소리로 '빵'하고 속삭였다. 그렇게 즉흥적이고 눈물겨운 새로운 표현이 새롭게 도입되었고, 그녀는 다시 연습한 대사와 행동을 이어갔다. 예술은 욕망을 드러내기 마련이며, 재료는 그것이 시각 예술, 음악, 춤, 드라마든 상관없이 그 고유한 영향력을 최종의 결과물에 투여한다. 대본과 **미장센**의 관계는 언제나 역동적이며, 흔히 공연에서 놀라운 전환을 가져온다.

배우를 위한 타자성의 마지막 원천은 **관객**이다. 자기계시적 공연에서 관객은 주로 공연자의 친구, 가족, 동료로 구성되며 관객의 반응이 쉽게 눈에 띄는 작은 공간에서 상연되기 때문에, 배우는 그 반응에 순간적으로 영향을 받아 행동을 바꾸고 싶은 충동을 느낄 수 있고, 그것은 확실히 새로운 감정 상태를 창출한다. 객석에는 단순한 관객을 넘어 배우가 무대에서 보여줄 것과 관련해 이해관계를 가진 이들이 있을 수 있다. 배우는 그런 친구나 가족의 반응을 눈치 채면서 그 순간에 퍼포먼스를 바꿀 수도 있다. 그 순간 또 다른 관객이 배우와 밀접한 관객에게 주목할 수 있고, 그때 관객은 사실상 공연자가 되기도 한다. 퍼포먼스가 진행되는 동안 관객 속의 관객은 그렇게 나타났다가 사라질 수 있으며, 그것이 참여자 모두의 직접성과 현존의 감각을 고조시킬 수 있다.

이상이 자기계시적 공연에서 배우가 활용할 수 있는 타자성의 다섯 가지 원천이다. 하지만 아마도 이것은 리허설 과정에서 훨씬 큰 영향력을 행사하고 공연에서는 상대적으로 간소할 것이다. 공연에서 일어나는 발견의 순간에 대해서는 여전히 설명이 부족하다. 우리가 찾는 것이 배우의 새로운 행동이 아니라 배우와 관객의 관계상의 변화, 아마도 공연에 대한 관객이 예상을 벗어나는 어떤 태도라 할 수 있을까? 훈습의 순간을 그런 관점에서 충분히 설명하기 위해서는 놀라움의 이론이 필요하다.

놀라움의 이론

어떤 자기계시적 공연에서나 타자성의 원천은 중요하지만, 에무나는 암묵적으로 놀라움의 상연이라 할 수 있는 자기계시적 공연의 가장 중요한 요소가 무엇인지에 대해서는 언급을 피한다. 퍼포먼스에 타자성을 끌어들이기 위해서는 반드시 그에 대해 열려 있어야 한다. 만일 그것을 통제한다면 그것은 더 이상 타자성이 아니다. 그러므로 타자성은 우리에게 일정 정도 놀라움일 수밖에 없다. 어느 정도 모르는 것으로 경험되어야 하는 것이다. 자기계시적 공연의 배우는 공연하는 동안 어떻게 이 경험에 열려있을 것인가? 이를 위해 나는 놀라움 연구를 바탕으로 전적으로 즉흥극에 의존하는 발달 변형(Johnson, 2009)의 이론을 끌어와 자기계시적 공연의 타자성을 조명하고자 한다.

발달 변형은 참여자가 치료사나 다른 참여자들(집단치료의 경우)과 함께 자신의 느낌과 생각을 즉흥적으로 연기하는 예술 기반의 퍼포먼스적 접근법이다. 그 같은 접근은 다른 예술 양식에서도 가능하지만, 발달 변형은 그것을 연극치료의 맥락에서 창조한다. 발달 변형은 **불안정 이론**에 근거를 두며 불교, 실존주의, 포스트모더니즘의 영향을 많이 많았다(Johnson, 2013). 불안정 이론의 가장 중요한 공리는 **경험이 반복되지 않는다**는 것이다. 매 순간의 경험은 이전에 있은 적 없는 것으로서 완벽하게 새롭다. 이 순간 … 이 순간 … 이 순간. 헤라클레이토스(2003)가 오래전에 관찰했듯이 모든 것은 변한다. '같은 강물에 두 번 발을 담글 수 없다.' 그러나 이 같은 인식은 각 장면이 대체로 다른 순간과 다른 것들과의 조합으로 느껴지는 우리의 경험과 상응하지 않는 듯 보인다. 나는 데이비드다,

또다시, 일어나서 이를 닦고, 또다시, 차를 운전해 출근한다, 또다시, 같은 방에 앉아 같은 이들과 회의를 한다, 또다시, 5월 8일, 또다시. 전도서 1장 9절의 '해 아래 새것은 없나니 아무것도 없다'는 말처럼, 삶은 거대한 반복으로 보인다. 실제로 우리는 문자, 말, 숫자, 문장, 물건, 장소, 사람, 이야기 등 수많은 반복적 형식에 익숙하며, 그 경험의 재현들 한복판에 언어가 있다. 우리는 무한한 것에 임의로 이름을 붙여 반복되는 숫자(우리가 만든)로 줄을 세움으로써 형식을 부여한다. 우리는 우주를 영어의 26개의 글자(우리가 만든)로 표현한다. 반복되는 일련의 형식을 수용함으로써, 우리는 효율적으로 소통할 뿐 아니라 잠재적으로 압도적인 세계에 대한 경험을 안정화할 수 있다. 그로 인해 경험은 반복되는 것과 반복되지 않는 것의 조합으로 나타난다. 안정을 추구하는 욕망은 그것이 삶을 끝나지 않는 반복으로, 천편일률의 것으로, 죽은 것으로 경험하게 하는 위험에도 불구하고, 반복되지 않는 것에 대한 알아차림을 최소화하고 부인하거나 제거한다. (새로운 것보다 같은 것에 초점을 맞추는 부부는 죽은 관계를 만든다) 그러나 불안정 이론은 반복되지 않음은 경험에서 제거할 수 없는 불가분의 속성이며, 현재에 있기 위해서는 그것을 알아차리고 느끼는 법을 익혀야 한다(Johnson, 2013)고 말한다. 다시 말해 사람, 공연, 관계의 생기는 반복되는 것과 반복되지 않는 것의 불안정한 춤에 의존하며, 무엇이 새로운 것인지를 알아차리고 이해하는 정도에 달려 있다. 이것은 우리에게 무의식에 직면하는, 새로운 요구에 적응하는, '형식이 결코 이를 수 없는 취약하고 유동적인 삶의 중심을 경험하는'(Artaud, 1958, p.13) 용기를 요구한다.

이 공리는 소위 **중요한 차이**라 불리는 직접적 결과를 가져온다. 경험의 재현은 경험 자체와 동일하지 않다. 세계지도가 세계가 아니듯, 느낌에 대한 표현이 느낌 자체는 아닌 것이다. 이 차이는 우리의 실존적 불안정의 원천으로 고통과 불안의 형식으로 나타나며, 다른 한편으로는 발전과 희망과 생성의 형식을 입는다. 경험의 재현(퍼포먼스뿐 아니라 언어를 포함하는)은 그러므로 불안정하다. 그것은 결코 지금 이 순간 우리의 경험을 온전하고 정확하게 포착할 수 없기 때문이다. 가령 몇 단어로 구성된 '안녕, 친구야, 그 머리 너한테 진짜 잘 어울린다!'는 말을 예로 들어보자. 이 문장은 우리말에서 완벽하고 정확하며 모호하지 않은 의미를 구성하는 반복적인 형식이다. 그러나 누군가 이 대사를 실제로 말할 경우에는 사람마다 다양한 억양, 속도, 크기, 강세, 얼굴표정, 자세로써 서로 다른 의미를 산출한다. 그 변이는 자발적으로 창조되고 본질적으로 모호하며 사전에도 없다. 또 말할 때마다 조금씩 달라서 정확하게 동일한 방식으로 반복할 수도 없다. 바로 그것이 단어의 정의를 둘러싼 개인의 욕망, 연상, 의심, 신념 등을 소통한다. 배우자에게 '사랑한다'는 말을 자주 한다 해도, 배우자가 그 순간에 당신이 정말로 자신을 사랑한다고 느끼게 하는 것은 '사랑한다'는 말이 아니라 그것을 말하는 방식인 것이다. 연극에서도 배우는 대본에 있는 대사를 말한다. 그러나 관객에게 인물을 생생하게 전달하는 좋은 연기는 대사가 아니라 배우가 그것을 어떻게 말하는가에 달려있다.

이렇듯 언어는 불완전할 뿐 아니라 실제로 그것을 불안정하게 하는 부재를 유발한다. 심오한 아이러니가 아닐 수 없다. 당신이 형식이나 대상 혹은 사물로 분할하지 않은 채, 한순간의 소리와 색깔과 질감과 냄새와 자극을 모두 경험할 수 있다고 상상해보자. 그 순간 존재는 충만할 것이다. 모든 것이 여기 있고, 아무것도 놓치지 않은 채 '이것이다.' 그것은 비어있음, 니르바나, 하나됨이다. 이제 그 자극의 소용돌이 중 일부를 한 대상으로 조직한다고 상상해 보자. 가령 '엄마'라면 그 특정한 형태와 색깔과 냄새와 크기와 세부에 이름을 붙이는 것이다. 언어, 재현은 그렇게 한 조각의 세상을 창조해왔다. 그러나 이 자극의 조합이 움직이고 사라지는 순간(예를 들어 내가 고개를 돌리거나 엄마가 방에서 나가는), 엄마는 '없다'. 엄마가 다시 나타나고, 엄마를 느끼고, 나는 행복하다, 엄마가 또 가버린다, 슬픔과 갈망을 느낀다. 엄마를 찾으며 부른다! 엄마는 돌아오거나 돌아오지 않는다. 엄마는 어디로 갔을까? 그때 새로운 정체가 창조된다. **여기 아닌 다른 곳**. 이와 같은 방식으로 새로운 조합의 이름을 배울 때마다 세계에 대한 지식과 애착이 더해지는 동시에 우리는 상실과 부재와 '여기 아닌 다른 곳들'과 고통의 세계로 내던져진다. 아이러니컬하게도, 반복되지 않는 것들은 언제나 바로 지금 여기에만 있기 때문에 결코 사라질 수 없다. 그것은 오로지 언어의 라벨을 달고서야 살아남아 반복할 수 있게 되며, 그럼으로써 다른 것과 마찬가지로 덧없이 사라지는 것들의 어수선한 무리에 편입된다. 우리는 여기서 살아남는 것은 반복가능해지는 것, 왔다 가는 것, 태어나고 죽는 것이라는 또 다른 아이러니에 직면한다. 끊임없이 변하지만 오직 현재만이 영원하다. 이것이 아담과 이브와 지식의 나무 이야기의 의미다. 앎은 에덴으로부터 분리되는 것이다.

하지만 이 **여기 아닌 다른 곳** – 반복 형식의 소멸 능력 – 이 다른 모든 **여기 아닌 다른 곳들**의 기반이 된다. 거기에는 '정신적 이미지', '마음', '상상', '과거와 미래', '세계' 그리고 가장 근원적으로 '타자들'을 포함한 인간적 경험이 살게 될 것이다. 그것은 우리가 경험했지만 더 이상 물리적 현존을 갖지 않는 모든 것을 담는다. **여기 아닌 다른 곳들**은 기본적 불안정성의 역동으로부터 구축된 수명이 짧고 경계에 있으며 불완전하고 흐릿한 공간이다. 그것은 친밀성, 놀이, 마법, 꿈, 창조성, 예술과 연극의 전이적이고 모호한 영토의 기초이기도 하다. 그 속에서 새로운 배열과 조합이 창조되고 상연되며, 자기계시적 공연의 훈습 과정에서 우리가 만나는 새로운 발견과 놀라움과 통찰의 원천이 된다.

놀라움의 경험은 반복되지 않는 것에 의해 반복되는 형식의 경험이 와해되면서 나타나는 결과다. **여기 아닌 다른 곳**으로부터 기대치 않은 것이 도착한 것이다. 우리는 그것을 진실하고 생생한 혹은 갑작스레 여기 나타난 어떤 것으로 생각하는데, 사실은 그렇지 않다(최소한 전적으로 그렇지는 않다)! 놀라움은 주요한 차이에 대한 알아차림이다. 그것은 반복되는 것과 반복되지 않는 것, 주어진 것과 자발적인 것의 동시적 경험에 대한 반응이다. 내가 세계를 인식하는 방식이 세계가 아니라는 깨달음이다.

불안정 이론은 놀라움 곧 누군가 놀랐다고 할 때의 정서적 반응에 **세 가지 주요 감정**이 있다고 가정한다. 첫째, 새로운 것의 분출이 긍정적이거나 만족스럽게 인식된다면, 그때의 정서는 **기쁨**이다! 새로운 요소가 부정적이거나 위협적으로 인식될 때의 정서는 **공포**일 것이다! 그리고 새로운 요소가 긍정과 부정의 관점에서 균형을 이룬다면, **경외감**을 느낄 수 있다! 이들 감정의 신체적 형식은 매우 유사하다. 대개 눈과 입이 크게 벌어지고, 가슴이 올라가고 두 팔은 밖으로 향하며, 입 모양과 머리의 움직임의 작은 뉘앙스만이 차이를 부여한다.

연극적 퍼포먼스에서 놀라움의 요소를 이해하기 위해서는 반복적인 것과 반복되지 않는 형식에 대한 관찰과 주된 정서에 주목할 필요가 있다. 불안정 이론의 관점에서 자기계시적 공연에서 발견의 순간을 이끌어내기 위해서는, 배우가 반드시 반복적 형식(대본과 연습된 행동) 내에서 반복되지 않는 요소를 알아차리고 놀라움의 정서를 경험해야 한다. 이 놀라움을 경험하는(인물이 놀란 것처럼 연기하는 것이 아니라) 주체가 배우라는 것 그리고 이 자발적 반응이 관객에게 소통된다는 사실을 강조하는 것은 중요하다. 이것은 '배우가 연습된 행동에 어떻게 생기를 불어 넣는가'라는 동일한 질문에도 본질적일 것이다. 그것은 백 년 넘게 많은 연극 예술가들의 뇌리를 사로잡은 질문이기도 하다. 어떻게 그 순간을 처음 사는 듯 가장하는가? 어떻게 배우는 현존의 환영 즉 '가상'을 창조하는가?

연기 메소드에서 불일치의 역할

배우가 인물을 실감나게 연기할 수 있도록 훈련하는 믿을 만한 프로젝트는 이론적 연구의 대상인 적이 없었다. 연기는 난해한 기술이고 연출자들은 지속적으로 나쁜 연기에 직면한다. 물론 주요 연기 훈련 메소드는 창안자의 고유한 철학으로 설득력을 얻지만, 불안정 이론의 관점에서 각 메소드는 중요한 불일치의 근본적 조건을 어떤 식으로든 재창조한다고 예측할 수 있다. 바꿔 말해 좋은 연기는 관객에게 반복되는 것과 반복되지 않는 것을 동시에 제시해야 하는 것이다. 대본과 동선은 반복되는 형식이므로, 다른 뭔가가 동시에 연행되어야 하며, 그 다른 뭔가는 한 번도 있어본 적 없는 것으로서 대본 이외의 원천에서 비롯되어 상연 때마다 행해져야 한다. 실제로 주요 연기 이론은 모두 배우의 행동에서 불일치

상태가 나타남을 보여준다.

스타니슬라브스키(1936)의 **정서 기억 메소드**를 예로 들면, 배우는 인물의 것과 유사한 감정을 환기하는 개인적 기억을 불러내도록 훈련받는다. 그 의도는 특정 순간에 배우가 감정에 좀 더 쉽게 접근하도록 하기 위함이다. 그러나 이 접근법은 배우에게 인물의 의식과 자신의 과거에 대한 의식을 동시에 요구한다. 문제의 순간에 배우는 인물의 대사를 하지만 주의는 자신의 개인적 기억과 감정으로 변환되는 것이다. 관객은 이 이중 초점, 곧 배우가 부분적으로 인물로 있지 않는 것을 지각하고, 그것이 퍼포먼스에 힘과 진정성을 부여한다. 불일치가 연행되는 것이다.

그로토프스키(1968)는 〈불굴의 왕자(The Constant Prince)〉에서 배우가 개인적인 기억을 환기할 필요가 있는지 실험하기 위해 리처드 시에슬락에게 주인공을 연기할 때 전혀 다른 시나리오를 떠올리라고 했다. 공연 내내 시에슬락은 인물로서 대본에 있는 말을 하면서도 다른 한편으로는 전혀 다른 이야기를 상상했다. 관객은 틀림없이 배우의 이중 초점을 느꼈을 것이다. 그는 부분적으로 주어진 이야기를 살지 않았으며, 그 부재가 그의 연기를 감동적으로 만들었다. 여기서도 본질적 조건이 배우 안에 불일치 상태를 만들어낸다. 이와 유사하게, 베르톨트 브레히트(1977)의 **소외 효과**와 미하일 체홉(1953)의 **심리적 제스처** 역시 배우가 스스로 인물의 심리 외부에 있도록 한다거나(브레히트) 혹은 배우 자신에게 속한 것을 인물의 추상적이고 개인적인 제스처/상징으로 계발하게 함으로써(체홉) 배우 내부에 다층적이고 모순된 행동을 구축하도록 한다.

마이즈너의 **반복 훈련**은 반복되는 것과 반복되지 않는 것을 가지고 노는 것을 가장 분명하게 보여주는 메소드다(Meisner & Longwell,

1987). 반복과 충동(반복적이지 않은 것들) 간의 긴장을 마이즈너보다 더 잘 아는 이는 없었다. 반복 훈련에서, 배우들은 같은 대사를 되풀이하며 상호작용한다. 그때의 대사는 '너 지금 기분 나빠 보이는데'와 같이 대개 상대 배우의 행동을 언급하는 것이다. 배우들은 그 대사를 상대 배우가 그 순간에 실제로 어떻게 행동하는지 주시하며 말한다. 그렇게 하면서 상대에게서 반복되지 않는 요소를 읽어내는 법을 익힌다. 그렇게 하다보면 불가피하게 상대 배우의 행동에 반응하여 서로 다른 충동이 일어나고 그것이 대사의 표현을 변형한다. 그런 방식으로 대사를 똑같이 반복하는 대신 자기 자신과 상대에게서 일어나는 충동에 주의를 기울이는 법을 훈련한다. 목표는 대본이 아니라 살아있는 순간에 충실함으로써 '상상의 조건 아래서 진실하게 사는 것'이다. 이 기법은 배우들이 메소드 연기처럼 인물이 '되려고' 하는 것을 제한한다. 그것이 자연스럽게 행동하는 것과 연극의 상상적 상황의 불일치를 줄이기 때문이다.

많은 연출자들이 배우가 퍼포먼스를 더 흥미롭게 만들도록, **즉흥극 메소드**를 사용한다. 장면을 두 배 빠르게 연기하게 하거나, 다른 언어로, 동물로, 역할을 바꾸어 다양하게 연기하게 한다. 그처럼 즉흥극은 새롭거나 기대치 않은 요소의 힘으로 움직여진다. 즉흥극의 기본적인 요구사항은 이 반복되지 않는 것의 '제안을 거부하는' 대신 '예스'라고 말하는 것이며, 그것이 즉흥극의 활기와 재미와 흥분의 원천이다(Johnstone, 1987). 제안을 막는 것은 놀라움을 거부하는 것이다. 즉흥극 훈련은 배우 안에 모순적인 연상과 감정을 끌어들이며, 그것이 후에 퍼포먼스에 뉘앙스를 부여함으로써 대본을 생생하게 하고 현존의 느낌을 자아낸다.

그러므로 불일치는 좋은 연기에 핵심적이며, 불일치가 중요한 까닭은 사람들이 실제로 모순적이기 때문이다. 특정한 역할을 일관된 행동으로만 연기하는 것은 단조롭고 일차원적 연기로 이어져 암기한 대본을 간신히 복기하는 것 이상이 되지 못한다. 그것은 자연스러운 목소리와 컴퓨터에서 생성된 목소리의 차이와 같다. 나쁜 연기는 사르트르(1966)가 말하는 **나쁜 신념**의 개념과 비슷하다. 나쁜 신념을 가진 사람은 오로지 자신의 사회적 역할에 합치되는 방식으로만 행동한다는 것이다. 나는 웨이터고, 그러니까 웨이터처럼 움직이고 웨이터처럼 말할 것이다. 이것은 그가 '어떤 것이면서 동시에 그 어떤 것이 아닌 존재인 인간의 본질적 조건을 침해한다'는 점에서 나쁜 신념이다(p.58). 우리는 우리에 대한 지도 이상이다. 그러므로 배우는 대본이 그리는 것 이상을 연기해야만 한다. 관객은 대본에 적혀 있는 역할과 살아있는 자발적인 인간의 사인을 모두 기대한다.

자기계시적 공연에서 일어나는 훈습의 순간

좋은 연기가 인물에 배우의 진실성과 자발성을 주입함으로써 가능하다면, 자기계시적 공연처럼 배우가 자기 자신을 연기하는 경우는 어떻게 되는 것인가? 나 자신과 나에 대한 나의 표현 사이의 불일치의 원천은 무엇인가?

자기계시적 공연에서 배우는 자기 자신인 인물을 연기하며, 이 자기의 재현이 자기가 아님을 인식하는 것이 결정적이다. 인물 구축은 되풀이해서 연습된다는 점에서 반복적인 형식이며 따라서 충분히 그 사람일 수 없다. 그런 측면에서 공연자가 아닌 또 다른 사람이 대본을 익혀 역할을 연기하는 것이 가능하다(그것은 더 이상

자기계시적 공연이 아니겠지만). **자기계시적 공연의 힘은 전적으로 배우가 자기 자신을 연기한다는 것, 그럼에도 불구하고 배우와 그가 연기하는 극적 인물이 일치하지 않는다는 현실에서 비롯된다.**

독특한 상황이 있다. 인물이 배우이고, 그래서 그 둘의 거리가 관객의 마음에서 붕괴되는 듯 보인다. 인물이 연습한 대사와 행동을 따르는 동안, 그 순간을 처음으로 경험하는 배우가 있다. 배우가 자기 자신이 아닌 인물을 연기하는 일반적인 공연에서, 그 순간 배우의 감정은 연기에 생생함을 더하는 것을 의도할 뿐 관객에게 배우의 감정을 전하는 것을 목표로 하지 않는다. 또 배우는 모순적인 요소를 연기하지만 그것이 인물의 것으로 인식되기를 의도하지도 않는다. 그와 대조적으로 자기계시적 공연의 배우는 모순적 요소를 연기하되 일반 공연처럼 그것을 가리기보다 의도적으로 그것이 배우 자신에게 속한 것임을 드러낸다.

이것은 자기계시적 공연에서 관객이 배우의 이야기에 관심을 갖지만, 그보다 배우에게 더 큰 관심을 기울이기 때문에 작동한다. 일반 연극에서는 배우가 느끼는 방식을 드러내는 것이 공연의 목적에 위배되지만, 자기계시적 공연에서 배우가 겪는 것은 공연 **자체가** 된다. 그 순간에 일어나는 것을 볼 때 관객은 더욱 흥분될 것이다. 자기계시적 공연의 강렬한 순간들은 곡예사가 높은 줄 위에서 흔들리며 걸어갈 때 발생하는 긴장감과 달리, 관객이 배우가 그 순간에 경험하는 취약함과 두려움과 용기를 목격할 때다.

이는 훈습의 순간이 때로 연습한 흐름이 방해받거나 배우의 정서적 반응에 의해 막힐 때 그리고 **배우가 그 반응을 공연으로 통합할 때** 일어남을 암시한다. 여기에는 다음과 같은 것이 포함될 수 있다. (1) 배우의 반응으로 공연의 흐름이 중단되거나 놀라움에 객석을 바라보거나 장면과 일치되지 않는 감정을 보인다. (2) 배우가 역할에서 나와 공연에 대한 자신의 느낌을 말하거나 즉흥적으로 관객에게 반응이나 피드백을 요청한다. (3) 배우가 주제에 관한 일탈적인 반응을 연기(연습한 것의 일부로서)하는데 그것이 뚜렷이 그 순간에 경험되는 감정을 나타낸다. 이 사례에서, 관객은 배우가 연습된 행동과 다른 감정이나 생각을 경험한다는 사실을 느낄 것이다.

이 결정적인 순간에는, 배우와 관객이 모두 현실과 상상, 놀이와 현존, 고통과 기쁨이 동시에 경험되는 불안정한 상태에 던져진다. 불안정, 모호함, 불확실성은 좋은 연극에 필수적인 현재와 여기 아닌 다른 곳, 형식과 충동의 춤으로서 극적 긴장을 창조한다. 이 공식은 기든 제하비가 11장에서 논하는 **퍼포머티브**의 개념과 매우 유사하다.

자기계시적 공연의 훈습의 순간에, 자기의 퍼포먼스라는 가면으로부터 진짜 그 사람이 튀어나온다. 그런 방식으로 자기가 드러나는 것이다. 그 점에서 자기계시적 공연이라는 이름은 잘 지어졌다고 할 수 있다. 자전적 이야기와 페르소나의 '자기'가 아니라 반복적이지 않은 형식 속에서 '순간적으로 드러나는 자기'로서의 '자기'. 그때 관객이 경험하는 것은 배우라는 인물이 아니라 불꽃, 취약함, 위험을 통해 신호를 보내는 배우 그 자신이다.

관객 역시 배우가 살아남을 것인지를 매우 염려하기 때문에 이 훈습의 순간들로부터 비슷한 영향을 받을 수밖에 없다. 배우가 치유 과정을 통해 자신을 변형하면 관객 역시 영향을 받는다. 그때 관객의 역할은 둘로 나뉜다. 한편으로는 관객으로 남아 있으면서 동시에 자신이 배우를 열렬히 지지하고 있음을 알게 된다. 이 두 역할의 공존은 매우 다양하게 나타난다. 부모가 자녀의 춤이나 연극을 보러 갔을 때와는 다르다. 그런 경우 부모는 무대에 있는 자식의 일거수일투족을 살피느라 공연 자체는 보지 못하는 수가 많다. 그때 만약 아이가 공연 도중에 객석에 있는 자신을 보며 그 순간 무대에 있는 것에 대한 긍정적이거나 부정적인 느낌을 이야기한다면, 부모는 과연 어떤 기분일까? 대부분의 부모는 심장이 덜컥 내려앉겠지만(의자에서 튀어오를 듯한 기분이 아니라면!) 그 충동을 참아야 할 것이다. 자기계시적 공연에서도 이와 비슷하다. 공연자의 친구나 가족으로서 관객의 반응은 강렬할 수 있지만, 관객의 도리로 공연을 방해하지 않으려면 그것을 제어해야 한다. 이는 문제라기보다 배우에게 일어나는 훈습과 유사한 과정이며, 그런 점에서 결정적이다. 훈습의 본질은 이 질문에 직면하는 것이기 때문이다. **'내가 지금까지 살아온 것 그리고 그 결과에 적응해 온 방식에도 불구하고, 나는 현재와 미래를 어떻게 살고 싶은가? 과거를 얼마만큼 현재로 가져오기를 원하는가?'** 자기계시적 공연이 끝난 후 관극경험을 보고하는 관객이 있다면(내가 강력히 추천하는바), 살펴보고 공유해야 할 중요한 경험은 이것이다. 관객이자 친구/가족으로서 공연을 본 느낌이 어떤가? 가까운 사람과 있을 때, 흔히 우리는 그들에 대한 존중으로 분투하는 그들의 모습을 본 것이나 그들 자신으로서 한 퍼포먼스에 대한 느낌을 공유하기를 꺼리기 마련이다. 그들이 몇 년 동안 씨름해 온 주제를 미주알고주알 늘어놓으면 우리는 그저 그들의 눈을 깊이 바라보면서 사랑스럽게 미소 지을 뿐이다. 그것이 우리가 자기의 페르소나, 역사, 이슈, 역할, 언어를 모두 둘러싼 채 그 밖에서 현존하는 존재로서의 그들과 접촉하는 방법이다. 그들이 우리를 짜증나게 함에도 불구하고 사랑할 수 있는 이유도 바로 이것이다. 그러므로 성공적인 자기계시적 공연에서, 배우는 비록 일시적일지라도 관객과 이처럼 순수한 유형의 접촉을 할 수 있다. 극적 형식으로 객석을 엿보는 오프닝을 창조하는 것이다. 그때 관객은 '퍼포먼스에서 보여주는 이야기와 상관없이, 우리는 너를 어쨌든, 언제나 사랑해'라고 대답한다. 그리하여 자기계시적 공연은 퍼포먼스에 관한 것이 아니라 그 순간을 사는 한 사람의 발견에 대한 것일 수 있다.

결론

자기계시적 공연 과정은 공연 자체에서 중요한 타자성의 근원을 찾을 수 있다. 거기서 배우는 퍼포먼스에서 표현하는 이슈에 대한 즉흥적인 반응을 드러내며, 그렇게 배우-관객의 상호작용이 극적 만남 속에서 현실과 상상의 두 가지 방식으로 일어난다. 진정한 자기계시적 공연은 이미 완결된 치료 과정의 재연이 아니다. 오히려 그 순간 자신을 의심하고 존재의 안전성이나 통합성을 회의하는 배우와 대본에 적혀 있지 않고 반복되지 않는 놀라운 경험에 의해 방해를 받는 이야기라 할 수 있다. 결정적으로, 배우는 순간에 일어나는 그런 감정에 자신을 열어두면서 동시에 그것을 퍼포먼스의 흐름으로 통합한다. 공연에서 일어나는 훈습 과정은 필수적으로 관객이 관객의 역할에서 빠져나와 배우를 아끼는, 그들에 대한 현실의 관계로 들어가도록 만든다. 반복되는 것과 반복되지 않는 것의 불균형한 불안정 상태가 발생하는 것이다. 그것이 바로 좋은 연극과 좋은 치료가 추구해야 할 현존의 상태다.

참고문헌

Artaud, A. (1958). *The theatre and its double*. New York: Grove Press.

Brecht, B. (1977). *Brecht on theatre: The development of an aesthetic*(13th ed.). New York: Hill & Wang.

Chekhov, M. (1953). *To the actor: On the technique of acting*. New York: Harper & Brothers.

Emunah, R. (2015). Self-revelatory performance: A form of drama therapy and theater. *Drama Therapy Review, 1*(1), 71-85.

Grotowski, J. (1968). *Towards a poor theatre*. New York: Methuen.

Heraclitus (2003). *Fragments*. New York: Penguin Classics.

Johnson, D. (2009). Developmental transformations. In D. Johnson & R. Emunah(Eds.), *Current approaches in drama therapy* (pp. 89-116). Springfi eld, IL: Charles C. Thomas.

Johnson, D. (2013). Text for Practitioners II. New Haven, CT: Institute for Developmental Transformations. Available at www.developmentaltransformations.com

Johnstone, K. (1987). *Impro: Improvisation for the theatre*. New York: Routledge.

Koestler, A. (1964). *The act of creation*. London: Penguin.

Meisner, S., & Longwell, D. (1987). *Sanford Meisner on acting*. New York: Random House.

Sartre, J. P. (1969). *Being and nothingness*. New York: Methuen.

Stanislavski, C. (1936). *An actor prepares*. New York: Theatre Arts Books.

06

개인적 이야기의 상연과 관계 미학

니샤 사쟈니

연극치료에서 개인의 삶을 무대에 올리는 것은 배우와 관객 모두를 위한 치유의 목표 안에서 그 경험에 미학적 표현을 부여하는 것과 관련된다. 연극치료 분야에는 **자기계시적 공연**, **자전 공연**과 **자기민족지적 공연**을 포함하여 개인의 이야기를 상연하는 여러 장르와 접근법이 있다(Emunah, 1994, 2015; Harndenm, 2014; Sajnani, 2012). 이 형식들은 서로 다르지만, 임상적 효험과 예술적 성취의 중첩 혹은 내가 **관계 미학**이라 부르는 것을 공유한다(Sajnani, 2012). 이 장은 교차학문적 관점에서 개념을 확장함으로써 연극치료에서 공연의 시학에 기여하고자 한다. 연극치료에서 윤리학과 미학은 경

N. Sajnani, PhD, RDT－BCT (✉)
Lesley University, Cambridge, MA, USA
New York University, New York, NY, USA
University of Melbourne, Melbourne, Australia
e－mail: nishasajnani75@gmail.com

쟁 대상이 아니라 상호 지지적인 근접한 과정으로 간주된다. 특히 나는 관계 미학의 프리즘을 통해 개인적 이야기의 상연을 살피는 데 초점을 둘 것이며 그것이 자기, 치유, 예술, 윤리학, 관객에 대한 이해를 증진시켜줄 것이다.

자기와 치유의 관계적 관점

대다수 연극치료사는 심리내적이고 대인적인 역할의 의도적인 환기와 상호관계(Landy, 2009)를 중시하든 '놀이공간에서의 체현된 만남의 지속적인 변형'(Johnson, 2014, p.38)에 주목하든 상관없이, 자기에 대한 관계적 관점을 옹호한다. 자기 자신과 참여자의 자기에 대한 이해는 연극치료사의 치료적이고 미학적인 선택에 영향을 미친다. 만일 랜디의 **역할 이론**(2009)을 중심으로, 자기를 일련의 역할로 이해하고 치료의 목적을 모호성과 모순을 견디고 관점을 획득하는 것으로 받아들인다면, 공연은 '자기의 역할들'을 구현하거나 '다른 사람의 역할을 취하는 것'과 관련될 것이다(Emunah, 2015, p.75). 또 존슨의 **발달 변형** 이론(2009)에 바탕을 둔다면, 끊임없이 변하는 경험을 다루려는 노력 속에서 환경을 통제하려는 행동으로 표현되는 충동의 방해에 직면하는 것으로서 자기를 이해하고, 지금 이 순간의 새로움에 주목함으로써 변화를 견디는 능력을 강화하는 데 치료와 공연의 목적을 둘 수 있다. 이렇듯 접근법은 달라도 '개인과 그들을 둘러싼 것과 그들이 사는 맥락을 이루는 요인으로서 연계와 상호연결성을 강조'한다(Jones, 2007, p.230)는 점에서는 모두 같다. 연극치료사가 상징적 소통과 은유의 능숙한 사용을 통해 미적 거리를 찾아내는 것(Bullough, 1912; Landy, 1983; Scheff, 1981)

은 놀이, 변형, 체현, 투사, 목격하기와 같은 여타 핵심 과정(Jones, 2007)과 함께 자기와 타자에 대한 연결의 경험을 고취한다.

의도적인 미학적 개입으로 어떻게 관계를 촉진할 것인가에 대한 이해는 동시대 공연 예술의 경향을 반영하며, 그것이 다시 연극치료의 지반을 확장하고 조명하기도 한다. 니콜라 부리오(1998)는 사회적 연결망을 확장하는 인터넷에 대한 관심이 고조되면서 나타난 변화무쌍한 심리적 풍경을 반영하는 1990년대 예술가들의 문화적 경향을 나타내기 위해 처음으로 **관계 미학**이라는 용어를 사용했다(Sajnani, 2012). 부리오에 따르면, 관계 미학은 '독립적이고 사적인 공간이 아니라 인간관계와 사회적 맥락 전반을 이론적이고 실제적인 출발점으로 삼는 일련의 예술적 실천'을 아우른다(1998, p.113). 관계적 예술은 상세하게 묘사된 사회적 환경을 창조함으로써 사람들, 집단들, 체계들 사이의 상호연계를 반영하고 촉발시킨다. 부리오는 그것을 '공유된 세계에서 살아가자는 제안'(1998, p.154)이라 불렀고, 거기서는 '공유된 소통의 순간이 곧 예술 작품으로 실현된다'(Chaika, 2011, p.1).

연극치료에서 개인의 이야기를 상연하는 것의 치료적 이점은 부분적으로 공연자가 관객을 초대함으로써 공유된 세계를 창조할 수 있는 능력에 기인한다. 관객은 거기서 '공적 영역에서 비밀로 감춰져 온' 공연자의 모습이 드러나는 과정에 목격자로 참여하거나(Emunah, 1994, p.251) 낙인찍힌 정체성을 초월한다(Emunah & Johnson, 1983; Orkibi, Bar & Elikaim, 2014; Sajnani, 2012; Snow, 2009). 이는 부분적으로 수재너 펜직(1994)이 **성스러운 공간**이라고 말한 경험의 고양 혹은 데이비드 리드 존슨이 말한바 '대우주로서의 세계가 재현될 수 있고 … 극단적 의미를 부여하며'(Baily, 2009, p.374) 지지적 관객에게 목격될 수 있는 **놀이공간**에 의해 성취된다. 그러나 배우/개인과 관객 모두가 접근할 수 있는 공유된 세계를 어떻게 창조할 것인가는 상당한 도전으로 남아 있다(Emunah, 1994, 2015). 다른 말로 하면, 연극치료에서 개인적 이야기의 상연은 반드시 공연자의 고유한 관심사를 반영해야 하며, 현재에 머물 수 있는 능력을 촉진하면서 그 관계적 목적을 실현하기 위해서는 관객과 공명해야만 한다.

예술의 관계적 관점

관계적 예술 비평가 차키아(2011)는 '예술의 과제는 사회적 경험을 위한 전달자가 되는 것'이라고 말한다(p.1). 물론 개인적 이야기를 쓰거나 상연하는 맥락에서, 예술가나 배우는 혼자 작업하는 경우가 거의 없다. 그보다 예술성은 필립 르죈이 말하는 **자서전의 규약**과 관련된 사람들로부터 전개된다. 자서전의 규약에는 '작가와 이야기된 주체(그것은 해설자와 인물을 포함한다)와 독자'가 포함된다(Lejeune cited in Grace, 2003, p.5). 개인적 이야기를 상연하는 연극치료의 맥락에서, 이 약속은 참여자, 연극치료사, 연출자, 극작가, 관객, 그리고 공연을 후원하는 기관이 포함될 수 있다(Hodermarska, Landy, Dintino, Mowers & Sajnani, 2015; Sajnani, 2010, 2012). 그러므로 관계적 경험을 위한 전달자 혹은 공유된 세계를 창조하는 예술적 과제는 관련된 사람들 모두의 상호작용으로부터 발생한다.

이는 응용연극 이론가 에드워드 리틀(2005)이 말한 '고전적 미학'으로부터의 전환을 나타낸다. 고전적 미학은 '작가, 연출가, 디자이너, 역할 속에 있는 배우의 기술과 성취를 강조하고, 재현의 보편성을 추구하며, “예술”과 지역사회의 참여적 생활의 명확한 미학적 분리를 옹호’한다(p.2). 리틀은 관계 미학이 예술적 ‘비전, 관련성, 해석, 진정성이 지역화된 문화적 표현에서 비롯된다고 주장한다. 그것은 공동체의 유용성, 예술과 공공 생활에서의 참여, 그리고 문화 민주주의에서 영감을 받은 “풀뿌리 정신”에 뿌리를 둔다(p.1). 예술적 비전, 특질, 독창성, 정확성, 타당성, 통찰은 관계적 과정과 직결된 규준이며, 그것을 통해 인물의 발달부터 대본 작성과 장면의 무대화에 이르는 예술적 선택이 이뤄진다. 그런 측면에서 무대로 이어지는 과정의 견고성은 연극치료에서 개인적 이야기를 상연하는데 핵심을 이룬다.

이는 표면상 연극치료사들이 흔히 그가 만나는 대상의 안내를 따른다고 주장한다는 점에서 연극치료의 일반적인 작업을 반영한다(Cassidy, Turnbull & Gumley, 2014). 연극치료사는 ‘형식, 텍스트, 이미지, 내면의 감정을 위한 은유’를 찾아내기 위해 참여자와 함께 작업한다(Harnden, 2014, p.148). 공연의 맥락에서 연극치료사는 사회적, 정서적, 인지적, 행동적 목표 가운데 특히 감정 조절과 통찰의 진작을 위해 ‘경험을 이야기의 형식으로 집약’하고 조직화하는 것을 돕는다(Bailey, 2009, p.374). 연극치료사뿐 아니라, 극작가나 연출자가 공연의 예술성을 강화하는 데 참여할 수 있으며, 그를 통해 섬세하게 세공된 공연을 제공함으로써 관객이 공연자의 세계로 들어올 수 있도록 초대한다(Bailey, 2009; Emunah, 1994, 2015). 각자가 참여자가 직면한 갈등과 분투를 무대화하는 데 필요한 역할을 하는 것이다.

그러나 공연 날짜가 다가오면, 주인공 중심의 드라마라는 아리스토텔레스적 처방을 채택하는 경우가 많다(Alker, 2015). 공연을 통해 독립성을 주장하는 개인을 재현하는 것이다. 반면에 그것은 예술가와 관객과 기관의 상호의존을 모호하게 한다. 가령 치료사는 거의 무대에 등장하지 않는다 – 유명하고 과감한 예외가 있긴 하지만 말이다(Kilgannon, 2014; Sajnani, 2012). 만일 무대가 자기와 타자의 고양된 경험을 제공한다면, 치료사와 참여자는 공연의 체계 안에서 그들의 관계를 탐험하는 치료적 이점을 누릴 수 있다. 물론 이것은 참여자와 신중하게 고려할 필요가 있으며, 치료사와 참여자의 유희적이고 수행적인 탐험을 허용하기 위해서는 공연의 요소 일부(무대, 대본 등)가 고정될 필요가 있다. 관계 미학은 관계를 투명하게 함으로써 어떤 경험에 대한 단일한 설명을 공동으로 구성된 역동적이고 살아있는 체계 내에서 상호의존성에 대한 인식으로 변형한다(이 책에서 Hodermarska 외 다수를 참고). 그 접근법은 또한 소유권과 참여자, 연출자, 연극치료사, 후원 기관의 필요와 목표 사이에서 권한 공유 문제에 대한 의문을 제기할 수 있다.

윤리학의 관계적 관점

개인적 이야기의 상연에 참여한 배우, 연극치료사, 연출자, 극작가와 다른 사람들(즉 학생, 보조자아, 파트너, 아이들 등)의 상호작용에서는 협상이 작동한다. 이 협상을 적절한 고려 속에서 이뤄지는 선택과 관련된 윤리학적 관점에서 살펴볼 수 있다. 관계적 윤리학자 마크 파로아(2009)는 '질문은 어떤 행동이 옳은가가 아니라 무엇이 그것을 옳게 만드는가에 있다'고 말했다(p.1). 관계적 윤리는 단일한 도덕적 선택이나 외부의 기준에 의한 선택을 상정하지 않으며, 대신 선택이 발생하는 필요, 감정, 개념, 관계와 맥락에 강조점을 둔다. 캐롤린 엘리스(2007)는 자기민족지에 관한 논의에서, '관계적 윤리는 연구자에게 가슴과 마음으로 행동하기를, 다른 사람들과의 유대를 인식하기를, 그리고 행동과 그 결과에 대한 책임을 지기를 요구한다'고 주장한다(p.3). 개인적 이야기는 우리의 배우자, 파트너, 아이들, 친구, 이웃, 동료가 포함된 사회적 맥락으로부터 발생한다(Ellis, Adams & Bochner, 2011; Sajnani, 2004).

연극치료에서 윤리학의 관계적 이해를 반영하는 개념은 존슨의 **상호성**으로, 그는 그것을 관련된 사람들 사이의 합의라 정의한다(2009, p.93). 그것은 적어도 발달 변형의 맥락에서는 과정의 시작 지점에서 만들어지고 잊히는 게 아니라 과정 내내 필요할 때마다 재고된다. 합의와 선택에 있어 이 발달적이고 유기적이며 관계적인 접근법은 개인적 이야기의 상연이라는 맥락에서 관계 미학의 논의와 매우 관련이 깊다. 그리고 그것은 참여자/배우와 그 곁에 있는 사람들 곧 공연에 포함되고 그것을 목격할 수 있는 사람들 그리고 앞서 치료적이고 미학적인 선택과 관련한 사람들 사이에 투명하고 지속적인 대화가 필요하다고 한다.

관객의 관계적 관점

관계 미학을 고려할 때 유용한 또 다른 영역은 관객에 대한 인식이다. 공연자는 선택된 관객에게 자신을 노출하는 위험을 감수한다. 연극치료사는 누가 객석을 채우고 그들이 공연자와 어떤 관계에 있는지를 고려한다는 점에서 관계적 관점을 수용한다. 누가 공연을 목격할 것인가에 관한 결정은 치유적 기재를 구성하는 중요한 부분이다(Bailey, 2009). 그러나 앞서 말한 바 있듯이, 연극치료에서 흔히 관객은 거대한 단일 조직으로 매우 제한적인 역할을 부여받는다(Sajnani, 2010, 2012).

부리오의 관계적 미술에서, 관객은 주류 연극과 개인적 이야기를 하는 공연 대다수가 으레 그렇듯 어둠 속에 조용히 앉아있지 않으며, 개인으로서 움직이고 상호작용하면서 그 순간에 일어나는 생각과 충동을 경험한다(Chakya, 2011). 우리의 드라마터지는 위험을 감수하는 동시대의 여성주의 퍼포먼스에서 배울 수 있다. 한 예로, 2010년 세르비아의 예술가 마리나 아브라모비치는 뉴욕 현대미술 박물관에서 〈예술가가 여기 있다(The Artist is Present)〉라는 공연을 했다. 그녀는 자신의 인장을 살려 관객과 자신의 몸이 조우할 수 있는 구조를 만들었고, 그렇게 의자에 앉아 736시간 30분 동안 1,565명의 자발적인 관객을 상대로 만남의 감동을 관찰했다.

> 이 퍼포먼스에서 정말 새로운 것은 우리는 늘 관객을 집단으로 인식하지만, 집단은 사실 많은 개인으로 이루어진다는 것입니다. 이 작품에서 나는 집단을 이루는 개인을 일대일 관계로 만납니다. 당신이 사각의 조명으로 들어와 의자에 앉습니다. 당신은 한 명의 개인이고, 개인으로서 고립되어 있지요. 당신은 의자에 앉기를 기다리는 다른 사람들에게 관찰되는 매우 흥미로운 상황에 있습니다. 내가 당신을 관찰하고, 당신은 나를 관찰하지요. 그러니까 삼중의 관찰이 일어나는 것입니다. 그 시선을 느끼며 나를 바라보는 순간, 당신은 그것을 뒤집어 당신 자신을 바라보기 시작합니다. 난 단지 방아쇠일 뿐이지요. 나는 단지 거울이고, 실제로 관객은 자신의 삶, 자신의 상처, 자신의 고통, 자신의 모든 것을 자각하게 되지요. 그리고 그것이 눈물을 불러오기도 해요. [그들은] 정말로 자기에 대

해 눈물을 흘려요. 극히 감정적인 순간이지요(Abramović in Stigh & Jackson, 2010, para.5).

여기서 관객은 공연자와 공연과 상호작용하는 복합적인 몸으로 이해된다. 관객은 제시된 것을 보거나 듣는 목격자로서 존재하는 균일한 집단이 아니라 거기 있는 모두가 변형될 수 있는 공유된 만남의 직접성에 모든 감각을 동원해 참여하도록 초대받은 이들이다. 그로토프스키의 **가난한 연극**(Grotowski, 1968; Johnson, Forrester, Dintino, James & Schnee, 1996)을 떠올리게 하는 순간에, 아브라모비치는 공연 도중에 탁자를 치우기로 했다. 그녀는 그 이유를 이렇게 말했다.

> 몇 년 전에 나는 줄곧 미래의 예술에 관해 이야기하면서 어떻게든 오브제를 제거해서 [예술가]와 대중 사이에 에너지만이 전달되어야 한다고 생각했어요. 4월 말에 휠체어에 탄 한 남자를 만났는데, 탁자에 가려져 있어서 그에게 다리가 있다는 사실을 공연 도중에야 알아차렸지요. 그래서 탁자를 치우기로 결정했어요. 탁자를 치우자 비로소 작품이 의미를 갖기 시작했어요. 나는 정말로 비물질적인 예술에 점점 더 흥미를 느끼고 있고, 탁자를 치운 것 역시 그와 직접적으로 관계된 거예요. 나는 그것이 대중의 반응을 정서적으로 최고점에 이르게 한다고 생각하거든요. 사람들은 거기에 5분 동안 앉아 있을 뿐이에요. 그런데 이미 눈물에 젖어 울죠. 정말로 모든 장애물이 제거된 것입니다(Abramović in Stigh & Jackson, 2010, para.6).

또 다른 예로, 아르헨티나에서 태어난 태국 예술가 릭릿 티라바냐는 뉴욕 303 갤러리에 주방을 설치하고 방문자들을 위해 태국 음식을 요리해 대접하는 솔로 퍼포먼스를 했다. 그는 '중요한 것은 당신이 무엇을 보는가가 아니라 사람들 사이에서 무엇이 일어나는가다'라고 말했다(Tiravanija in Chakya, 2011, p.1). 일상의 사회적 관계를 공연으로 승격시킴으로써, 그는 관객이 적극적으로 참여하면서 동시에 자신의 현실에 몰입할 수 있는 기회를 창조했다. 아브라모비치와 티라바냐의 두 사례는 산책과 몰입적인 무대 기법을 통해 관객이 전형적인 제약에서 벗어날 수 있게 했다는 점에서, 연극치료사 로저 그레인저가 '관객의 치료학'(1996, p.27)이라 부른 것에 기여한다. 그 같은 공연은 냄새, 접촉, 장소, 공간, 소리, 빛, 그림자를 이용해 감각을 자극하고, 참여를 독려하며, 신중하게 고려된 놀이공간 내에서 다른 사람과의 친밀한 만남을 창조한다. 그 결과, 배우와 관객이 모두 더 큰 진정성, 공감, 통찰, 소속의 가능성을 경험할 수 있다(Furman, 1988; Sajnani, 2012).

이 관계적 예술의 개념에서 비롯된 부리오의 관계 미학과 예술적 실천은 비평으로 범위를 넓혔다. 예를 들어, 차키아(2011)는 '음식을 만들고 나누는 공동체적 경험이 전시의 물건이 되는' 반면, 그것이 '일종의 경험 "큐레이터"나 "무대감독"이라는 말이 더 어울릴 방식으로 행동하는 예술가의 연출 아래' 수행된다는 점에 주목하여 티라바냐의 작품을 비평한다(p.3). 그와 유사하게, 비평가 할 포스터는 '그렇지 않았더라면 빛났을 작품에 제도가 그림자를 드리운다. 덕분에 그것은 스펙터클이 되고 문화 자본을 긁어모아 연출자-큐레이터를 스타로 만든다'고 관찰했다(Bishop, 2004, pp.54~55에서 인용). 다시 말해 이 같은 이벤트를 통해 조성된 친밀함과 사회적 상호작용은, 독립적인 예술가의 노력에만 초점을 맞추고, 스타인 그들이 보이지 않는 권위의 승인을 받음으로써 가능해지며, 또 그로 인한 제한을 가질 수밖에 없다.

이 생각은 앞서 공연에서 자기를 발생시키는 관계의 영향력과 상호의존을 인식하는 것에 관해 말한 바와 연결된다. 그것은 또한 개인의 이야기를 상연할 때 재현되지 않을 수도 있는 관계에 주목하도록 한다. 가령 공연자의 주장과 요구에 동의하지 않을 가능성이 있는 사람들은 일반적으로 목격자로 초대받지 않는다. 현실에서 개인에게 도전을 주는 사회적이고 가족적인 관계 – 수치심과 오명을 유발할 수 있는 – 는 숨겨진 채 비평을 피해가는 것이다. 건강한 사람과 정신질환자의 구별을 유지하는데서 이익을 얻는 기관들이 흔히 그런 식으로 조명을 피해간다. 예를 들어, 어떤 지역에서 성인지체장애 집단에 자금을 지원하여 그들의 경험에 기반한 공연을 한다고 하자. 그렇다고 해서 지자체가 반드시 물리적 접근성과 관련한 실질적 변화를 책임질 필요는 없으며, 오히려 공연만으로도 진보적 행정으로 상찬을 받을 수 있다. 딸의 성적 학대를 비밀로 해온 가족은 목격자로 초대받지 않을 가능성이 크다. 초대받을 경우에는 딸/공연자에 의해 비밀이 노출되는 것을 수용하도록 바뀌어야 할 것이다. 통상적으로 이런 종류의 변화는 치료의 주요 목표가 아니며, 참여자가 관계상의 갈등을 내면화하여 고통 받는 방식을 다루는 것을 목표로 삼기 마련이다. 그러나 이 같은 현실은 우리에게 개인적 이야기를 상연하는 것의 한계와 치유에 대한 개념을 돌아보도록 질문한다(Sajnani, 2013).

요약

관계 미학의 개념은 연극치료 공연의 맥락에서 교차되는 심리적이고 미학적인 목적을 표현하기에 적합한 언어를 제공한다. 안팎으로 고통스러운 와중에도 자기 자신과 다른 사람들과 연결되어 관계 속에 남아있을 수 있음은 치유와 회복에 기여하는 매우 중요한 요소다. 우리의 작업에서 움직임, 접촉, 소리, 빛, 그림자, 냄새, 인물, 역할, 이야기, 장소의 사용은 감각을 자극하고 그럼으로써 치료적 관계 내에서의 탐험을 고양시킨다. 이 장에서 나는 개인적 이야기의 상연과 관련하여 이 개념의 가치에 초점을 두었다. 또 그를 위해 연극치료사가 자기, 치유, 예술성, 윤리학, 관객을 어떻게 인식하는가에 대한 관계적 관점의 중요성을 강조했다. 관계 미학은 개인적 이야기의 미적 상연에서 유발되고 생산되는 관계들을 특권화 한다. 나는 또한 여성주의 퍼포먼스 예술과 응용 연극에서의 관계 미학 개념이 연극치료사가 고민하는 예술적 특질, 동의, 선택, 최종 결과물에 대한 소유권의 개념을 어떻게 확장할 수 있는지를 제시했다. 규범적이기를 원치는 않지만, 이 아이디어들은 참여적이고 상호작용적이며 몰입적인 무대의 본질적 가능성을 강조하는 한편 개인적 이야기를 상연하는 것의 한계를 질문하기도 한다.

참고문헌

Alker, G. (2015). A feminist rethinking of drama therapy: The role of aesthetics and audience in *Cancer as Change Maker. Drama Therapy Review, 1*(2), 187-199.

Bailey, S. (2009). Performance in drama therapy. In D. R. Johnson & R. Emunah(Eds.), *Current approaches in drama therapy*(pp. 374-389). Springfi eld, IL: Charles C. Thomas.

Bishop, C. (2004). Antagonism and relational aesthetics. *October, 110*, 51-59.

Bourriard, N. (1998). *Relational aesthetics.* Dijon, France: Les Presses du Reel.

Bullough, E. (1912). Psychical distance as a factor in art and an aesthetic principle. *British Journal of Psychology, 5*(2), 87-118.

Cassidy, S., Turnbull, S., & Gumley, A. (2014). Exploring core processes facilitating therapeutic change in dramatherapy: A grounded theory analysis of published case studies. *Arts in Psychotherapy, 41*, 353-365.

Chakya, K. (2011). WTF is… Relational Aesthetics?. Accessed January 5, 2015, from http://hyperallergic.com/18426/wtf-is-relational-aesthetics/

Ellis, C. (2007). Telling secrets, revealing lives: Relational ethics in research with intimate others. *Qualitative Inquiry, 13*(1), 3-29.

Ellis, C., Adams, T. E. & Bochner, A. P. (2011). Autoethnography: An overview. *Forum Qualitative Sozialforschung/Forum:*

Qualitative Social Research, 12(1). Accessed August 1, 2015, from http://nbn-resolving.de/urn:nbn:de:0114-fqs1101108

Emunah, R. (1994). *Acting for real: Drama therapy process, technique, and performance.* New York: Brunner-Mazel.

Emunah, R. (2015). Self-revelatory performance: A form of drama therapy and theatre. *Drama Therapy Review, 1*(1), 71-85.

Emunah, R., & Johnson, D. R. (1983). The impact of theatrical performances on the self-images of psychiatric patients. *Arts in Psychotherapy, 10*(4), 233-239.

Furman, L. (1988). Theatre as therapy: The distancing affect applied to audience. *Arts in Psychotherapy, 15* (3), 245-249.

Grace, S. (2003). *Performing the auto/biographical pact: Towards a theory of identity in performance.* Accessed January 5, 2015, from http://www.english.ubc.ca/faculty/grace/thtr_ab.htm

Grainger, R. (1996). The therapeusis of the audience. *Dramatherapy: Journal of British Association of Dramatherapists, 18* (1), 27-31.

Grotowski, J. (1968). *Towards a poor theatre.* New York: Simon & Schuster.

Harnden, B. (2014). You arrive: Trauma performed and transformed. In N. Sajnani & D. R. Johnson (Eds.), *Trauma-informed dramatherapy: Transforming clinics, classrooms, and communities*(pp. 122-151). Springfi eld, IL: Charles C. Thomas.

Hodermarska, M., Landy, R., Dintino, C., Mowers, D., & Sajnani, N. (2015). As performance: Ethical and aesthetic considerations for therapeutic theater. *Drama Therapy Review, 1* (2), 173-186.

Jones, P. (2007). *Drama as therapy: Theory, practice and research* (2nd ed.). London: Routledge.

Johnson, D. R. (2009). Developmental transformations: Towards the body as presence. In D. R. Johnson & R. Emunah (Eds.), *Current approaches in drama therapy*(pp. 89-116). Springfi eld, IL: Charles C. Thomas.

Johnson, D. R., Forrester, A., Dintino, C., James, M. & Schnee, G. (1996). Towards a poor drama therapy. *Arts in Psychotherapy.*, *23*(4), 293-306.

Kilgannon, C. (2014). Therapist and patient share a theater of hurt. Accessed January 5, 2015, from http://www.nytimes.com/2014/11/06/nyregion/therapist-and-patient-share-a-theater-of-hurt.html?_r=0

Landy, R. (1983). The use of distancing in drama therapy. *Arts in Psychotherapy*, *10*(2), 175-185.

Landy, R. (2009). Role theory and the role method of drama therapy. In D. R. Johnson & R. Emunah (Eds.), *Current approaches in drama therapy*(pp. 65-88). Springfi eld, IL: Charles C. Thomas.

Little, E. (2005). Towards an aesthetic of community-based theatre part II: Avoiding the missionary position. Accessed January 5, 2015, from https://www.yumpu.com/en/document/view/6510721/directors-community-engaged-theatrein-canada

Orkibi, H., Bar, N. & Eliakim, I. (2014). The effect of drama-based group therapy on aspects of mental illness and stigma. *Arts in Psychotherapy*, *40*(4), 458-466.

Pendzik, S. (1994). The theatre stage and the sacred space: A comparison. *Arts in Psychotherapy*, *21*(1), 25-35.

Pharoah, M. (2009). *Phronesis: The general theory of relational* ethics. Accessed January 5, 2015, from http://homepage.ntlworld.com/m.pharoah/gtre.html

Sajnani, N. (2004). Strategic narratives: The embodiment of minority discourse in biographical performance praxis. *Canadian Theatre Review, 117*, 33-37.

Sajnani, N. (2010). *Permeable boundaries: Towards a critical, collaborative performance pedagogy.* Unpublished doctoral dissertation. Montreal: Concordia University.

Sajnani, N. (2012). The implicated witness: Towards a relational aesthetic in drama therapy. *Dramatherapy: Journal of British Association of Dramatherapists, 34*(1), 6-21.

Sajnani, N. (2013). The body politic: The relevance of an intersectional framework for therapeutic performance research in drama therapy. *Arts in Psychotherapy, 40*(4), 382-385.

Scheff, T. J. (1981). The distancing of emotion in psychotherapy. *Psychotherapy: Theory, Research and Practice, 8*(1), 46-53.

Snow, S. (2009). Ritual/Theatre/Therapy. In D. R. Johnson & R. Emunah(Eds.), *Current approaches in drama therapy* (pp. 117-144). Springfi eld, IL: Charles C. Thomas.

Stigh, D., & Jackson, Z. (2010). *Marina Abramović: The artist speaks.* Accessed January 5, 2015, from http://www.moma.org/explore/inside_out/2010/06/03/marina-abramovic-the-artist-speaks

07

연극치료에서 자전공연의 상호주관성

장-프랑수아 자크

이 장의 목표는 연극치료에서 치료적 연극의 자전적 형식을 탐험하는 것이다. 그 관계적이고 상호주관적인 공간은 공연자와 관객(혹은 목격자)의 체현된 만남에서 상호 변형의 기회를 창조한다. 바꿔 말해 이 장에서는 공연이라는 공유된 공간에서의 관계적이고 체현된 역동으로부터 자전 공연의 의미가 발생하는 방식을 살펴보려 한다. 이는 공연의 제작과 의미에서 관객의 역할이라는 맥락에서 공연 이론, 연극치료, 문학 이론, 현상학, 상호주관성 이론의 요소를 고려한 관점에서 진행된다. 그리고 그에 더해 인식론적이고 개념적인 틀에서 이뤄지는 연구의 방법론적 함의를 고찰하고자 한다.

나는 **자전 공연**을 공연자가 자전적 기억의 순간을 관객과 공유

J.-F. Jacques, MA (✉)
Anglia Ruskin University, Cambridge, UK
e-mail: jefjacques@aol.com

하는 스토리텔링의 한 형식으로 이해한다. 발터 벤야민은 스토리텔링을 '경험을 교환할 수 있는 능력'이라고 말하며(1999, p.83), 그런 방식으로 스토리텔링을 소통과 교환 체계에 위치시킨다. 거기서는 스토리텔러의 이야기가 만남의 직접성 속에서 청자에게 경험되고, 화자와 청자는 그 관계 속에서 자기 자신을 발견한다고 그는 말한다. 여기에는 이 장의 내용과 관련된 여러 시사점이 있다. 첫째, 화자와 청자는 각자의 역할과 의도를 수행하기 위해 서로를 필요로 한다. 그들은 상대에 대한 인식이 자신의 입지를 실현하도록 해준다는 점에서 서로에게 의존한다. 둘째, 그들은 신체적 친밀성과 근접성을 공유한다. 공간적으로나 시간적으로 분리된 소설가와 독자의 관계와 비교하면 이는 쉽게 이해된다. 스토리텔러와 청자의 관계는 주로 체현된 현존의 근접성에 기반한다. 마지막으로, 하이데거식으로 말해 그들은 함께 있음으로써 하나의 공동체를 창조하며, 그것은 지금 여기에서 벌어지는 그들의 만남에서 발생하는 포이에시스를 통해 정의할 수 있다.

공연과 만남

피터 브룩(1990)은 연극적 사건의 발생에 필수 요건으로 지켜보는 **타자**의 현존을 밝혀냈다. 그로토프스키(1991)도 역시 연극을 **타자**와의 만남의 행위로 표현했다. 그 타자는 자기의 내면에 있기도 하고 동료 배우이거나 관객일 수 있다. 그레인저(2005)는 이에 대해 '연극은 인간성을 창조하는 사이성 경험의 결정체를 이룬다'(p.8)고 쓴다. 그리고 연극은 배우와 관객의 만남에 기반을 둔 살아있는 사건이며, 사람들은 거기 참여하여 상상적 경험을 공유함으로써 개인의 정체성을 구성한다고 말한다.

나는 여기서 세 가지 사실을 추론할 수 있다고 생각한다. 첫째는 연극의 현상학에서 **타자성**의 구심성을 강조하는 것이다. 타자의 근접성과 현존은 윤리적 질문을 제기한다. 토도로프는 '예술적 창조는 타자성의 이론을 벗어나 분석될 수 없다'(1984, p.107)고 쓴다. 여기서 타자성은 아직 완전하게 구성되지 않은 관점의 외부에 있는 하나의 위치로 그려진다. 타자는 윤리적 차원에서 특정한 현상에 대한 이해를 발달시킬 뿐 아니라 그 의미의 생산을 촉진하는 조건이 된다. 러시아 언어학자이자 철학자인 미하일 바흐친에 따르면, '우리의 진정한 외부는 오직 다른 사람들에게만 보이고 이해될 수 있다. 왜냐하면 그들은 공간적으로 우리 밖에 있으며 그야말로 **타자들**이기 때문이다'(강조는 필자, 1986, p.7). 바흐친의 말(1990)에서, 타자는 '시선의 과잉'을 제공함으로써 자기만의 인식론적이고 존재론적인 진실을 창조할 수 있는 자기의 관점에 이의를 제기한다. 공연의 맥락에서 이는 연극적 사건이 본질적으로 타자에게 의존하는 방식, 따로 떨어져 있으면서 공유된 순간에 참여하는 것을 일깨운다. 공연에서 관객의 윤리학(Fitzpatrick, 2011)은 그 의존성의 윤리적 함의와 책임의 측면에서 그것이 의미하는 바를 모두 고려한다. 나는 레비나스(1989)가 말한 타자에 대한 책임의 개념을 공연에서 타자의 현존에 대한 것뿐 아니라 더 중요하게는, 타자가 공연이라는 사건과 궁극적으로 거기 참여하는 이들의 주관성을 조형하는 방식에 대한 인식으로 이해한다.

두 번째 요점은 공연을 공연자와 관객의 역동적 만남으로 보는데서 비롯된다. 거기서 실제로 공연을 창조하는 것이 누구이며 그 의미는 어디에 위치하는가라는 질문이 발생한다. 바르트(1977)

는 텍스트의 해석이 더 이상 작가의 의도가 아니라 독자의 경험 영역에 중심을 둔다는 것을 말하기 위해 '작가의 죽음'을 주장했다. 포스트모던한 관점은 대상의 의미가 관찰자의 눈 속에 있다고 말한다. 그것을 달리 말하면, 대상의 의미는 로직(2010)이 '문화적 짐'이라 명명한 것 혹은 규범적 문화를 포함한 내적 투사에서 비롯된다. 그러나 포스트모던한 입장은 독자와 텍스트의 거래(Rosenblatt, 1994) 그리고 새로운 텍스트를 산출하는 그 거래의 발생적 특질(Smagorinski, 2001)에서 의미가 생성되는 방식에 주목하는 관점에 도전을 받아왔다. 독자의 역할은 의미 산출에 있어 적극적인 주체로 인식된다. 그것은 공연자의 공간에 자신의 의식과 역사를 가지고 들어오는 이미 해방된 독자/관객의 관점을 상기시킨다(Rancière, 2011). 그것은 공연의 의미를 조형하는 방식에서 과소평가되어온 관객의 주관성을 주목한다(Bennett, 1997). 또한 분석 대상으로서 텍스트의 전능함에 진지하게 의문을 제기하며(Heddon, 2008), 공연을 '공연−텍스트와 관객의 상호작용을 통해 의미가 발생하는' 과정이자 공간으로 인식하게 한다(Rozik, 2010, p.161). 그리하여 헤겔식으로 말해서 그것은 공연자와 관객 양자가 각자의 의식의 핵심을 투자하는데서 비롯되는 공연의 의미에 대한 상호주관적 이해에 접근한다(Stern, 2002).

세 번째는 만남의 본질과 그것이 표현의 단일한 질서, 곧 메를로 퐁티(1962)가 말한바 몸의 질서에 속한다는 사실과 관련된다. 공연자와 관객의 체현된 만남은 말 그대로 우리를 어루만져 움직일 수 있는 내장적이고 신체적인 특질을 공연에 부여한다. 셰퍼드와 왈리스(2004)에 따르면, 공연은 체현된 사건이며 그로써 경험은 감각의 유통을 통해 소통되고 수용된다. 메를로 퐁티(1962)가 말했듯이, 이 경험의 체현은 현상학적 이해를 위한 특권화된 도구다. 펠리아스(2008)는 메이어홀드(Pitches, 2003)가 앞서 **체현된 지식**이라는 용어로 살핀 바 있는, 지식의 장소로서 몸과 체현된 경험의 함의를 탐험한다. 이것은 두 개의 서로 다른 수준에서 이해되어야 한다. 그것은 우선 몸을 개인적이고 사회적인 역사가 각인된 소통의 도구이자 사회적인 권력 관계의 보관소로 인식한다. 그리고 또 다른 수준에서, 그것은 신체를 인간적 탐구의 수단으로 상정한다. 그것을 통해 지배적 담론을 자세히 설명하고 대안을 상상할 수 있다고 보는 것이다. 이 체현된 지식의 차원은 자전공연에서 나타나는, 주디스 버틀러(1993)가 **산만하게 구성된 것과 구성하는 주체**의 긴장이라 표현한 것의 일부를 포착한다.

연극치료에서 자전 공연의 의미

자전 공연은 공연자와 관객의 친밀하고 체현된 만남이라는 특징을 갖는다. 그 공유와 제공의 행위는 타자의 현존 없이는 가능하지 않을 것이다. 그리고 타자는 그 육체성 속에서 공연자의 시야에 드러난다. 나는 그것을 목격자의 역할과 구체적으로 연결함으로써 자전 공연에서 의미가 생산되는 방식을 살펴보려 한다.

저자들은 일반적으로 개인적 이야기의 상연이 우리가 자신을 정의하고 정체성을 구성하는 데 중요한 역할을 한다는 것에 동의한다(Rubin, 2007; Wood, 2015). 그 관점에서 자기 자신을 상연하는 행위는 개인의 역사를 소통할 뿐 아니라 창조하기도 한다. 이 구성주의적이고 서사적인 관점은 서사가 경험을 구조화하고 나아가 그것을 창조하는 방식을 강조한다(Bruner, 1986). 그것은 의미와 관련해 오래된 진실을 발굴하는 고고학적 관점이 아니라 서사 활동과 관련된 특정 경험의 본질로부터 의미가 발생한다고 보는 목적론적 관점을 지지한다. 이는 자기 서사의 존재론적 함의와 개인적 서사와 정체성의 연관에 대한 연구로 귀결되었고, 잘 알려진 **서사 정체성**(McAdams, Josselson & Lieblich, 2006; McAdams & McLean, 2013) 개념의 등장에 기여했다. 그것은 서사가 자기성찰적인 개인으로 하여금 내적 명료성과 의미와 목적에 대한 감각을 발달시키는 도구라고 말한다. 그것은 인과적 일관성에 따라 자전적 기억의 조각들을 결합하며, 그렇게 삶의 경험을 구조화함으로써 변화와 치유의 가능성을 창조한다. 서사 정체성은 이야기 치료 분야에서 비슷한 울림을 발견한다. 이야기 치료는 대안적이거나 문제투성이 이야기를 탐험함으로써 개인적 경험을 변형하고 회복시키고자 한다(Payne, 2006).

'우리는 자신의 이야기의 유일한 저자가 결코 아니다'(p.5)라는 차르니아브스카(2004)의 말에 누가 반박할 수 있겠는가. 이야기가 개인적 의미에 기여한다면, 그것은 사회적으로 구축된 자기를 반영하기도 한다(Holland, Lachicotte, Skinner & Cain, 2001). 주디스 버틀러 식으로 바꿔 말하면, 그것은 대인관계 경험, 사회적, 문화적, 담론적, 언어적 실천에 의해 거듭 이야기된다. 더구나 개인적 이야기의 상연은 특정한 맥락에서 발생한다. 이는 공연을, 해방적일 수도 있지만 공연자를 방해할 수도 있는 특정 조건에 놓인 행위로 만든다. 그런 의미에서 오히려 특정한 지점에 위치한 이야기에 대해 논하는 것이 더 정확해 보인다(MacLean, Pasupathi & Pals, 2007). 우리의 질문은 이야기를 하고 상연하는 단순한 행동에서 의미가 발생하는지 (그래서 내생적이라 할 만한) 혹은 그것이 행해지는 관계적 맥락의 결과로 발생하는지(그런 의미에서 외인성이라 할 만한)다. 그 질문은 우리가 자신을 정의하고 정체성을 구축하는 방식에서 타자의 역할을 고려하게 한다는 점에서 존재론적으로 어려운 또 다른 질문을 제기한다.

존스(2007)는 연극치료에서 의미가 구축되는 방식을 탐험되는 것에 공감하고 반응할 수 있는 타자의 존재와 연결짓는다. 그에 따르면 관객으로서 타자는 과정에 대한 목격자이며 바로 그 상호작용 속에서 의미의 가능성이 떠오른다. 존스(2005)는 둘 다 통찰과 치유의 가능성을 수반하지만, 치료 과정에서 목격하는 것과 목격되는 것의 차이를 구분한다. 그는 연극치료 집단에서 목격하기의 여러 층을 구분하며(존스, 2007), 관객과 공연자(혹은 관찰자와 참여자)의 역할은 그것을 통해 지속적으로 바뀐다고 말한다. 그는 공연자가 관객에게 영향을 미치는 방식을 공감, 공명, 동일시 그리고 또 다른 축으로 가능한 불협화음이나 거리를 두는 것, 두 가지로 인식하여 관객이 수용과 인정과 인식을 이끌어 내거나 박해나 소외의 느낌을 조성하는 방식을 살핀다. 바꿔 말해, 공연자-관객 관계는 의미 있게 유익한 영향과 해로운 영향에 모두 열려 있다. 존스는 자전 공연보다 연극치료 집단의 내적이고 상호작용적인 관객에 초점을 두며, 그 같은 맥락에서 의미가 생산되는 과정을 자세히 설명하지는 않는다. 하지만 공연자와 목격자의 상호적 영향과 상호성의 역동적 관계와 함께 그 같은 참여가 연극치료에서 적극적으로 의미에 영향을 미친다고 본다.

자전 공연과 **자기계시적 공연**에서 관객의 역할과 위상은, 강조점이 조금씩 다르기는 하지만, 여러 필자가 중요한 특징으로 주목해 왔다. 에무나(2015)는 공감적 인정의 역동적 관계에 기반한 공연자와 관객의 상호성을 언급하는데, 그 기재의 세부를 상술하지는 않는다. 이전 책에서 에무나(1994)는 관객이 공연의 이슈에 참여해 인간애를 공유하면서 연결의 상호적 감각을 전달하는 역할을 한다고 보았다. 루빈(2007)은 공연에서 목격되는 것의 제의가 개인적 변형의 본질임을 설명한다. 슈레이더(1998)는 부분적인-자전 공연의 맥락에서 그와 유사한 관점을 공유하며, 관객을 치유를 위한 필요조건으로 기술한다. 사쟈니(2012)는 보다 큰 관점을 채택하여 전기적 공연이 공연자의 경험에 대한 성찰일 뿐 아니라 관객의 현실에 참여하는 것이라 본다. 맥케이(1996)처럼 그녀는 공연을 사회적 대화의 개선에 기여하는 정치적 행위로 간주한다.

나는 이를 통해 두 가지 요점을 끌어낸다. 첫째, 존스(2007)가 연극치료 집단에서 관객의 역할에 주로 초점을 둔다면, 앞서 언급한 연구는 공연자와 외부 관객의 관계에 더 집중하는 경향이 있다는 데 주목할 만하다. 이는 공연이 발생하는 맥락에서 목격하기에 또 다른 층을 더한다. 이에 대해서는 후에 의미가 생산되는 방식과 관련하여 좀 더 체계적으로 살펴볼 것이다. 둘째, 공연자를 대신해 관객이 뭔가를 활성화하는 기능에 대한 동의가 있다고 보인다. 이것은 설명하기가 매우 복잡한 과정으로, 공연이 단지 상연 행위 이상의 것이라는 사실을 상기시킨다. 공연은 다른 사람들 앞에서 행해진다. 공연이 완결되기 위해서는 관객의 눈을 빌릴 필요가 있는 것이다. 그것은 마치 그리스 신화의 페르세우스와 그라이아이 세 자매의 이야기를 연상시킨다. 그라이아이는 세 명이지만 눈이 하나밖에 없었고, 그것이 없으면 꼼짝없이 앞을 보지 못하는 신세여서, 그 눈을 셋이 번갈아 돌아가며 써야 했다. 말하자면 그들은 보기 위해 다른 사람의 눈을 필요로 하는 것이다. 피트루젤라(2009)는 관객이 어떻게 공연자를 위한 승인의 원천이 되는지 그리고 그것이 어떻게 연극의 근본적인 관계성을 반영하는지를 설명함으로써 크게 기여한다. 흥미롭게도 승인(authorization)이라는 단어는 어원학적으로 저자를 뜻하는 라틴어 auctor에서 유래되었다고 한다. 그렇게 생각하면, 관객과 배우는 쓰기라는 상호적 행위에 참여하는 것이다. 내가 보기에 공연은 상호의존과 상호성에 기반을 둔 독특한 관계의 공간적 표현이다. 이는 또 공연이 타자와의 관계 속에서 그들과 대화하는 자기 자신을 상상할 수 있는 새로운 능력을 제공한다는 사실을 말해준다.

관객, 의미와 상호주관성

퍼포먼스 연구의 최근 동향은 이 장의 논의와 관련된 상호주관적 과정에 초점을 둔다. 나의 관심사는 상호주관적 이론의 어떤 측면이 자전 공연의 의미 생산을 개념화하는 데 도움이 될지 찾아내는 데 있다.

퍼포먼스로서의 자서전에 대해 글을 쓰면서 헤돈(2008)은 개인적 서사의 상연의 역사적 뿌리가 여성주의 이론과 실천에 있고 그 사회적 기능은 재현의 지배적 정치학에 도전하는 것이라 주장하며, 그 자기지시적이고 유아적인 특질을 열정적으로 변호한다. 그녀는(2013) 팀 밀러와 로비 맥콜리 같은 퍼포먼스 예술가의 예를 들어 공연자와 관객의 관계에서 발생하는 다수의 거래를 성찰함으로써 자전 공연이 일차적으로 대화라는 것을 설명한다. 그들은 자전적 작업과 대본 구성에서 자기와의 대화(Marranca, 1979)로부터 다른 사람과의 대화로 관심의 방향을 바꾸었다(Boenish, 2010). 퍼포먼스에서 타자의 주관성에 대한 이 인식(Fitzpatrick, 2011)은 마리나 아브라모비치와 같은 이들의 작업에서도 나타난다. 펠란(2004)은 예술가가 관객에 대한 의존을 충분히 인식하면서 의도적으로 타자의 경험과 체현된 대화로 들어간다는 점에서, 그것을 '상호주관성에서의 실험'이라고 표현한다. 개념주의 예술가 소피 칼레는 〈정교한 고통(Exquisite Pain)〉(2003)에서 분리와 고통의 개인적 경험을 다른 사람들의 비슷하면서도 다른 경험과 병치하면서 자신의 트라우마를 점진적으로 훈습한다. 이 다양한 예술적 시도 속에서, 타자의 이야기에 대한 전념은 자신의 경험으로부터 새로운 의미의 빛줄기가 뻗어 나오도록 하는 조건이다. 매디슨(2007)은 이를 두고 캉쿼곳(1985)의 말을 빌려 대화적 공연 혹은 '상호접촉 속에서 성장하고 심화되는 주관성을 가진 두 주체의 만남'의 표현이라 한다(p.829).

상호주관성은 공연자와 관객의 자기가 의미를 향한 추구 속에서 대화하는 방식을 이해할 수 있는 유용한 개념이다. 상호주관성은 푸설과 하이데거의 현상학에서 유래하며, 인본주의적이고 실존적인 심리치료(Nolan, 2012)와 정신분석(Benjamin, 1995)에서 유아와 인간 발달의 대인관계적 역동 및 치료 관계에서 작동하는 특정 과정을 이해하고 설명하는 체계를 제공해왔다. 여기서는 상연된 자서전의 맥락에서 상호주관성을 보고자 한다. 즉 상호주관성이 퍼포먼스 공간에서 일어나는 다양한 수준의 상호작용과 의미 생산 과정을 어떻게 조명하는지를 살펴보려 한다.

상호주관적 공간은 의식의 중심을 가진 개인들 사이에서 일어나는 상호 교환과 영향력의 표현으로 정의될 수 있다. 그것은 벤자민이 말하듯 '함께 느낄 수 있지만, 감정과 지각의 별개의 중심을 갖고 있는'(2004, p.5) 서로 다른 마음이 하나로 합쳐지는 것이다. 상호주관적 공간은 두 부분으로 구성된 관계의 표현일 뿐 아니라 **다른 사람들과-한-세계에-있는 것**의 서로 다른 수준이기도 하다(Cornejo, 2008). 또 서로 다른 주관들의 만남에 대한 변증법적 표현으로서, 협상하여 함께 만든 일시적 의미가 나타나는 창이기도 하다. 동시대 퍼포먼스에서 상호주관적 공간은 공연자와 관객이 상호의존적인 주관성 속에서 함께-쓰기 과정을 통해 공유된 의미를 창조하는 방식을 반영한다(Radosavljević, 2013). 이것은 관객을 공연의 공동창조자로 둠으로써 그 형태와 의미가 그대로 상호주관적 만남의 표현이 되는 관계적 퍼포먼스(O'Grady, 2013)로 가장 확실하게 예증된다. 그런 작업에서 참여자들은 공연 과정을 결정할 뿐 아니라 공동 과정에 참여한 덕택에 그것에 의해 결정되기도 한다(Fischer-Lichte, 2008). 연극예술가 에이드리언 호웰은 친밀한 접촉의 특질을 통해 예술가와 관객이 상호적으로 공연을 정의하고 조형함으로써, 자전적 작업의 맥락에서 그 같은 작업의 예를 보여준다(Heddon & Howell, 2011).

자전 공연을 위한 개념 체계 : 다섯 명의 목격자

지금까지는 자전 공연을 이 예술적이고 치료적인 형식의 다양한 정도의 긴장을 반영하는 영향력과 상호작용의 연결망 내에 위치시켰다. 이제 나는 **목격자들**, 곧 다층적인 맥락에서 지속적인 협상과 거래를 통해 만들어지는, 자전적 공간 내에서 의미가 생산되는 방식을 개념화하는 관계적 모델을 제안한다. 나는 목격하기를 다섯 개의 층으로 나누고, 자기와 타자를 새롭게 연관 짓는 방식이자 그 과정의 표현으로서 퍼포먼스 오브제에 집중해왔다.

내면의 목격자(internal witness)는 자기 자신에게 목격자가 되는 공연자(Jones, 2007), 그리고 자기와의 대화에 들어가는 자기를 말한다(Heddon, 2013). 피란델로의 「작가를 찾는 여섯 명의 등장인물(Six Characters in Search of an Author)」에는 "바로 여기에 드라마가 있습니다. 우리는 자신을 하나라고 생각하지만, 그렇지 않습니다. 우리는 수많은 여러 존재입니다. 우리는 이 사람에게겐 이런 존재고, 저 사람에게겐 저런 존재죠"*(1988, p.92)라는 대사가 있다. 헤돈(2013)은 여러 자기가 공존하며(Hermans, Kempen & Van Loon, 1992) 그들이 대화를 통해 새로운 인식과 이해에 도달한다는 점에서 자전 공연과 거울의 방을 비교한다.

참여적 목격자(engaged witness)는 지켜보는 관객이나(Rubin, 2007) 때로 서로의 공연에 참여해 함께 작업하는 집단 성원을 가리킨다. 이는 특히 예비 연극치료사 집단과 참여자 집단에서 잘 나타난다. 목격하기는 다른 사람들을 목격하면서 동시에 다른 사람에게 목격되는 공존적 입지로부터 발생한다(Jones, 2005). 집단 매트릭스와 그 안에서의 상호작용은 개인이 공연에 접근하는 방식에 특정한 영향을 미칠 것이다. 그와 마찬가지로, 집단이 다양하게 상연된 서사를 경험하는 방식은 새로운 서사를 발생시키고 그 상호텍스트적 의미의 윤곽을 정의할 것이다.

적극적 목격자(active witness)(Jones, 1993)는 연극치료사를 뜻한다. 그의 현존은 자전적 내용을 만들고 상연하는 데 있어 고유한

---

* 「작가를 찾는 6인의 등장인물」, 루이지 피란델로 지음, 황동근 옮김, 연극과 인간, p.56

요소를 구성한다. 연극치료사는 집단에서 일어나는 경험과 감정과 상호작용의 담지자로 작동한다. 연극치료사는 공간의 경계를 유지하고 관련된 사람들의 안녕을 지킨다. 또한 다양한 참여 수준과 관련된 여러 가지 역할(촉진자, 중재자, 연출자)을 수행하면서 창조성이나 긴장을 강화할 수 있다. 나아가 연극치료사는 전이와 역전이의 대상이 되어 집단 안에서 그 같은 감정을 불러일으키고 자신의 기억과 연관된 경험에 노출될 것이다.

관찰적 목격자(observing witness)는 공연을 보러 오는 외부 관객을 가리킨다. 관객은 상연된 경험에 대해 목격자로 기능하며, 그것은 공연자에 대한 근원적인 치유적 효과를 동반한다. 그 참여의 수준은 공연자가 취한 미학적 선택과 의도에 따라 다양할 것이다. 그렇지만 관객은 대체로 미지의 정체로 남아 있으며, 공연에 대한 그들의 반응과 입장을 예견하기는 어렵다. 관객을 불특정다수로 간주하는 것이 정당할까? 관객은 흔히 지지적이고 공감적으로 경험되지만, 그들이 예외 없이 언제나 자비롭다고 믿는 것은 성급한 결론이 아닐까? 사전에 누가 관객이 될지를 선택했든 하지 않았든, 서로 다른 관객 성원은 모종의 경험을 할 것이고, 그들의 서로 다른 경험이 공연자가 무대에서 존재하는 방식에 의미 있는 영향을 미칠 것이다.

무언의 목격자(silent witness)는 개인의 역사에 스며든 보다 광범한 역사적이고 문화적인 맥락으로서, 경험이 동화되고 소통되는 방식에 사회적 각인을 남긴다. 그것은 호퍼가 말하는 **사회적 무의식**(Hopper & Weinberg, 2011)이나 가능성의 영역으로 정의되고, 버틀러(1997)가 말하는바, 몸과 마음에 축적되는 일련의 사회적, 정치적, 문화적, 담론적 구조와 실천에 상응한다. 퍼포먼스 오브제가 사적인 것과 공적인 것, 제한과 자유 사이의 긴장과 상호작용의 표현이 되는 것이 바로 이 지점이다.

방법론적 함의

이 장에서 나는 이상 다섯 가지 목격자를 통해 자전 공연의 의미가 퍼포먼스 공간의 다양한 상호주관적 관계의 층들로부터 발생하는 것임을 설명하고자 했다. 이 인식론적 체계 연구의 방법론적 함의를 간단하게 언급하면서 결론을 대신하려 한다.

첫째, 관계적 체계 내에서 다양한 **수준의 상호주관성**을 하나의 단위로 분석하는 방법론을 찾는 것이 중요해 보인다. 그것은 치료사를 포함한 집단 구성원의 상호작용이자 그 형식 속에서 상연된 서사와 내용, 자기 자신에 대한 개인의 관계, 그리고 외부 관객에 대한 관계 사이의 상호텍스트적 관계이기도 하다.

둘째, 체현된 실천으로서 공연은 체현된 방법론(Pelias, 2008)을 요구한다. 그것은 몸이 긴장과 상호주관적 역동을 담아내는 방식과 그것들이 공연 맥락에서 경험되고 소통되는 방식을 연구한다.

마지막으로, 상호주관성은 인식론적이고 방법론적인 도구로서 대화를 제안한다. 그것은 대화적인 협업 과정(Paulus, Woodside & Zeigler, 2008)에 기반한 연구자와 참여자의 공동체를 가리킨다. 그를 통해 연구자와 참여자의 다양한 목소리는 상호적 경험의 의미의 특질에 대한 지속적이고 반복적인 대화에 들어간다. 그것은 맥락화된 상호주관적 공동창조에서 자전 공연의 의미가 발생하는 과정을 설명해준다. 이 장은 그 같은 공동창조가 연극치료에서 자전 공연의 서로 다른 수준의 목격하기의 상호작용과 관계적 과정의 표현임을 살펴보았다.

참고문헌

Bakhtin, M. (1986). *Speech genres & other late essays.* Austin: University of Texas Press.

Bakhtin, M. (1990). *Art and answerability.* Austin: University of Texas Press.

Barthes, R. (1977). *Image, music, text.* London: Fontana Press.

Benjamin, J. (1995). *Like subjects, love objects: Essays on recognition and sexual difference.* New Haven: Yale University Press.

Benjamin, W. (1999). The storyteller. In W. Benjamin (Ed.), *Illuminations*(pp. 83-107). London: Pimlico.

Benjamin, J. (2004). Beyond doer and done to: An intersubjective view of thirdness. *Psychoanalytic Quarterly, 73*, 5-46.

Bennett, S. (1997). *Theatre audiences: A theory of production and reception.* London: Routledge.

Boenisch, P. M. (2010). Towards a theatre of encounter and experience: Refl exive dramaturgies and classic texts. *Contemporary Theatre Review, 20*(2), 162-172.

Brook, P. (1990). *The empty space.* London: Penguin Books.

Bruner, J. (1986). *Actual minds, possible worlds.* Cambridge: Harvard University Press.

Butler, J. (1993). Critically queer. *GlQ: A Journal of Gay and Lesbian Studies, 1*, 17-32.

Butler, J. (1997). *Excitable speech: A politics of the* performative.

London: Routledge.

Calle, S. (2003). *Douleur exquise.* Arles: Actes Sud.

Conquerwood, D. (1985). Performing as a moral act: Ethical dimensions of the ethnography of performance. *Literature in Performance, 5*(2), 1-13.

Cornejo, C. (2008). Intersubjectivity as co-phenomenology. *Integrative Psychology of Behavior, 42*, 171-178.

Czarniawska, B. (2004). *Narratives in social science research.* London: Sage Publications.

Emunah, R. (1994). *Acting for real.* New York: Brunner-Mazel.

Emunah, R. (2015). Self-revelatory performance: A form of drama therapy and theatre. *Drama Therapy Review, 1*(1), 71-85.

Fischer-Lichte, E. (2008). *The transformative power of performance.* Abingdon: Routledge.

Fitzpatrick, L. (2011). The performance of violence and the ethics of spectatorship. *Performance Research, 16*(1), 59-67.

Grainger, R. (2005). Theatre and encounter Part III—Transforming theatre. *Dramatherapy, 27*(1), 8-12.

Grotowski, J. (1991). *Towards a poor theatre.* London: Methuen Drama.

Heddon, D. (2008). *Autobiography and performance.* New York: Palgrave MacMillan.

Heddon, D. (2013). Beyond the self: Autobiography as dialogue. In C. Wallace(Ed.), *Monologues: Theatre, performance, subjectivity*(pp. 157-184). Prague: Litteraria Pragensia.

Heddon, D., & Howells, A. (2011). From talking to silence: A confessional journey. *PAJ: Journal of Performance and Art, 33*(1), 1-12.

Hermans, H., Kempen, H. & Van Loon, R. (1992). The dialogical self: Beyond individualism and rationalism. *American Psychologist, 47* (1), 23-33.

Holland, D., Lachicotte, W., Skinner, D. & Cain, C. (2001). *Identity and agency in cultural worlds.* Cambridge: Harvard University Press.

Hopper, K., & Weinberg, H. (Eds.). (2011). *The social unconscious in persons, groups and societies.* London: Karnac.

Jones, P. (1993). The active witness: The acquisition of meaning in dramatherapy. In H. Payne(Ed.), *Handbook of inquiry in the arts therapies: One river, many currents*(pp. 41-55). London: Jessica Kingsley Publishers.

Jones, P. (2005). *The arts therapies: A revolution in healthcare.* Hove: Brunner-Routledge.

Jones, P. (2007). *Drama as therapy: Theory, practice and research.* London: Routledge.

Levinas, E. (1989). *The Levinas reader.* Oxford: Blackwell.

MacKay, B. (1996). Brief dramatherapy and the collective creation. In A. Gersie(Ed.), *Dramatic approaches to brief therapy* (pp. 161-174). London: Jessica Kingsley.

Madison, D. S. (2007). Co-performative witnessing. *Cultural Studies, 21*(6), 826-831.

Marranca, B. (1979). The self as text: Uses of autobiography in the theatre. *Performing Arts Journal, 4*(1/2), 85-105.

McAdams, D. P., & McLean, K. C. (2013). Narrative identity. *Current Directions in Psychological Science, 22*, 233-238.

McAdams, D. P., Josselson, R. & Lieblich, A. (2006). *Identity and story: Creating self in narrative.* Washington: American Psychological Association.

McLean, K. C., Pasupathi, M., & Pals, J. L. (2007). Selves creating stories creating selves: A process model of self-development. *Personality and Social Psychology Review, 11*, 262-278.

Merleau-Ponty, M. (1962). *Phenomenology of perception.* London: Routledge.

Nolan, P. (2012). *Therapist and client: A relational approach to psychotherapy*. Chichester: Wiley-Blackwell.

O'Grady, A. (2013). Exploring radical openness: A porous model for relational festival performance. *Studies in Theatre and Performance, 33*(2), 133-151.

Paulus, T., Woodside, M., & Ziegler, M. (2008). Extending the conversation: Qualitative research as dialogic collaborative process. *The Qualitative Report, 13*(2), 226-243.

Payne, M. (2006). *Narrative therapy*. London: Sage Publications.

Pelias, R. J. (2008). Performative inquiry: Embodiment and its challenges. In J. G. Knowles & A. L. Cole (Eds.), *Handbook of the Arts in Qualitative Research*(pp. 185-193). London: Sage Publications.

Phelan, P. (2004). Marina Abramović: Witnessing shadows. *Theatre Journal, 56* (4), 569-577.

Pirandello, L. (1988). *Three plays*. London: Methuen Drama.

Pitches, J. (2003). *Vsevolod Meyerhold*. London: Routledge.

Pitruzzella, S. (2009). The audience role in theatre and dramatherapy. *Dramatherapy, 31*(1), 10-14.

Radosavljević, D. (2013). *Theatre-making: Interplay between text and performance in the 21st century*. Basingstoke: Palgrave Macmillan.

Ranciere, J. (2011). *The emancipated spectator*. London: Verso.

Rosenblatt, L. M. (1994). *The reader, the text, the poem: The transactional theory of the literary work*. Carbondale and

Edwardsville: Southern Illinois University Press.

Rozik, E. (2010). *Generating theatre meaning*. Brighton: Sussex Academic Press.

Rubin, S. (2007). Self-revelatory performance. In A. Blatner (Ed.), *Interactive and improvisational drama: Varieties of applied theatre and performance*(pp. 250-259). Lincoln: iUniverse.

Sajnani, N. (2012). The implicated witness: Towards a relational aesthetic in dramatherapy. *Dramatherapy, 34*(1), 6-21.

Schrader, C. (1998). The studio upstairs: Performance as a way of relating to the world. *Dramatherapy, 20*(2), 15-19.

Shepherd, S., & Wallis, M. (2004). *Drama/theatre/performance*. London: Routledge.

Smagorinski, P. (2001). If meaning is constructed, what's it made from? *Review of Educational Research, 71*(1), 133-169.

Stern, R. (2002). *Hegel and the phenomenology of spirit*. Abingdon: Routledge.

Todorov, T. (1984). *Mikhail Bakhtin: The dialogical principle*. Minneapolis: University of Minnesota Press.

Wood, S. (2015). Performing stories of lived experience. *Dramascope*. Accessed January 27, 2015, from https://thedramascope.wordpress.com/2015/01/27/performing-stories-of-lived-experience/

PART 02

활용과 접근법

08

개인 치료로서 치료적 자전공연

아만드 볼카스

이 장에서 나는 참여자들과 함께 한 **치료적 자전공연**(ATP)의 주제와 플롯 일부를 소개한다. 공연 마지막에 자신의 이야기를 상연하면서 영혼을 드러낸 배우는, 무아지경 속에서 목격자들 앞에 심리적으로 벌거벗은 채 무대에 서 있다. 그녀는 겸손하게, 도전적으로, 의기양양하게, 무감각하게 혹은 정말로 끝나는 순간에 이른 것인지를 조용히 질문하며 인사를 한다. 관객의 박수가 그 마법을

한 여자가 자기 내면의 '늑대를 길들임'으로써 아버지의 부재에도 불구하고 자신의 힘과 자기사랑을 주장한다.

막대한 부를 가지고 태어난 한 남자가 그의 특권과 생부보다 더 큰 아버지와 화해한다.

한 프랑스 여자가 조상에 대한 가족의 비밀 – 아르헨티나에서 흑인 노예에게서 자식을 낳은 가톨릭 사제 – 을 공개한다. 그녀는 남성에 의한 노예화의 은유를 깊이 탐험하면서 가부장제의 억압으로부터 자신을 해방시킨다.

A. Volkas, MA, MFA, MFT, RDT–BCT (✉)
California Institute of Integral Studies, San Francisco, CA, USA
Living Arts Counseling Center, Emeryville, CA, USA
e–mail: armandvolkas@gmail.com

깨뜨린다. 관객은 기립박수를 하거나 공연자에게 완전히 감정이입한 채 감동적인 침묵을 유지하면서, 자신을 위해 모인 사람들 앞에서 용감하게 스스로를 드러내는 정서적 모험을 감행한 공연자를 지지한다.

공연이 있기 몇 달 전, 창조 과정의 시작점에서 ATP에 참여하기로 결정한 참여자들은 연출자/치료사를 만나 치료 목표, 곧 자신이 탐험하고자 하는 외상, 과제, 이미지, 이슈를 정한다. 치료 계약은 시간을 두고 나타난다. 연출자/치료사는 즉흥극, 꿈, 일기, 장면, 독백 등을 통해 참여자를 중대한 공연으로 안내한다.

이 중요한 날에, 참여자들은 자신이 영원히 변화될 수 있음을 안다. **영웅 여정**(Campbell, 1972)에서와 같이, 공연자는 자신을 치유하기 위한 탐험에 오른다. 내면의 악마와 용들과 싸우고, 이도저도 아닌 중간 지역으로 들어간다(Turner, 1967). 과거의 자신을 벗지만 곧 그렇게 될 장차의 모습은 아직 도착하지 않은 리미널한 상태다. 여러 측면에서 ATP는 한 집단으로의 편입이나 수용을 기념하는 입사 의식(Van Gennep, 1960)이다. 또한 더 광범한 심리적 의미에서 공연은 입문자가 새로운 역할로 다시 태어나는 변형을 의미한다.

심리치료의 과정은 흔히 통과의례의 구조를 따른다. 변화를 향한 여정에 오르기, 미지의 것에 직면하기, 그리고 변화된 자기로 돌아오기. ATP가 그와 다른 것은 치료적 변화가 일어나는 데 필요한 영적 정서적 비상사태를 치료사/연출자의 안내 속에서 참여자가 스스로 유도한다는 점이다. 이 복합적이고 고조된 내면의 드라마는 임박한 공연의 압력 아래 일어난다. 전진하여 변화를 포용하거나 자신의 용기를 증언하기 위해 모인 목격자들 앞에서 실패의 모욕에 직면하는 것이다. ATP에서 곧 닥칠 듯 느껴지는 공연은 참여자가 창조 과정에 완벽하게 헌신하는 데 필요한 긴박감을 조성하며 그에 힘입어 이슈의 탐험은 변형을 요구하는 위기 단계로 고조된다.

공연 후 대단원에서 관객은 결혼식처럼 줄지어 서서 한 사람씩 축하와 함께 공연에서 받은 인상을 공유한다. 배우가 자기 자신과 상징적으로 혼인한다는 점에서 결혼식은 ATP를 위한 적절한 은유라 할 수 있다.

ATP를 연출하기 시작한 1980년대 이후로, 나는 이런 방식으로 진행되는 통과의례를 수백 번 이상 보아왔다. 전 세계의 여러 연극치료 교육과정에서 그 정점인 졸업 의식으로 행해지는 10분짜리 장면부터 개인 상담의 맥락에서 제작되어 일반에 공개된 1시간짜리 연극까지, 나는 이 형식의 변형적 효과를 목격했다. 이 장에서는 개인 상담에서 ATP를 적용하는 나의 방법론을 영웅 여정과 통과 의례와 **교류분석**의 틀로 소개하려 한다.

영웅 여정

영웅 여정의 원형적 이미지는 전 세계의 신화와 이야기에서 광범하게 나타난다. 그것은 ATP 여정을 위한 강력한 은유로 매우 유용한 원형적 이야기 구조다. 신화학자 조지프 켐벨(1972)은 그것을 다음과 같이 개괄한다. 주인공은 모험의 부름을 받고 일상 세계와 분리되어 위험으로 가득 찬 여정을 떠난다. 영웅은 다양한 도전과 시험을 겪으면서 그때마다 배움을 얻는다. 드디어 영웅은 겉보기에 불가능한 도전 곧 혼자의 신체적 능력만으로는 극복할 수 없는 최고의 시험에 직면한다. 성공하려면 영웅은 자아를 넘어 영적 영역으로 들어가 새로움에 깨어나고 자기 자신과 다른 사람들과 우주와 진정으로 새로운 관계를 맺어야 한다. 이 영적 입사의식을 치른 영웅은 통찰의 선물을 가지고 보다 큰 공동체로 귀환의 여정에 오른다.

ATP 과정은 이 고전적인 영웅 여정의 원형적 패턴을 활용한다. 참여자는 자기발견과 변화의 여정에 오르고 내적이거나 외적인 힘에 의해 시험을 받지만 거의 언제나 승리를 거두고 돌아온다. 이 치료적 서사는 아마도 ATP 과정을 마친 이들이 어떻게 그렇게 의미와 힘으로 충만한지를 설명하는 데 도움이 될 것이다. 여정에 오른 이들은 관객 앞에서의 예술적 표현과 함께 심리내적 차원으로의 은유적 항해를 경험하기 때문이다.

이런 방식으로 작업하게 된 데는 나의 개인적인 경험이 작용했다. 나는 아우슈비츠 생존자와 레지스탕스 투사 사이에서 태어났고, 그런 역사적 배경에 대한 반응으로 1975년에 홀로코스트 생존자의 20대 자녀 집단과 홀로코스트의 유산에 관한 연극을 만들었다(Volkas, 2009). 당시는 홀로코스트 생존자들이 외상 경험을 세상에 드러내기 시작한 시점이었고, 그에 따라 그 후손들 역시 서로 비슷한 경험을 갖고 있다는 사실이 발견되었다(Epstein, 1979). 세대를 망라하는 외상의 본질을 탐험하는 자전 공연 〈생존자들(Survivors)〉이 1976년 로스앤젤레스에서 초연되었고, 그 후로 여러 대학을 순회하며 장기 공연을 했다. 그 작품은 배우들의 개인사를 바탕으로 내가 연출자이자 편집자 겸 드라마터지로 제작하였다.

1987년에는 한 국선 변호사에게 연극치료사로 고용되어 세간의 이목을 끄는 사형 선고를 앞둔 피고와 일하게 되었다. 그는 남녀 한 명과 18개월 된 아이를 칼로 살해한 혐의로 기소되었다. 유죄선고를 받기 전 1년 넘게, 나는 유치장에서 간수가 순찰하는 가운데 그 남자와 연극치료를 진행했다. 그 만남은 매우 복합적인 감정을 불러일으켰다. 그와의 작업은 홀로코스트 생존자의 아들인 나의 역전이를 촉발하여, 가해자 역할과 극단적 잔혹성에 대한 수용력을 탐색하게 했으며, 씨름해야 할 윤리적 질문을 던져주었다. 연극치료를 살인자를 돕는 데 쓰는 것이 과연 윤리적인가? 만일 피고가 정서적으로 상처 입은 청년이 아니라 마피아였다면, 그래도 상담을 할 수 있었을까? 재판 후 언론과의 인터뷰에서, 배심원단은 내가 한 인간적인 증언이 피고가 사형 대신 종신형을 받는 데 기여했음을 분명하게 피력했다. 복잡한 감정과 실존적이고 영적인 강렬한 질문이 들끓는 이 경험의 여파 속에서, 나는 그 상태를 ATP 형식으로 탐험해야겠다는 생각이 들었다. 그렇게 하면 직접 겪은 것과 물려받은 외상의 영향에 대한 탐색을 지속하면서 나를 치유할 수 있을 것 같았다. 그렇게 해서 제작된 〈내 안의 살인자(The Murderer Within)〉는 1988년 로스앤젤레스 NADT 회의에서 동료 연극치료사들 앞에서 처음으로 상연되었다.

통과의례와 ATP

통과의례는 개인이 한 사회적 상태에서 다른 상태로, 곧 청소년에서 어른으로, 학생에서 졸업생으로, 견습생에서 전문인으로, 미혼에서 기혼으로 옮겨가도록 돕는 변화의 의식이다. 그것은 개인에 대한 사회의 정의와 개인의 자기인식을 변형한다. 그 같은 전이의 제의는 사회적으로 인식된 생애 단계를 구분하고, 개인과 집단이 새로운 지위와 그 행동적이고 사회관계적인 의미에 적응하도록 돕는다(Turner, 1969; Van Gennep, 1960).

사회적으로 공인된 통과의례는 아니지만, ATP 과정은 치료적 변화가 일어날 수 있는 경로를 제공한다. 사람들을 돕던 근대 사회의 의미 있는 통과의례가 사라짐에 따라, ATP는 참여자들에게 한 상태에서 다른 상태로 이동 – 슬픔과 상실에서 다시 삶을 수용하는 것으로, 부모에 대한 분노에서 부모의 한계와 화해하는 것으로, 두려움에서 자신의 정서적 권리를 용기내어 주장하는 것으로 – 하게 하는 연극치료적 구조를 제공한다.

반 헤네프(1960)와 터너(1969)에 따르면, 통과의례는 일반적으로 세 단계로 진행된다.

1. 이전의 사회적 상태와 관련된 것들로부터 분리
2. 이것도 저것도 아닌 전이 또는 입사의 시기
3. 다양한 의례를 통해 새로운 사회적 상태로 흡수되는 재통합

통과의례의 가장 두드러진 특징은 그 전이적 본질이다. 통과의례는 빅터 터너(1969)가 말하는 **리미널리티**, 곧 여기에도 없고 저기에도 없는 상태와 관련된다. 더 이상 옛것에 속하지도 않지만 아직 새것에 속하지도 않은 것이다. 통과의례에서 이 경계에 놓인 시기의 주요한 특징 중 하나는 입문자들이 지신의 심원한 내적 변화에 심리적으로 서서히 개방되는 것이다. 새로운 사회적 역할로의 전이와 관련된 많은 입사 의식에서, 이 개방성은 입문자의 신념 체계 곧 세상과 세상에 대한 그들의 관계를 해석하고 인식하는 정신구조의 개념과 범주를 파괴하도록 고안된 제의를 통해 성취된다 (Floyd, 2003).

많은 ATP 참여자들 또한 이와 비슷하게 개인적 변형의 경험을 표현할 때 심리적 개방과 낡은 신념체계의 붕괴를 보고한다.

개인 연극치료와 ATP

르네 에무나는 1979년 이후로 정신병원 입원 환자와 통원환자를 대상으로 후에 **자기계시적 공연**이라 명명한 방식으로 치료적 연극을 해왔다(Emunah, 1994; Emunah & Johnson, 1983). 지난 이십 년 동안, 자기계시적 공연 모델은 주로 연극치료 교육과정의 졸업 과제로 확장을 지속해왔다(Rubin, 2007; Emunah, Raucher & Ramiz, 2014). 에무나(2015)는 ATP가 미적 특질을 강조하는 연극이자 연극치료이며, 그래서 훈련받은 배우와 연극치료사에게 가장 적합하다고 주장해왔다. 그러나 나는 심리치료사이자 예술상담센터의 임상 연출가로서 ATP를 개인 상담의 맥락에서 사용해왔고, 그 경험에 입각해 ATP에 대한 다른 방향의 관점을 진척시켰다. 거기서 미학과 연기 기술은 치료 과정의 일부로 획득된다. 그리고 작업 환경(제작과 관련한 이슈, 일반적인 심리상담 회기를 넘는 초과근무시간에 대한 지급방침 등을 포함한)이 치료적 내용으로 협상되며, 공연의 목격자 역시 치료 과정의 일부로서 참여자들이 신중하게 선택한다.

이 책의 필자들이 자신의 작업을 설명하기 위해 여러 이름을 사용하는 데서 나타나듯 신생 분야인 연극치료에는 다양한 접근법의 용어가 여전히 진화 중에 있다. 르네 에무나(1994)의 자기계시적 공연의 강력한 형식에 영향을 받았지만, 그 용어는 내가 하는 작업을 나타내기에는 뭔가 잘 맞지 않는다고 느껴졌다. 일반에게 접근법을 설명하고 잠재적인 참여자들에게 연극치료의 변형적 속성을 숙지시키는 일을 하면서, 나는 이 접근법의 핵심을 전달하는 데는 '치료적'이라는 말이 결정적임을 발견했다.

나는 ATP가 연극치료를 공부하는 사람과 배우들을 위한 형식이 아니라 개인적 성장과 변화를 추구하는 어떤 참여자에게든 적용할 수 있는 연극치료 개인 상담의 형식으로 잠재력이 크다고 믿는다. 물론 거기 참여하기 위해서는 여정에 헌신할 수 있고 강렬함을 견딜 수 있을 만한 자아강도가 요구된다. 나는 세 가지 맥락에서 ATP를 적용해왔고, 이 장의 뒷부분에서는 그중 세 번째 유형에 집중할 것이다.

1. 진행 중인 연극치료 집단의 정기 공연. 예를 들어 한 해 동안 세 번 공연을 하는데, 참여자들은 각자 당면한 이슈를 돌아보는 공연을 만들어 자신의 성장을 목격해줄 안전한 관객을 초대한다.
2. 시한을 두고 ATP 공연을 위해 모인 집단으로, 참여자들은 각자의 공연을 만들면서 서로를 지지한다. 나는 이 방식을 **목격자 그룹**(Acts of Witness)이라 부른다. 심리치료사이면서 연극치료사인 제니퍼 스투컬드와 함께 계발한 목격자 그룹은 참여자 집단의 주 1회 지지 회기를 같은 기반의 창조적 여정과 병행한다. 내가 매주 열리는 집단 탐험을 이끌고, 매주 진행되는 리허설은 지정된 연극치료사/연출자가 공연까지 함께 한다.
3. ATP를 개인 상담의 맥락에서 창조한다. 매주 진행되는 회기를 거쳐 치료 과정에 새로운 단계를 열어주는 공연으로 이끌어가는 것이다. 전형적인 ATP 과정은 석 달에서 다섯

달에 걸쳐 진행된다. 각 회기는 처음에는 90분 정도로 시작해서 공연 날짜가 다가올수록 길이와 강도를 늘린다.

교류분석과 ATP

교류분석 훈련을 받은 덕분에 그 핵심 개념 몇 가지가 나의 ATP 접근법에 영향을 주었다. 교류분석은 개인에게 세 가지의 관찰 가능한 자아 상태/역할 곧 부모, 어른, 어린아이가 있다는 전제에서 출발하며, 참여자가 자신의 삶에 대한 자율성을 회복하는 것을 목표로 한다. 교류분석의 창시자 에릭 번(1961)은 이 과정을 인간의 세 가지 핵심 능력인 자발성과 알아차림과 친밀성의 회복으로 정의한다. 교류분석은 널리 알려진 심리치료 형식이며 개인적 성장과 변화를 촉진하도록 고안된 일련의 도구를 갖고 있다. 그중에서 ATP에서 의미 있게 사용되는 것은 치료 계약과 인생 대본과 재결정이다.

치료 계약

나의 ATP 접근법에서 가장 중요한 한 가지는 치료 계약이라는 아이디어다. 교류분석에서 빌려온 그것은 참여자와 치료사가 참여자가 원하는 특정한 변화를 추구하는 과정에 들어간다는 데 상호동의하는 것을 말한다. 계약에는 참여자가 성취할 목표와 그것이 효과적으로 충족되었는지를 판단할 수 있는 규준을 명시한다.

ATP에 적용할 때 치료계약은 과정이 진행됨에 따라 유연하게 다듬어갈 수 있다. 계약의 첫 번째 형태는 단순히 이미지와 즉흥극을 활용한 실험일 수 있다. 그를 통해서 참여자가 원하거나 변화되어야 할 것이 무엇인지가 드러나게 하는 것이다. 계약을 명료화하는 것은 이후 과정에서 지속된다. 탐험의 첫 단계에서 참여자들은 연극이 담을 몇 가지 가능한 아이디어를 다룰 것이며, 치료사/연출자와 함께 목격자들에게 전하고자 하는 바에 초점을 맞춰 계속해서 방향을 수정한다. 치료 계약은 여정에 오른 참여자들을 안내하는 나침반이 된다.

좋은 예를 하나 들자면, 친밀함을 차단하는 패턴을 탐험하려 했던 독일 혈통의 참여자가 있었다. 연애에서 여러 차례 실패를 경험한 그녀는 남자와 관계 맺는 방식에 영향을 미쳤을 무의식적 패턴을 밝혀내는데 골몰했다. 우리의 탐험을 이끈 질문은 이것이었다. '그녀가 마음을 열어 친밀해지는 것을 방해하는 것은 무엇인가?'

즉흥극 탐색을 통해 눈에 불을 켜고 비밀 상자를 지키는 편집적인 얼터-에고의 이미지가 나타났다. 정신증이 있는 그녀의 고모를 연상케 하는 그 인물은 상자를 그녀의 감정과 취약함을 숨기는 은유로 써보자는 나의 제안에서 출현했다. 그녀는 제2차 세계대전 후에 나치였던 아버지의 물건을 상속받았는데, 그중에는 히틀러에게 받은 메달과 문서를 숨겨둔 상자가 있었다고 한다. ATP 과정이 진행되면서, 이 얼터-에고는 서서히 그녀의 할아버지가 했을 법한 가해자의 면모를 드러냈다. 그리고 남편에게 거부당한 어머니의 상처가 수면으로 떠올랐다. 그녀의 아버지는 전후에 가족을 떠났고, 그래서 참여자는 부모화된 아이의 역할을 하게 되었다. 참여자의 가족사와 어린 시절의 상처와 역사적 상처를 탐험하면서, 즉흥극에서 나타난 몇 가지 주제 – 그녀를 상심하게 한 남자, 사랑에 관한 엄마의 혼란스러운 메시지, 여성으로서 그녀가 지닌 힘과 관능성을 인정하는 것 – 를 공연에 담아야겠다는 생각이 뚜렷해졌다.

그것들은 모두 매력적인 이슈였다. 그러나 예정된 공연 날짜의 압박 속에서, 모든 걸 공연에 넣고 싶더라도 친밀성과 관련한 분투를 가장 강렬하게 표현하는 장면을 선택해야 함을 상기시켰다. 연극치료사/연출자로서 내 역할 중 한 가지는 참여자가 목표에 대한 초점을 유지할 수 있도록 돕는 것이고, 그때 치료 계약은 어떤 장면이 공연에 포함되고 어떤 것이 편집실 바닥에 남을 것인지를 결정하는 리트머스 시험지가 되어주었다.

공연 말미에 그녀는 미래의 연인에게 이렇게 말했다. **'나의 추함을 그대로 드러낸 채 여기 있어요. 이런 나를 사랑할 수 있나요? 내가 보이나요? 내 모든 걸 사랑할 수 있나요?'**

참여자의 방어가 관객 앞에서 해제되었고, 그녀의 상처와 보이고자 하는 욕망이 강렬하게 드러났으며, 무조건적인 사랑에 대한 깊은 열망이 표현되었다. 그녀가 다시 사랑할 가능성에 마음을 여는 용감한 한 걸음을 내디뎠음이 분명했다. 나는 과정을 시작할 때 맺은 치료 계약이 전체 작업의 방향을 안내한 핵심이라 믿는다.

최초의 계약을 이끌어내는 것은 여정을 시작하는 영웅과 유사하다. 참여자들은 가본 적 없는 정서적 영토를 향한 여행이라는 방향감만을 가지고 창조적이고 치료적인 여정에 오른다. 치료 목표를 기술하고 바꾸면서 지속적으로 명료화하는 것은 영웅이 그 길에서 직면하는 일련의 도전을 재현한다.

무의식적 인생 각본 찾아내기

교류분석은 역기능적 행동을 살아남기 위해 어린 시절에 내린 자기제한적인 결정의 결과라고 설명한다. 그 같은 결정은 번(1961)과 스타이너(1974)가 **인생 각본**이라 부른 것, 곧 삶의 방식을 지배하는 무의식적인 인생 계획으로 귀결된다. 그리고 교류분석의 핵심 목표 중 하나는 이 인생 각본을 찾아내고 변화시키는 것이다.

연극치료와 사이코드라마적 활동을 통해, 부모와 사회로부터 받은 언어적/비언어적 메시지들이 드러난다. '나한테서 떨어지지 마', '자라지 마', '원하지 마', '믿지 마', '가까워지지 마' 등의 경고가 참여자의 역기능적 인생 각본을 말해준다.

빅토리아라고 부를 한 참여자의 사례가 파괴적인 인생 각본을 찾아내어 새로운 서사로 변형하는 과정을 잘 보여줄 것이다. 그녀는 10개월에 걸쳐 서로 관련된 ATP 두 편을 상연했다. 그 과정을 요약하면 다음과 같다.

우울증으로 상담을 받게 된 빅토리아는 남미 이민자로 엄마와 함께 살았는데, 그녀는 딸에게 자신이 사회부로부터 흡수한 여성혐오적인 메시지를 고스란히 심어주었다. 엄마의 정서적 방임과 신체적 학대 그리고 아버지의 거부로 특징지을 수 있는 어린 시절을 보낸 후, 빅토리아는 자신의 운명과 자해적인 인생 각본에서 벗어나려고 노력했다. '강해지지 마', '성공하지 마', '생각하지 마', '원하지 마', '있지 마'는 그녀가 가족에게서 받은 메시지의 일부다. 그러나 빅토리아에게는 그 같은 환경에도 불구하고 엄청난 힘과 회복탄력성이 있었다.

빅토리아는 자신의 깊은 상실을 애도하고 학대로 얼룩진 인생 각본을 삶을 긍정하는 강력한 서사로 변형하겠다는 치료 계약을 맺었다. 첫 번째 ATP에서, 빅토리아는 독백과 몇몇 장면으로 학대와 방임의 이야기를 들려주었다. 공연 내내 그녀는 검객의 모습을 한 잔인하고 악독한 내면의 박해자에게 쫓겨 다녔다. 그녀는 무망감과 싸우면서 어떻게든 현실에서 벗어나려는 자신의 노력을 제자리에서 뛰는 것으로 나타냈다.

> 난 돌아가지 않아, 난 돌아가지 않을 거야, 난 이 감옥에서 벗어날 거야.

은유적인 춤을 추며 빅토리아는 잘못된 방식으로 탈출하려 애쓴다. 약물, 술, 섹스에서 위안을 찾는다. 그러나 검객은 결국 그녀를 따라잡는다. 그는(이 인물도 빅토리아가 연기했다) 앙심에 차 포악한 고함을 지르며 그녀의 권한과 더 나은 자신이 되고자 하는 시도와 슬픔과 노화를 공격한다.

> '넌 늙고 가난하고 힘없이 혼자로 끝날 거야. 아무런 의미도 없지!' 그가 결론을 짓는다.
>
> 무릎 꿇고 엎드린 채, 빅토리아는 검객에게 목덜미를 드러낸다.
>
> '어서 해, 어서! 내리쳐! 잘라버리라고!' 그녀가 검객에게 말한다.

느린 동작으로 검객은 그녀의 목을 친다. 빅토리아가 바닥에 쓰러지고 모드가 바뀌면서 슬픔으로 깊이 빠져든다.

> 나는 한 번도 가져본 적 없는 가족을 위해 운다.
>
> 나는 내게 가해진 잔혹함을 슬퍼한다.
>
> 나는 한 번도 실현된 적 없는 꿈과 희망을 애도한다.

빅토리아의 울음이 잦아들면 장면은 꿈의 세계로 전환된다.

그녀는 산을 발견하고 정상에 오른다. 그녀 앞에 깊은 틈이 나타나고 그 끝에 다가가 아래를 내려다본다.

> 바닥이 보이지 않는 깊은 틈이다. 저 아래, 나의 절멸이 보인다.

그녀는 심연을 내려다본다. 반대편에서 유혹자가 나타난다. 역시 빅토리아가 연기한 유혹자는 손을 뻗어 그녀를 부른다. 그녀는 빅토리아에게 틈을 뛰어넘으라고 애원한다.

> 낭떠러지를 내려다보지 마. 그냥 뛰어! 이리 와! 내가 잡아줄게!

빅토리아는 주저한다. 그녀는 유혹자에게 보장을 요구하고 유혹자는 이렇게 답한다.

> 보장은 없어, 하지만 여기로 오면 넌 모든 걸 할 수 있는 힘을 얻을 거야. 네 삶에서 선택권을 갖고 의미를 창조할 수 있어. 이리 와! 뛰어 넘어! 내가 잡아줄게!

빅토리아는 어떤 선택을 할지 잠시 생각한다. 천천히 뒤로 물러나 느린 동작으로 낭떠러지를 뛰어 넘는다. 그러나 조명은 관객이 그녀가 반대편에 도착했는지 보여주지 않은 채 암전된다.

심각하게 자해적이지는 않지만, ATP 과정에서 빅토리아의 깊은 무망감과 비극적인 인생 각본이 드러났다. 힘든 환경에서 벗어나려 애쓰고 내면의 잔혹한 비평가와 싸우면서, 그녀는 자신의 삶을 실패로 간주했다. 빅토리아는 자신이 써 온 각본과 인생 모두에서의 결정에 직면했다. 공연이 다가올수록, 우리는 작품에 걸맞은 결말을 찾기 위해 애썼다. 그녀의 드라마는 멋진 인사의 근사한 포장을 거부했다. 치료사/연출자로서 나는 깊은 틈으로 나뉜 두 개의 절벽에 다가가는 은유를 제안했다. 우리는 몇 회기 동안 의미 있는 삶에 대한 실낱같은 희망을 나타내는 유혹자를 마주보고 서서 사이코드라마적으로 또 은유적으로 작업했다. 빅토리아는 위험천만한 점프를 할 것인지 말 것인지를 결정하지 못했다. 치료사인 나 역시 도전을 독려하는 것과 그녀의 과정을 존중하는 것 사이에서 갈등했다. 두 사람 모두 리미널한 공간에 갇힌 듯 보였다. 결국 무대에서 위기의 복판에 있는 빅토리아를 두고 떠나는 것이 그 공연을 마무리하는 진정한 방법이었다. 그녀는 그 결정에 평화를 느꼈다. 결과는 미래에 있을 ATP에서 결정될 필요가 있을 것이다. 그녀가 무대에서 보여준 이 불확실한 결말에 대해 관객은 침묵에 싸인 경외감으로 반응했다.

인생 각본 변형하기

몇 달 후 공연의 후속 회기를 몇 차례 진행하고서 빅토리아는 지난 번 공연이 끝난 데서 두 번째 ATP를 시작하겠다고 했다. 그녀는 회기에서 무의식의 심층에서 떠오른 이미지와 은유와 주제를 탐험했다. 거기에는 조상의 역사적 트라우마와 그녀 안에 살고 있는 남미 원주민과 **메스티자**라는 정체성이 포함되었다.

두 번째 ATP에서 그녀는 심연을 뛰어넘는 것으로 시작하여 성공적으로 건너편에 도착했다. 그러나 그곳은 정글이고 유혹자는 사라지고 없다. 희망에 모험을 걸었던 그녀는 배신감을 느낀다. **정글의 법칙**은 그녀의 위태로운 삶의 은유가 된다. 그녀는 아마존의 포식자들, 흑표범, 스페인의 정복자들로 가득한 꿈같은 세계에 있는 자신을 발견하고, 누구의 도움도 없이 혼자 길을 떠난다. 그녀는 먹잇감을 사냥하면서 정글에서 살아남는 법을 배우고 자연과 하나가 되어간다. 그녀에게 친구가 나타난다. 어느 날 총과 화살에 맞아 기절했다가 깨어나니 양육자의 역할로 변형된 유혹자가 그녀를 돌보고 있다. 그 여자는 수프가 끓는 상상의 솥에 양념을 넣으며 이야기한다.

투지 : 네 안의 악마들을 극복하고 굳세게 살아갈 수 있도록
사랑 : 너 자신을 사랑함으로써 강점을 수용하고 기리며 약점에 공감할 수 있도록
연민 : 미움과 분노에 열린 마음을 가지도록

그 밖의 다른 힘들을 수프에 넣고 양육자는 이렇게 말하면서 빅토리아에게 음식을 먹인다.

> 넌 정말 많은 것들을 겪었지. 그 모든 고통과 번민과 깊은 고립, 하지만 이제 너를 위해 내가 여기 있어. 나는 너를 사랑하고 네가 죽는 날까지 너를 사랑할 거야.

그런 다음 양육자는 빅토리아의 주의를 객석에 있는 목격자들에게 돌리며 말한다.

> 여기에 너를 지지하러 와준 놀라운 사람들을 봐. 널 잘 아는 이들도 있고 너를 막 알아가기 시작하는 사람들도 있어. 하지만 모두

너를 지지하기 위해 여기에 있단다. 그러니까 시작해. 이렇게 너 자신을 보여주기까지 네가 낸 용기를 자랑스러워해도 돼. 이제 일어나서 인사해. 난 네 뒤에 서 있을 거야.

빅토리아가 관객에게 인사를 한다.

첫 번째 ATP의 잔혹한 검객이 유혹자로 대체되었다. 양육적이고 보호하는 부모 같은 인물이 빅토리아의 내면에서 자라기 시작한 것이다. 자기 자신을 다시 양육한다는 아이디어는 교류분석의 핵심 개념이며 인생각본을 변형하는 과정의 일부다(James, 1981). 변형을 지지하고 목격해줄 믿을 만한 친구들을 초대하는 것은 자기 재양육의 내적 자원과 함께 외적이고 정서적인 자원을 창조한다.

회복시키는 목격자의 역할

ATP가 상연되는 다양한 맥락에서 공연은 일반 대중에게 공개된다. 공연자/참여자가 자신의 개인적인 작품을 누가 목격하게 될지 통제하지 못하는 것이다. 공연이 끝난 뒤 취약한 상태에 있을 수 있는 공연자에게 어떻게 접근해야 하는지를 간단하게 관객에게 안내한다. ATP에 대한 나의 접근법에는 내가 **회복시키는 목격자**라고 부르는 관객의 명확한 역할이 포함된다. ATP에서 목격하기는 수동적인 행위가 절대 아니며, 치료 과정의 통합적 요소다. 목격은 참여자를 위한 회복적 지지와 미러링 경험을 제공한다. 개인 상담의 맥락에서, 참여자가 신뢰에 바탕을 두고 자신의 목격자를 초대할 수 있는 것은 특히 중요하다. 그들은 참여자의 지지 체계를 구성하고, 궁극적으로 치유적 가족으로 기능할 것이며 참여자가 치료적 변화를 유지하도록 도울 것이다. ATP의 상연은 공적 행위로서 때때로 참여자들을 노출되고 달라진 상태에 남겨두기 때문에, 나는 치료 과정과 참여자들이 돌아가 살아야 할 세상에 다리를 놓을 수 있도록 도와야 한다고 믿는다.

재결정

이 용어는 어린 아이로서 내린, 무의식의 각본에서 비롯된 특정한 결정을 바꿔 새롭게 선택할 수 있는 개인의 능력을 지칭한다(Goulding & Goulding, 1979). 재결정은 개인에게 그 선택에 따라 삶을 이끌어갈 잠재력이 있다는 교류분석의 가정을 반영한다.

ATP에 대한 나의 접근법에서 영웅 여정은 본질적으로 재결정의 여정이다. 내가 본 대다수 ATP는 이 구조를 따른다. 참여자가 자신의 내면 아이를 구조하는 여정에 오른다. 그는 모종의 형태를 띤 내면의 악마에 맞서 싸운다. 그리고 자신의 이야기의 주인공이 된다. 승리하기로 결정하는 것이다. 내가 연출한 ATP에서 나타난 재결정의 순간을 예로 들면 이렇다.

무망감의 극심한 고통 속에서, 아우슈비츠 생존자들의 손자가 신에게 묻는다.

> 우리 엄마는 날 왜 그리 미워하나요? 내가 대체 뭘 잘못했죠? 뭔가 끔찍한 짓을 저지른 게 틀림없어요. 엄마 눈에서 증오가 보여요. 엄마는 날 경멸해요. 내가 엄마의 모든 불행의 원인이에요. 난 손쓸 도리가 없게 망가졌어요. 엄마는 내가 사라져버리길 원해요. 난 나를 지워버려야 해요. 엄마가 경멸해마지 않는, 내 속의 자꾸 되살아나는 영혼을 죽여야만 한다고요.

자신을 없애려는 충동과의 싸움을 연극적으로 신체화하는 가운데 재결정과 변형의 순간이 일어난다.

> 됐어! 그만해! 학대를 멈춰야만 해. 난 이걸 더 이상 물려주지 않을 거야. 학대는 여기서 끝나야 해. 학대를 여기서 끝낼 거야.

그 자리에 있는 목격자들 앞에서, 그는 역사적 트라우마의 도미노 효과에 침해당한 자신의 감정적 권리를 주장하는 것으로 나아간다.

> 나는 숨 쉴 권리가 있다. 나는 세상에 공간을 차지할 권리가 있다. 나는 느낄 권리가 있다. 나는 인간의 일부가 될 권리가 있다. 나는 나를 미워하지 않으면서 세상을 누빌 권리가 있다. 나는 바람의 대상이 될 권리가 있다. 나는 사랑받을 권리가 있다. 나는 호기심을 가질 권리가 있다. 나는 아기를 가질 권리가 있고 그 아기를 위해 공격당하지 않을 권리가 있다. 나는 경계를 설정하고 나를 보호할 권리가 있다. 나는 욕구를 느낄 권리가 있다. 나는 절멸의 두려움 없이 살 수 있는 권리가 있다. … 나는 존재할 권리가 있다!

그리고 배우는 미군이 되어 아우슈비츠에서 아이를 구하고 그를 입양해 잘 양육할 것을 약속한다.

결론

치료적 자전공연은 개인적 성장과 변화를 추구하는 참여자들에게 그들을 조형해온 상처의 경험과 부정적인 메시지에 미학적 형식을 부여할 기회를 제공한다. 그것은 그들의 트라우마를 새로운 삶을 긍정하는 자기감(自己感)과 생산적인 정서의 인생 각본으로 변형하고 통합한다. ATP는 조직적으로 통과의례와 영웅 여정의 구조를 따른다. 그것은 연극을 창조하고 치료 과정을 안내함에 있어 유용한 은유가 될 수 있다. 나아가 교류분석은 치료 계약, 인생 각본, 재결정의 아이디어를 ATP 과정에 통합하고, 회복시키는 목격자의 역할을 특별히 강조함으로써 일종의 치료적 견본으로 사용될 수 있다.

ATP 과정은 원형적 영웅 여정의 영원성을 공개적으로 지지하기 때문에, 배우의 원초적인 상처의 근원에 접근하여 창조성의 불꽃을 일깨운다. 그것은 보이고자 하는 배우의 욕망에 접촉하고 그들의 이야기를 신화적 규모로 끌어올린다. 또한 그것은 참여자의 개인적 투쟁을 집단적인 붓으로 채색함으로써 우리 모두가 직면한 실존적이고 보편적인 딜레마를 연결한다.

참고문헌

Berne, E. (1961). *Transactional analysis in psychotherapy: A systematic individual and social psychiatry*. New York: Grove Press.

Campbell, J. (1972). *The hero with a thousand faces*(2nd ed.). Princeton, NJ: Princeton University Press.

Emunah, R. (1994). *Acting for real: Drama therapy process, technique, and performance*. New York: Brunner－Mazel.

Emunah, R. (2015). Self－revelatory performance: A form of drama therapy and theatre. *Drama Therapy Review, 1*(1), 71-85.

Emunah, R., & Johnson, D. R. (1983). The impact of theatrical performance on the self images of psychiatric patients. *Arts in Psychotherapy, 10*, 233-239.

Emunah, R., Raucher, G. & Ramirez, A. (2014). Self－revelatory performance in mitigating the impact of trauma. In N. Sajnani & D. Johnson (Eds.), *Trauma informed drama therapy* (pp. 93-121). Springfi eld, IL: Charles Thomas.

Epstein, H. (1979). *Children of the Holocaust: Conversations with sons and daughters of survivors*. New York: Putnam.

Floyd, R. (2003). *Birth as an American rite of passage*(2nd ed.). Berkeley, CA: University of California Press.

Goulding, M., & Goulding, R. (1979). *Changing lives through redecision therapy*. New York: Brunner－Mazel.

James, M. (1981). *Breaking free: Self－reparenting for a new life*.

Reading, MA: Addison−Wesley.

Rubin, S. (2007). Self−revelatory performance. In A. Blatner (Ed.), *Interactive and improvisational drama: Varieties of applied theatre and performance*(pp. 250–259). New York: iUniverse.

Steiner, C. (1974). *Scripts people live: Transactional analysis of life scripts*. New York: Grove Press.

Turner, V. (1967). *The forest of symbols: Aspects of Ndembu ritual*. Ithaca, NY: Cornell University Press.

Turner, V. (1969). *The ritual process: Structure and anti−structure*. Chicago: Aldine Publishers.

Van Gennep, A. (1960). *The rites of passage*. Chicago, IL: University of Chicago Press.

Volkas, A. (2009). Healing the wounds of history: Drama therapy in collective trauma and intercultural conflict resolution. In D. Johnson & R. Emunah(Eds.), *Current approaches in drama therapy*(pp. 145–171). Springfi eld, IL: Charles C. Thomas.

09
체현된 인생 이야기 : 자기계시적 공연을 통해 수치심 변형하기

셰일라 루빈

다른 사람의 눈을 통해 자신을 보는 경험은 심히 수치스러울 수도 있고 온전히 치유적일 수도 있다. 나는 수줍음이 많은 사람들을 위해 그들이 다른 이들에게 보이고 들릴 수 있는 연극을 만들어왔다. 그들은 그를 통해 무대에 올라가는 발걸음이 동시에 그들 삶의 다음 단계로 나아가는 걸음이기도 함을 깊이 이해한다. 나는 **자기계시적 공연**을 연출하기 위한 접근법을 계발해왔고, 그것을 **체현된 인생 이야기 과정**(Embodied Life Stories Process)이라고 명명했다. 이 장은 몸에서 시작해 이야기에 접근하는 방법, 글쓰기를 사용하는 시점, 즉흥극을 해야 할 때, 목격자가 필요한 시점, 더 깊은 이야기를 찾아내는 방법 등 이 과정의 구조와 이론적 체계를 개괄한다.

S. Rubin (✉)
Private Practice, San Francisco and Berkeley, CA, USA
JFK University, Department of Somatic Psychology, Pleasant Hill, CA, USA
e-mail: sheilarubin@sbcglobal.net

첫 번째 목격자인 자기계시적 공연 연출자의 역할은 초기 아동기의 애착에 빗댈 수 있다. 목격자로서 관객의 역할은 공연자를 고립에서 공동체로 편입시킴으로써 필수적인 연결을 회복할 수 있다. 먼저 연출자에게 그리고 관객에게 이야기를 풀어내는 행위는 엄청나게 치유적이고 변형적일 수 있다. 이야기가 내면의 연못에 떨어져 잔물결을 일으키며 우리 존재의 바깥으로 번지는 조약돌과 같다면, 트라우마는 자연스럽게 퍼져나가는 이야기를 끊거나 사라지게 만든다. 그때 자기계시적 공연의 연출자와 스토리텔러/공연자의 지지와 조응 수준은 충분히 안전한 용기를 창조함으로써 그가 수치심에서 나와 진정한 자기를 느끼고 표현할 수 있게 해준다.

자기계시적 공연의 연출자는 촉진자로서 연극치료사, 안내자, 연출가, 부모, 샤먼, 사제, 치어리더, 사기꾼 등의 역할을 연기하며 신성한 작업을 이끈다. 나는 처음에 스토리텔러/공연자에게 비전이 무엇인지 질문한 다음 즉흥극과 쓰기를 중심으로 연극치료를 진행하면서 자신의 인생 이야기를 체현된 경험으로 창조하도록 이끈다. 그 과정에서 깊은 수준에서 놀라운 복합성을 가진 스토리텔러/공연자의 일관된 삶의 서사가 나타나고 그것이 자기계시적 공연으로 이어진다. 그것은 참여자가 자기를 창조한다는 점에서 임신 및 출산과 매우 유사하다. 작업은 일대일로도 가능하고 집단으로 진행되기도 한다. 개인 작업은 대체로 CIIS 연극치료 과정에서 자기계시적 공연을 졸업 과제로 이수하는 학생들과의 것이었고, 집단 작업은 지역사회에서 구성된 10~12주의 체현된 인생 이야기 집단이 대부분이다.

트라우마와 수치심 다루기

자기계시적 공연 과정은 외상을 입은 사람들이 다시 삶을 통합할 수 있도록 돕는다. 예를 들면 이렇다. 자기계시적 공연의 두 번째 리허설에서, 학생이 이야기를 하다가 갑자기 멈춘다. 나는 뒤에 서서 그녀의 어깨에 손을 얹는다. 우리는 둘 다 작업실 건너편을 바라보고 있었고, 그 모습이 마치 퍼포먼스의 한 장면 같았다. 나는 그녀가 이야기를 이어가도록 몇 마디 말을 한다. 그녀가 이야기를 하다가 다시 멈춘다. 그녀의 이야기는 그렇게 천천히 전개되고, 나는 거기서 목격자이자 **함께 말하는 사람**(coteller)이다. 나는 진행 속도를 늦추어 그녀의 침묵에 말을 붙인다. 그렇게 그녀의 앞뒤에서 말하며 일종의 그릇을 만든다. 미적 거리가 그 과정을 지탱한다. 어느 순간 그녀가 학대를 명명하고 말을 멈춘다. 그녀가 열어 보여준 것을 깊이 '느끼면서' 잠시 침묵이 흐른다. 내 안에서 '그리고 뭘 해야 할지 몰랐어요'라는 말이 떠올라 덧붙인다. 그녀는 울면서 몸을 돌려 나를 본다. '학대에 대해서, 정말로 무슨 일이 있었는지 다른 사람에게 말한 건 이게 처음이에요.' 우리는 함께 운다.

수치심과 싸우는 사람은 편안하고 따뜻한 환경과 지켜보는 시선에서 지지와 돌봄을 경험할 수 있다. 나는 목격하기를 통해 애착을 형성하며, 그것은 첫 순간부터 시작된다. 긍정적인 방식으로 보이는 것은 오히려 수치심을 반감시킨다. 나는 목격하기의 일곱 수준(나중에 설명할)들을 앞뒤로 옮겨가며 작업한다. 그 순간에 요구되는 것에 적응하면서 점점 더 깊은 곳에 있는 경험이나 안전한 공간으로 접근하는 것이다. 그것은 마치 애착과 거리두기의 춤과 같다.

르네 에무나(1994, 2015)는 자기계시적 공연을 고통스러운 경험 – 밖으로 꺼내 표현하고 싶지만 그 방법을 모르는 마음의 모서리에 있는 어떤 것 – 을 예술로 변형하는 과정으로 기술한다. 또한 그것을 새로운 종류의 치료이자 그로토프스키, 아르토, 리빙 시어터와 그 밖의 연극 예술가의 작업에 기반을 둔 새로운 형식의 연극으로 간주한다. 그녀는 그것이 관심을 사로잡기 위해서는 개인적이면서 동시에 보편적이어야 한다고 말한다.

랜디(1986)는 미적 거리와 관련하여 분리적인 사람은 경험을 느끼는 것을 차단할 수 있고 밀착적인 사람은 고통스럽고 감정적인 경험에 압도될 수 있다고 설명한다. 연극치료사는 안도의 한숨이나 눈물 또는 깊은 깨달음으로 나타나는 미적 거리를 만날 때까지 참여자를 필요한 방향으로 부드럽게 안내한다. 코헛(1990)은 반영적, 이상적, 동반자적 자기대상욕구 – 자기심리학에서 온 개념 – 의 결핍을 다룰 수 있는 방법을 제시한다. 자기계시적 공연 과정을 통해 우리는 카우프만(1974)이 파괴되었다고 말한 대인관계의 다리를 회복하고 일관된 서사를 창조하면서 수치심을 치유한다. 우리는 매우 개인적이고 변형적인 여정을 통해 개인을 지지하고 양육한다. 카우프만(1974)은 수치심의 초기 발달과 해결에 대해 이렇게 말한다.

> 수치심은 대인관계에서 발생하는 최초의 감정이다. 수치심은 중요한 사람이 다른 사람과 이어진 관계의 다리를 파괴할 때 나타난다. 일단 수치심이 인성으로 내면화되면, 그것은 자기의 자동적 기능으로 활성화될 뿐 아니라 정체성의 핵심에 자리 잡는다. 따라서 치료는 수치심을 탈내면화하는 것, 참여자가 그를 수치심의 근원에 맞서 효과적으로 대응할 수 있도록 하는 것, 참여자가 스스로를 긍정할

수 있게 하는 것을 목표로 한다. 이때 가장 중요한 것은, 치료사가 치료적 관계 안에서 내면화된 자동적인 수치심을 대인관계적 기원으로 돌려놓음으로써 그 발달적 순서를 뒤집는 것이다(pp.1~2).

치료사, 슈퍼바이저, 친구, 파트너, 배우자나 부모로서 우리가 다른 누군가에게 중요해질 때, 우리는 상대에게 무의식적으로 혹은 뜻하지 않게 수치심을 유발할 수 있지만, 대개는 그 사실조차 알아차리지 못한다. 다른 사람의 욕구를 충분히 듣고 이해하여 그 타당성을 소통하는 데서 실패 – 다른 데를 보거나 찌푸리거나 실망한 표정을 하며 - 하는 것이 관계의 다리를 끊고 수치심을 유발한다. 또한 발달적 욕구가 반복적으로 충족되지 않을 때도 수치심이 내면화될 수 있다. 아이가 자신의 욕구는 중요하지 않다고 느끼면서 수치심을 배우는 것이다. 자녀의 욕구를 인정하는 데 실패한 부모로부터 균열이 발생한다. 이런 종류의 수치심은 가족을 깨뜨리고 종국에는 자기의 파열을 유발하여 대인관계로부터 개인내적 영역으로 번진다. 카우프만(1974)은 반(反)－수치심 경험(예를 들어 참여자의 강점이나 참여자와 치료사의 비슷한 점을 인식하는 것)이 관계의 다리를 복원할 수 있다고 말한다. 르네 에무나의 **통합 5단계 모델**에서 처음 두 단계의 활동(1994, 2009)들은 일련의 성공을 통해 자기가치를 증진시킴으로써 반－수치심 경험을 제공한다. 내가 만난 학생들 중에도 '전 뭔가 잘못 되었어요'라고 느끼는 경우가 상당했다. 많은 사람들이 이유도 모른 채 수치심에 휩싸여 있는 것이다.

인생 이야기: 더 깊은 이야기 찾아내기

나는 스토리텔러가 더 깊은 이야기를 찾아가도록 안내한다. 우리는 참여자가 생각하는 자신의 인생 이야기, 가족사, 역설을 다루면서 주제와 가닥을 잡아나간다. 나는 행위 갈망이 있는, 더 들여다보거나 발전될 여지가 있는 장면이나 대목을 찾는다. 더 깊은 이야기는 개인이 적절한 장소를 충분히 깊게 파 들어가 땅 밑으로 흐르는 원형적인 주제의 강이 떠오르는 데서 발견되며, 그것은 진정성과 창조성을 분출시킨다(Rubin, 2007, 2015).

메츠거(1992)는 이야기가 우리를 치유하며 그것은 우리가 이야기를 통해 온전해지기 때문이라고 쓴다. 글을 쓰는 과정에서 우리는 흩어지고 거부당하고 왜곡되고 감춰졌던 자신을 회복하면서 자신의 이야기를 발견하며, 그 이야기가 훼손된 자기를 기억하고 통합함으로써 치유한다고 말한다. 랜디(1993)는 역할은 그 본질과 소통하기 위해 이야기를 필요로 하며, 이야기는 역할을 다룰 수 있는 일종의 그릇을 제공한다고 쓴다. 거시(1991)는 이야기가 삶에 형식을 입히고, 내면의 경험에 목소리를 부여하며, 내면과 외부 세계의 대비를 조명한다고 말한다. 존슨(1991)은 극화는 무로부터 유를 창조하는 과정이며 고통을 예술로 변형하는 과정이라고 한다.

목격하기와 이야기의 수준

내가 자기계시적 공연을 연출할 때 경험하는 목격하기에는 일곱 개의 수준이 있다. 그것은 진정한 자기표현에 앞서 반드시 필요한 애착을 바탕으로 한 안전과 안정과 관련되며, 초기 부모-자녀

관계의 발달적 애착 단계와 유사하다. '나는 당신을 봅니다', '나는 당신을 듣습니다', '나는 당신을 느낍니다', '나는 당신을 이해합니다', '이야기를 더 들려주세요', '이건 너무 부담스러운가요?', '당신의 ~이 궁금합니다'.

이야기에는 처음과 중간과 끝이 있지만, 어디서 시작하는가에 따라 전혀 다른 것이 만들어질 수 있다. 또 우리가 지금 만드는 이야기와 5분 전이나 다음 주에 만드는 이야기가 같지 않다. 우리는 이야기의 다양한 수준, 관점, 목소리에 따라 시간을 앞뒤로 이동할 수 있다. 보편적이거나 원형적인 주제뿐 아니라 개인적 맥락과 접촉하는 더 깊은 이야기를 찾아낼 수 있다. 이야기에는 다양한 유형 – 개인, 가족, 공동체 이야기. 체현적, 신화적, 영적, 종교적 이야기. 원형적, 역사적, 상징적 이야기 – 이 있다. 이야기를 하는 과정은 개인의 가족, 내면세계, 심층, 가족역동, 사이코드라마, 내면의 역할을 나타내는 꿈, 가면, 오브제로 구성된다. 이야기는 아마도 각각의 고유한 행위 갈망을 갖고 있는 서로 다른 나이의 개인의 여러 역할에 관한 것일 수도 있다. 이런 이야기는 흔히 즉흥극 회기 사이의 자유로운 글쓰기에서 나타난다. 자유롭게 글쓰기는 스토리텔링이나 즉흥극으로부터 일정한 거리를 확보해준다. 교착 상태에 맞닥뜨려 학생이나 집단이 주저할 때, 나는 흔히 데이비드 존슨의 **발달 변형**(Johnson, 1982)이 제안하는 즉흥극을 활용하여 그것을 통과할 수 있도록 돕는다. 그는 다음과 같은 즉흥극적 개입을 통해 그런 상황에서 이야기로 작업하는 것이 유용함을 알려준다. **충실한 번역**에서 참여자는 이야기를 있는 그대로 말한다. **행위 완성**은 과장을 통해 탐험할 수 있도록 이상적이거나 비극적인 궤적에 따라 이야기를 만든다. 정말로 일어난 것 혹은 이야기에서 막힌 곳이 어딘지를 **밝혀내기**. **반복**, 이야기 속에서 말, 소리, 움직임이 반복되는 곳. **강화**, 참여자에게 이야기의 다양한 극적 요소를 강화하도록 청한다. 이야기 속에서 참여자와 함께 같은 순간을 탐험하거나 그들과 공감하며 **협력하기**. 이야기의 일부에 특별한 방식으로 틀을 씌우는 **괄호로 묶기**. 이야기의 혼란스러운 장면 속에 있다가 그것을 지켜보는 현재로 이동하는 **지금 여기로의 변형**.

내가 연출하는 자기계시적 공연은 즉흥극과 자유로운 글쓰기의 첫 단계로 시작해 몇 주간의 대본 개발 단계로 이어간다. 자기계시적 서사가 두려움, 불안, 무력감, 수치심 등을 유발할 수 있지만 참여자는 그것을 현재의 안전함 속에서 견디며 과거와 구분할 수 있다. 두려움과 다르게 관계 맺는 법을 배워 예전에는 할 수 없었던 행동을 선택할 수 있게 되는 것이다(가령 마음을 상하게 하는 어른을 피할 수도 있고 맞설 수도 있다). 체현된 이야기를 고쳐 쓰는 이 변형적 경험을 통해 두뇌와 신경 체계에 새로운 신경차원의 통합이 일어날 수 있다. 「몸은 기억한다(The Body Remembers)」(2000)에서 로스차일드는 공포스러운 외상 사건의 **신체적 기억**을 현재의 신체 감각에 내재한 잊힌 자원과 연결함으로써 변형할 수 있다고 쓴다.

이 교정적 정서 경험은 공연에서 참여자와 관객을 잇는 다리를 재건함으로써 더욱 강화된다(Kaufman, 1974). 에무나(1994)는 공연자의 반응을 흥분, 자긍심, 정체성의 확인이라고 적는다. 배우의 연기를 향해 박수하는 전통 연극과 달리, 자기계시적 공연에서 박수는 참여자에게 주어진다. 자기 자신을 드러낸 용기를 박수로 칭찬하는 것이다. 그 같은 객석의 반응은 공연자와 그들이 겪어온 것에 대한 수용과 인정을 나타낸다.

보기 1: 시작 단추

체현된 인생 이야기 집단에 실직한 지 일 년 된 우울증을 앓는 교사가 있었다. 그녀는 '갇힌 것처럼 꼼짝도 못하겠어요. 목소리도 얼어붙었어요'라고 말했다. 나는 일단 그녀를 진정시키고 일체의 판단 없이 천천히 움직여보도록 했다. 그리고 그녀의 우울을 인터뷰했다.

그래, 넌 마리 조와 얼마나 함께 있었니?

오래!

넌 뭘 하니?

난 그녀를 안전하게 지켜! 우울이 큰 소리로 대답한다.

어떻게 안전하게 지키지?

그녀를 피곤하게 하고 가만히 있게 하지.

왜?

우울해지면, 멍청한 실수는 하지 않을 테니까.

아, 너는 그녀가 실수하는 게 싫구나. 어떤 실수를 막아주고 싶어?

마리 조는 면접을 할 때마다 희망에 부풀곤 해.

그러니까 너는 그녀가 실망하기를 원치 않는구나.

맞아, 바로 그거야.

그녀를 우울하게 만들어서 실수하지 않게 지키고 가망 없는 일을 기대하지 않게 하는구나.

마리 조는 1분 즉흥극을 하면서 우울의 역할을 탐험한다. 우울은 말한다, '그녀는 너무 예민해. 그녀를 움직이지 못하게 하는 게 내 일이야. 그녀도 그걸 잘 알아.' 그런 다음 마리 조는 우울했던 시기와 우울에서 벗어나는 방법을 발견한 시기에 관해 자유롭게 글을 쓴다. 그 과정에서 그녀는 청소년 야영 캠프에서 겁먹은 양을 만나 달래주었던 기억을 떠올린다. 나는 그녀가 양을 진정시키기 위해 했던 동작을 찾아보도록 한다. 그녀는 양을 토닥이기 시작한다.

다시 즉흥극으로 넘어가서, 그녀는 돌아다니며 천천히 양을 토닥이는 장면을 연기한다. 나는 그녀가 이야기를 풀어내도록 돕는다. '이 양은 집에서 안전해요', 그녀가 말한다. '양을 장에 데려 갔는데, 트럭에서 떨어지려고 하질 않았어요. 난 어떻게 해야 할지 몰라 그냥 앉아 있었죠.' 우리는 점차 이야기의 조각들을 수습한다. 그녀가 갑자기 장에 처음 왔냐며 양에 관해 물었던 친절한 어른을 기억해낸다. '그 아저씨가 양의 "시작 단추"가 어디 있는지를 가르쳐주었어요. 거길 누르면 양이 어디든 나를 따라다녔어요!'

나는 계속해서 마리 조가 자신의 인생의 체현된 이야기를 찾도록 도왔다. 드디어 그녀가 어린 시절 양 대회에서 '시작 단추'를 찾았고, 기쁨에 겨워서 점점 더 빠르게 양을 몰며 방안을 돌아다니기 시작했다. 나는 그녀의 몸이 얼어붙고 막힌 상태에서 빠져나오는 것을 지켜보았다. 그리고 그녀의 얼굴과 목소리에서 기쁨, 놀라움, 흥분을 목격했다. 이야기가 깊어지면서 그녀는 관계적인 요소를 추가했다. 그녀는 감정을 보관하는 서랍에 대한 꿈을 꾸었었다. 내가 '보여주실 수 있나요?'라고 하자 그녀는 서랍을 열었다가 천천히 닫았다. 나는 그 이미지를 좀 더 탐험하도록 했다. '엄마가 기억나요 … 엄마는 날 좋아했어요 … 사랑했어요 … 난 아주 작았고 …

부모님은 헤어졌어요 … 갑자기 아빠가 날 데려갔고 다시는 엄마를 만나지 못했어요 … 아빠는 엄마에게 상처를 주고 싶어 했죠 … 하지만 상처 받은 건 나였어요 … 얘기할 사람도 아무도 없고 … 내 감정을 전부 여기에 담아둬요!'

나는 관객에게 무슨 말을 듣고 싶은지 그녀에게 묻는다. '그런 감정을 느껴도 괜찮아!' 공연에서 그녀가 관객에게 질문하자 관객이 '네!!!'라고 응답한다. 여러 사람이 소리친다. '당신의 감정은 당신 것입니다!', '당신은 감정을 느낄 권리가 있습니다!', '우리는 당신의 감정을 듣고 싶습니다!' 그녀는 서랍을 열고 오랫동안 혼자 간직해온 고통과 외로움과 수치심을 꺼내 보인다. 관객은 마리 조가 그것을 즉흥으로 표현하는 것을 지켜본다. 응원의 환호가 쏟아진다. 그녀는 울고 웃으며 서랍을 비운 후 뒤집어 놓는다. 몇 주 전에 비하면 그녀의 생명력이 훨씬 강해졌다. 관객의 애정 어린 목격과 인정과 지지가 그녀를 더 깊은 차원의 치유로 이끈다. 이제 그녀는 차단되거나 고립되지 않으며 자신을 좀 더 드러낼 수 있다. 그녀는 공동체 속에서 안전뿐 아니라 수용, 돌봄, 이해, 격려, 에너지를 발견한다. 수치심과 절망은 수그러든다.

체현된 인생 이야기의 공연이 끝나고 삼 개월 뒤에, 마리 조는 공연에서 얻은 에너지로 일자리를 얻게 되었음을 알려준다.

보기 2: 몸으로부터 작업하기

「몸은 기억한다」에서 로스차일드(2000)는 몸이 트라우마를 담는 방식에 대해 설명하면서 신체적 관점에서 트라우마를 신중하게 다루는 안전한 방법을 논한다. 한 대학에서 열린 인생 이야기 워크숍에서 유도된 환상을 이끌었을 때, 십대 학생 한명이 불가해한 심각한 상실에 접근할 수 있었다. '발을 문지르면서 당신이 신었던 신발들을 떠올려 보세요. 언제 처음 운동화를 신었나요? 발을 문지르고 어릴 적에 했던 스포츠를 기억해보세요 … 발목을 문지르고 어렸을 때 한 것 중에 재미있었던 신체 놀이를 떠올려보세요. … 그런 식으로 십대에 … 어른이 되었을 때 … ' 그 학생은 시각화가 끝난 후에 자유로운 글쓰기에서 작성한 것을 집단에게 읽어준다. 그는 발에서 고통을 찾으면서 단짝 친구 조와 스케이트와 스키를 탔던 기억을 떠올렸다. 둘은 어린 시절부터 고등학교까지 어울려 놀았고, 조가 죽기 전까지 늘 함께였다.

나는 그 학생을 즉흥적인 움직임 활동으로 이끌었다. 그는 친구를 죽게 만든 싸움 장면을 상상했다. 그는 낯선 사람이 방망이를 휘두르고 야구공을 던지고 주먹으로 치는 동작을 찾았고, 그것은 바닥에 쓰러져 흙을 퍼내는 것으로 변해갔다. 그는 그 동작들을 연결해 움직임 시퀀스를 만들면서 야구와 친구의 죽음을 연결했다. 집단의 반응은 매우 심오했다. 그는 나중에 눈을 떴을 때 빨개진 눈으로 사람들이 우는 것을 보았다고 했다. 조에 관한 이야기는 어떻게 말해야 할지 몰라 꽁꽁 싸매 묻어놓았던 것인데, 체현된 방식으로 이야기하면서 그는 오랫동안 차단했던 감정과 연결될 수 있었다. 충격과 수치심을 드러내고 연민과 배려로 손 내밀어준 사람들과 함께 관계의 다리를 복구했다. 이 과정에서 그는 상실과 장차 닥칠 자신의 죽음 그리고 슬퍼하지 못한 수치심을 받아들일 수 있었다. 그리고 비로소 자기계시적 공연 과정의 일부로, 이 경험들을 일관된 서사로 조직하는 과정을 시작할 수 있었다.

관객에게 듣기

나는 학생들에게 관객이 무엇을 목격하기를 원하는지 질문한다. 관객의 반응을 필요로 하는가? 나는 학생들이 자신의 욕구와 욕망을 정확히 알아 관객과 나누고 싶은 이야기를 조형하고 과정을 통해 욕구 충족의 가능성을 높일 수 있도록 돕는다.

여기에 공연자들이 관객에게 듣고 싶어 하는 메시지의 몇 가지 예가 있다.

- 70대의 한 여성은 각 연령대마다 '섹시'가 뜻하는 바를 탐험하고, 자신의 여성성과 여성으로서의 신성함을 선언한다. 그리고 자신의 활력을 자랑한다. 관객은 그에 대해 '당신은 여전히 핫합니다!', '핫함에 관한 강의를 열어주세요'라고 반응한다.
- '깊은 웅덩이로 깃털처럼 떠내려가는, 그러나 절대 도착하지 않는 사과.' 퍼포먼스에 이런 제목을 붙인 남자가 있었다. 공연에서 그는 고등학교 때 당한 심한 괴롭힘을 공유한다. 관객은 이렇게 반응한다. '정말 유감입니다.', '그들은 잔혹했어요.'
- 방임당한 아이가 어른이 되어 녹음기에 대고 이야기를 한다. 자신의 이야기를 들어줄 사람이 없기 때문이다. 관객은 '우리가 지금 당신에게 귀 기울입니다'라고 반응한다.
- 가족을 모두 잃은 여자가 유일한 생존자가 되는 것에 대해 이야기한다. 관객은 소리친다. '우리는 당신이 여전히 여기에 있어서 기쁩니다.'
- 한 여자가 '형언할 수 없이' 절대적인 공포를 자극하는 사건

을 한 번도 입 밖에 낸 적이 없다고 말한다. 그녀는 관객에게 대답 대신 그저 눈맞춤을 해달라고 청한다. 그들은 그렇게 밀도 높은 침묵 속에서 몇 분 동안 서로를 바라본다.

자기계시적 공연의 관객은 오락이 아니라 치유 의식에 참여한다. 나는 관객에게 눈을 감고 심장박동의 힘과 리듬을 느껴보라고 한 다음, 심장을 부드럽게 열어 오늘밤 자기계시적 공연의 이야기들을 받아들여 달라고 부탁한다. 학생들은 관객의 눈을 볼 수 있고 그들이 어떻게 감동받는지를 들을 수 있다. 많은 관객이 공연을 통해 자신의 경험을 떠올렸다고 보고하며, 공연 도중과 이후에는 흔히 보편성과 연결성의 감정이 나타난다.

관객에게 메시지를 듣는 것은 나의 자기계시적 공연과 졸업논문 「자기계시적 공연에서 스토리텔러의 역할」(1996)의 핵심이었다. 공연에서 나는 내 말을 한결 같이 오해한 엄마와 그래서 나만의 의미를 만들어내야 했던 어린 시절의 기억을 다루었다. 가족 내에 큰 비밀이 있을 때, 심각한 역기능이 있을 때, 체현된 인생 이야기 과정은 참여자를 담아주고 새로운 방식으로 지켜봄으로써 재탄생할 수 있도록 돕는다. 나는 내가 어떻게 성장했는지에 관한 이야기를 누군가 목격해주기를 바랐다. 그리고 그 이야기를 매력적으로, 연민과 깊은 이해를 불러내는 방식으로 공유하고 싶었다. 나는 스토리텔러의 역할을 통해 유머와 거리를 활용함으로써 어린 시절의 트라우마와 수치심의 안팎으로 드나들 수 있었다. 스토리텔러는 일관된 서사를 직조하기 때문이다. 나는 관객을 어린 시절의 집으로 데려가 그들로부터 연민어린 반응을 듣고 싶었다. 그것이 내 수치심을 치유해주었고 그에 힘입어 나는 공연에서 빠져나와 연극치료사라는 직업적 정체성을 되찾을 수 있었다.

결론

자기계시적 공연을 연출하면서, 나는 개인의 역사에서 수치심으로 인해 파괴된 관계의 다리를 복원한다. 먼저 참여자와 나의 연결을 통해 다리를 복구하고, 그런 다음에는 집단 성원들과, 마지막에는 참여자들이 자신의 체현된 인생 이야기를 들려주기 위해 초대한 관객과의 다리를 회복한다. 이 다리가 목격하기를 통해 치유함에 따라, 트라우마가 공연자와 그의 관계에 입힌 손상이 복구된다. 수치심과 자신에 대한 끈질긴 부정적 사고가 줄어들고 보다 안전한 연결 속에서 다른 사람과 관계 맺게 된다.

작업은 즉흥적 움직임을 통해 몸으로 이야기에 접근하면서 시작된다. 뭔가 고통스럽거나 곤혹스러운 것이 떠오르면, 그와 관련하여 자유로운 글쓰기를 한다. 자유로운 글쓰기는 내면의 비평가를 해방시키고 참여자가 더 깊은 이야기를 탐험하도록 자극할 수 있다. 흔히 우리는 역설을 다룬다. 목격하기의 각 수준은 참여자를 보다 깊은 이야기로 초대하며, 그에 따라 보이지 않고 해체된 주제와 가닥이 나타난다. 그 다음은 앞으로 나아가면 된다. 해야 하는 이야기를 하고, 그것이 목격되고, 수치심은 그렇게 변형될 수 있다. 관객 또한 감동을 받고 자신의 이야기와 투쟁을 회상할 것이다. 마지막에 객석에서 공연자에게 주는 메시지는 단순하고 강렬하다. '당신은 정말 놀랍습니다 … 당신의 이야기를 들려주셔서 감사합니다.'

참고문헌

Emunah, R. (1994). *Acting for real: Drama therapy processes, technique and performance*. New York: Brunner–Mazel; Taylor & Francis.

Emunah, R. (2009). The integrative fi ve phase model of drama therapy. In D. Johnson & R. Emunah (Eds.), *Current approaches in drama therapy*(2nd ed., pp. 37–64). Springfi eld, IL: Charles C. Thomas.

Emunah, R. (2015). Self–revelatory performance: A form of drama therapy and theatre. *Drama Therapy Review, 1* (1), 71–85.

Gersie, A. (1991). *Storymaking in bereavement: Dragons fight in the meadow*. London: Jessica Kingsley Publishers.

Johnson, D. (1982). The theory and technique of transformations in drama therapy. *Arts in Psychotherapy, 18*, 285–300.

Johnson, D. (1991). On being one and many. *Arts in Psychotherapy, 18*, 1–5.

Johnson, D. (1992). The drama therapist in role. In S. Jennings (Ed.), *Drama therapy: Theory and practice*(Vol. 2, pp. 112–136). London: Routledge.

Kaufman, G. (1974). *On shame, identity and the dynamics of change*. Lansing, MI: Michigan State University.

Kohut, H. (1990). *The search for self*. New York: International Universities Press.

Landy, R. (1986). *Drama therapy*. Springfi eld, IL: Charles C.

Thomas.

Landy, R. (1993). *Persona and performance*. New York: Guilford.

Metzger, D. (1992). *Writing for your life: A guide and companion to the inner worlds.* New York: Harper Collins.

Rothschild, S. (2000). *The body remembers: The psychophysiology of trauma*. New York: Norton.

Rubin, S. (1996). *The role of the storyteller in self-revelatory performance.* Masters Thesis California Institute of Integral Studies . UMI Dissertation Services, Ann Arbor MI.

Rubin, S. (2007). Self revelatory performance. In A. Blatner (Ed.), I*nteractive and improvisational drama: Varieties of applied theatre and performance*(pp. 250-259). New York: Universe.

Rubin, S. (2015). Almost magic: Working with the shame that underlies depression using drama therapy in the imaginal realm. In S. Brooke & C. Meyers(Eds.), *The use of the creative therapies in treating depression.*(pp. 231-244). Springfield, IL. Charles C Thomas.

10

변형된 각본 공연

팸 던

미학적이고 개인적인 요소를 동반한 공연으로 정의되는 **변형된 각본 공연**(restoried script performance)*은 일련의 치료 과정을 통해 재구조화된 개인의 삶의 중요한 측면을 강조한다. 이야기를 변형하는 과정은 이야기 치료(White & Epston, 1990)와 나라드라마

P. Dunne, PhD, RDT－BCT (✉)
California State University (Professor Emerita), Los Angeles, CA, USA
Drama Therapy Institute of Los Angeles, Santa Monica, CA, USA
e－mail: pdianedunne@hotmail.com

* 이야기 치료에서는 이야기가 일종의 삶의 각본과 같아서 우리가 자신과 다른 사람들과 관계 맺는 방식을 규정한다고 본다. 그를 전제로 내담자가 문제투성이 이야기를 버리고 좀 더 만족스럽고 적응적인 대안적 이야기로 옮겨가도록 촉진하는데, 그렇게 내담자의 이야기를 변형하는 과정을 다시쓰기(reauthoring)라 말한다. 이 장의 필자가 다시이야기하기(restorying)라는 말로 함의하는 것 역시 그와 동일하지만, 고유한 접근법의 명칭에는 '다시이야기된'이나 '재진술된' 보다 '변형된'이 좀 더 익숙하고 적절한 표현이라 생각되어 'restoried script performance'를 '변형된 각본 공연'으로 옮긴다.

(Dunne, 2006)를 참고로 하며, **독특한 결과, 치유적 이야기, 문제투성이 이야기**를 밝혀 극화하는 것을 포함한다. 공연은 일인극이나 개인적 이야기를 모아 집단이 함께 만든 공동 각본 혹은 시, 비디오, 춤과 독백의 조합일 수 있다. 관객은 공연자와 관련된 사람일 수도 있고 불특정 다수일 수도 있다. 변형된 각본 공연은 치료를 위한 대안이 아니지만, 그 과정과 최종 공연은 변형과 자기발견과 치유의 가능성을 만들어낸다. 이 장에서는 그 치료 효과를 지지하는 이론과 연구를 살펴보면서 변형된 각본 공연의 과정을 설명할 것이다.

이야기 치료

이야기 치료에서 **이야기를 하는** 행위는 개인적 의미를 발견하고 성찰할 수 있는 수단을 제공하는 통합적인 자기조직 과정이다(White, 2007). 그리고 **다시이야기하기** 혹은 다시쓰기 과정은 이 경험에서 비롯된 새로운 개인적 의미와 감정이 내포된 변형된 서사를 구축하는 것이다. 이야기 치료의 세계적인 개척자인 마이클 화이트는 '경험을 다시이야기하는 것은 사람들이 경험을 재조직화하는 데 적극적으로 참여하도록 만든다'는 것을 강조했다(White & Epston, 1990, p.13). 참여자는 다시이야기하면서 정체성에 대한 새로운 표현을 찾아내고 문제투성이 이야기에서 대안적 이야기와 독특한 결과로 움직여간다. 독특한 결과(때로 승리의 이야기라 불리는)란 참여자가 원하는 방식으로 문제를 다루는 이야기를 말한다. 대안적 이야기는 참여자에게 보다 유리한 그림을 제시한다. 독특한 결과와 대안적 이야기는 모두 긍정적 감정을 생산한다는 점에서 다시이야기하기 과정에서 매우 긴요하다. 반면에 문제투성이 이야기는 흔히 부정적 감정을 산출한다. 그것은 서사의 핵심에 문제와 그와 관련된 부정성이 자리 잡고 있기 때문이다. 치유적 이야기에서, 이야기 치료사는 외재화 대화와 비계 설정 대화를 활용한다. 그것은 참여자가 자신이 처한 상황을 개선할 수 있는 가능성을 발견하도록 돕는 점진적인 질문 기법이다.

변형된 각본 공연과 자기계시적 공연

이야기 치료가 대화와 성찰을 통해 새로운 의미를 창조하는 다시이야기하기 과정에 초점을 둔다면, 연극치료는 행동을 통해 새로운 의미를 창조하는 통합적이고 체현적인 접근법이라 할 수 있다. 변형된 각본 공연의 공연적 양상은 연극에서 비롯되지만, **자기계시적 공연**(Emunah, 2015)과 몇 가지를 공유한다. 변형된 각본 공연과 자기계시적 공연은 모두 참여자의 변형을 목표로 한다. 그러나 참여자가 변형에 이르기까지의 과정과 단계는 다르다. 자기계시적 공연은 공연자가 당면한 이슈를 치유의 목표를 가지고 연극으로 만드는 형식으로 정의된다(Emunah, 2015). 이 접근법의 주요 요소 중 하나는 **훈습**이다. 그것은 참여자의 입장에서 문제를 다루기 위해 의식적으로 노력하는 것으로 직면하기, 전환하기, 수용하기, 용서하기 등이 포함된다(Emunah, 2015). 이 과정을 통해 참여자는 보다 건강한 상태에 도달할 것이다(같은 책, 2015). 변형된 각본 공연과 자기계시적 공연이 모두 강렬한 개인적 이슈를 탐험하지만, 변형된 각본 공연은 특히 인생 이야기의 각본을 다시 쓰는 데 초점을 둔다.

자기계시적 공연에서 연극치료사는 공연자와 함께 작업하면서 치료사이자 연출자로 역할을 한다. 연출자는 참여자가 삶의 도전을 훈습할 때 부드럽게 개입한다. 자기계시적 공연에서 '공연자는 궁극적으로 자신의 심층의 다양한 부분에 대한 이해, 수용, 타당화, 재배열, 변형, 숙달에 도달한다'(Emunah, 2015, p.75). 자기계시적 공연을 만들어가는 과정에서 작품이 떠오르기 시작하면, 연출자는 공연자가 연극적 알아차림을 연마하도록 도우면서 공연이 예술적 면모를 갖출 수 있도록 이끈다. 변형된 각본 공연에서 연극치료사는 참여자가 새로운 역할과 정체성뿐 아니라 독특한 결과를 통합하도록 그와 협업하며, 다시이야기하는 과정과 공연의 매 단계를 통해 참여자를 치료적으로 지지한다. 연극적 퍼포먼스의 예술적 강점을 지지하지만 일차적으로 치료 과정에 역점을 두는 것이다.

긍정적 감정과 부정적 감정

다양한 연구 결과가 변형된 각본 공연 과정을 지지한다. 긍정심리학과 이야기 치료 연구는 긍정적 감정의 중요성을 입증한다. 기분이 좋을 때 우리의 사고는 보다 창조적이고 통합적이고 유연하고 정보에 열려있게 된다. 긍정적 감정 자체는 오래가지 않지만 깊고 지속적인 효과를 미칠 수 있다. 또 순간적으로 주의와 사고를 확장함으로써 새로운 아이디어와 행동과 사회적 유대를 이끌어낼 수 있다(Fredrickson, 2003). 심혈관 활동을 모니터한 최근 두 편의 연구는 긍정적 감정이 심혈관의 반응도를 감소시킨다는 것을 보여주었다(Fredrickson et al., 2000). 긍정적 감정은 또한 뇌파 동기화(두뇌는 심장의 패턴을 따른다)뿐 아니라 심장 속도 변동성, 박동의 조화로운 동시화(일관성), 인체 연결성(최적의 신체 수행)에 영향을 미친다.

긍정적 감정은 선호하는 결과와 행동을 강화한다. 관계적 신경생물학은 새로운 행동을 반복할 때 신경망이 단단하게 자리를 잡고 그에 따라 새로운 행동이 강화됨을 확증한다(Siegel, 2010). 이것은 시냅스의 연결을 강화함으로써 가능해진다. 처음에는 신경망이 '얇지만' 반복되는 신경 연결과 안정화를 통해 굵기와 연결 속도가 점차 강화된다(Siegel, 2012). 그것은 다시이야기된 행동이 지배적이고 건강한 행동으로 자리 잡을 가능성을 높여준다.

반면에 부정적 정서는 전두엽(자기통제와 사고를 담당하는 부위)으로의 혈류를 늦추고, 지엽적인 정보의 기억을 감소시키며, 코르티솔 생산을 증가시키고, '투쟁-도피' 반응과 동결 체계를 가동시키며, 개인의 연결 능력을 감소시키는 등 몸과 마음에 좋지 않은 영향을 미친다. 부정적 감정의 영향은 세포와 구조 수준에서 모두 뚜렷하게 나타난다. 참여자가 지속적으로 우울, 불안, 분노의 이슈로 분투할 때는 그 두뇌 상태와 연관된 경험이 반복적으로 강화되고 그것이 또 다른 정서적 경험을 제한한다(Grimm et al., 2009). 변형된 각본 공연 과정에서 참여자들은 당연히 부정적 감정을 만나게 될 것이다. 하지만 새롭게 긍정된 강점에 힘입어, 부정적인 감정에 사로잡히거나 압도되지 않고 자신이 원하는 긍정적인 감정으로 보다 쉽게 옮겨갈 수 있다.

독특한 결과와 나라드라마

선도적인 연구자인 마리-나탈리 보두앵과 제프리 짐머만(2011)은 그들이 **정서 주입된 독특한 결과**라 부르는 것과 관련해 증가된 감정의 영향을 살펴보았다. 그들의 연구는 **어디서, 언제, 무엇**을과 관련해 좀 더 자세하고 충분한 표현을 자극받을 경우, 해당 참여자의 감정적 환기(대개는 긍정적 감정)가 촉진될 뿐 아니라 적극적인 참여가 일어난다는 것을 입증했다. 그들은 참여자에게서 좀 더 자세한 표현을 이끌어내기 위해 비계 설정 대화나 점진적 면접 질문법을 사용했고, 그것이 매우 유용함을 발견했다(White, 2007). 또 그 결과 정서가 경험적 수준과 생리적 수준에서 모두 증가했다. 경험의 세부와 감정을 끌어냄으로써 원하는 정체성에 근접할 수 있게 한 것이다(Beaudoin & Zimmerman, 2011).

새비지(2013, 2015)는 입양 프로그램과 과정 드라마와 퍼포먼스 프로젝트에 참여한 남녀 청소년을 대상으로 나라드라마의 독특한 결과에 초점을 맞춘 연구를 수행했다. 그에 대한 질적 분석은 참여자들이 개인적 성장과 자존감을 지지하는 긍정적인 방식으로 개인적 서사를 재정의하고 재구성했음을 보여주었고, 그것은 보두앵과 짐머만(2011)의 연구 결과와도 일치한다.

변형된 각본 과정

변형된 각본 과정은 참여자가 자신의 이야기, 갈등, 여정, 꿈을 포함한 자기의 여러 측면을 충분히 탐험하도록 좀 더 충분한 준비와 프로세싱 시간을 필요로 한다. 다시이야기하기는 새로운 정체성, 직관적 아이디어, 이야기의 우선적 관점, 문제에 맞선 성공적 승리를 창조하고 표현할 수 있는 기회를 제공한다. 다시이야기된 결과를 확장함으로써, 참여자들은 자신의 새롭게 발견된 강점을 이해하고 확증하게 된다.

다시이야기하기 과정은 참여자의 삶에서 주체적 인식*을 보

* 상담학 사전은 personal agency를 '개인대행'이라 옮기고, 그 뜻을 "자신

여주는 장면을 불러낸다. 그 장면의 함의를 확장하기 위해, 치료사-연출자는 장면 도중이나 끝난 뒤에 참여자를 다른 인물이나 그 자신의 '역할로서' 인터뷰할 수 있다. 인터뷰는 장면 속 다양한 순간의 긍정적 행동과 강점을 찾아 분명히 하는 데 초점을 둔다. 그것은 강점을 인식하고, 자신의 역할들을 이해하며, 문제에 대한 대안을 찾아내고, 정체성을 구축하는 새로운 방식을 제공하며 나아가 변형된 각본 공연으로 확장될 수 있다.

극화하는 동안 새로운 의미가 발생하지만, 인터뷰와 장면을 성찰하면서 그것이 더 심화될 수 있다. 그리고 그것이 변화된 정체성과 자기인식과 독특한 결과의 효과와 치유적 장면을 강화한다. 가령 '이런 발견이 자신에 대한 태도에 어떤 방식으로 영향을 줄 거라 생각하나요?' 그리고 '성장하는 능력은 한 사람으로서 당신에 대해 뭐라고 말하나요?' 같은 열린 질문이나 일기 쓰기, 그림 그리기, '역할로서' 인터뷰하기 등을 통해 의미 찾기를 촉진할 수도 있다.

그 다음에 참여자들은 변화된 정체성과 주체적 인식의 발달에 힘입어 새로운 미래라는 아이디어를 탐험한다. 이는 '지금까지 함께 한 과정에서 당신 자신을 보는 방식과 당신이 소중히 여기는 것에 변화가 있을까요?' 혹은 '이 과정의 결과로 미래에 다른 가능성이 발생할 수 있을까요?'와 같은 질문을 통해 더욱 확장될 수도 있다. 새로운 가능성을 지도처럼 그리는 가능성 지도가 변형된 각본

의 삶을 형성해 나가는 데 영향을 줄 수 있는 주체적인 능력에 대한 자기 인식을 말한다. 개인 자신과 그 삶과의 관계 속에서 중재 역할을 하는 대행자로서의 개인이 삶을 스스로 변화시킬 수 있는 능력을 가지고 있고, 이를 바탕으로 자신의 삶을 의도적으로 바꾸도록 노력할 수 있다는 것을 인식하는 것"이라고 풀이한다(상담학 사전, 김춘경 외 지음, 학지사, 2016). 이 책에서는 그 같은 의미를 '주체적 인식'이라는 말로 담아내고자 한다.

공연의 진행 상황을 파악하는 데 도움이 될 수 있고, 원하는 미래의 장면을 극화할 수도 있다. 미래 장면은 흔히 각본의 필수적인 부분이 된다.

변형된 각본 공연을 향한 첫 걸음을 시작할 때, 이 중요한 순간을 구분하고 강화하기 위해서는 앞서 말한 다시이야기하기를 다음의 세 단계에 따라 촉진할 필요가 있다.

1단계: 그림 역사

첫 단계에서, 참여자는 삶에서 의미 있는 장면을 그리되(탄생부터 현재까지 적어도 10장면 이상) 스케치나 간단한 상징이나 졸라맨 스타일 등 가장 편한 방식을 택한다. 집단이 작은 경우에는 조각상을 만들고 공유하면서 그 경험을 성찰할 수 있다. 조각상을 만들 때는 좋아하는 이미지, 정서적으로 끌리는 이미지, 앞으로 보고 싶은 장면을 나타내는 빈 종이 등의 다양한 서사적 초점을 쓸 수 있다. 또 이 그림들을 철하여 변형된 각본을 만드는 과정 내내 다른 것을 추가할 수도 있다. 특정한 그림이나 빈 그림에서 치유적 이야기나 독특한 결과가 나올 수 있고, 그것이 쉽게 2단계로 이어지기도 한다.

2단계: 이야기 웜 업

이야기 웜 업은 참여자가 자신의 이야기와 그 역할들을 새로운 방식으로 살피면서 특별한 관심을 기울여 강점과 주체적 인식을 보여주는 장면과 역할을 찾아낼 수 있도록 도와준다. 변형된 각본 공연의 본질을 조형하는 주제나 아이디어가 이 단계에서 나타날 때가 많다. 이야기 웜 업의 보기로 치유적 이야기, 독특한 결과 이야기, 자기-역할 독백을 꼽을 수 있다.

치유적 이야기

치유적 이야기는 참여자가 중요한 타인과의 관계에서 긍정적 정서 - 사랑, 안전, 호의, 애정, 신뢰 등 - 를 경험한 실제 서사를 말한다. 다음 사례는 젊은 일본인 여성 징의 것이다. 그녀는 새 삶을 일구기 위해 학대의 역사와 나라를 떠나 미국으로 건너왔다. 12살 때 돌아가신 아버지가 그녀의 치유적 이야기의 주제다.

> 어릴 적에 아버지가 나팔꽃에 관한 하이쿠를 가르쳐주셨다. 우물물을 긷는 양동이 줄에 나팔꽃 덩굴이 감겨 있었지만 덩굴을 자르고 싶지 않았던 여인이 옆집에 가서 물을 부탁했고, 그래서 나팔꽃이 편안하게 머물 수 있다는 내용이었다. 아버지는 내가 하이쿠에 나오는 여인처럼 친절한 사람이면 좋겠다고 하셨다. 학교가 파하고 돌아오는 길에, 참새 몇 마리가 저만치 떨어진 웅덩이에서 물을 마시는 게 보였다. 나는 걸음을 멈추고 새들이 물 마시는 광경을 구경했다. 그때 아버지가 가르쳐준 하이쿠의 나팔꽃이 떠올랐다. 목마른 참새들이 나 때문에 무서워 날아가지 않기를 바랐다. 그래서 가만히 앉아 새들이 물을 다 마시기를 기다렸는데, 차가 오는 바람에 새들이 놀라 날아가 버렸다. 집에 가니까 아버지가 몹시 걱정스러운 얼굴로 나를 기다리고 계셨다. 참새를 바라보다가 시간가는 줄 몰랐던 것이다! 나는 말했다. '죄송해요, 아빠, 참새들이 물을 다 마실 때까지 기다려야 했어요.' 그 말에 아버지는 미소를 지으셨다. 내가 아버지가 일러준 대로 친절하려고 노력한다는 걸 안 아버지는 행복해하셨다. 그리고 나도 아버지를 행복하게 해드릴 수 있어 행

복했다.

독특한 결과 이야기

치유적 이야기는 때로 독특한 결과 이야기를 이끌어내기도 한다. 치유적 이야기를 경험한 덕분에 보다 안전하고 회복적인 장소가 창조되기 때문이다. 독특한 결과 이야기는 어떤 문제에 대해 참여자가 원하는 방식으로 접근한 실제 경험을 반영한다. 참여자는 독특한 결과 이야기를 탐험하는 과정에서 자신이 만들어내는 새로운 표현을 인식하고 내면화함에 따라 변형된 각본 과정으로 접근한다. 이 작업은 궁극적으로 관계 맺기, 문제에 대한 반응, 욕망하는 미래를 추구함에 있어 참여자가 원하는 방식을 드러내며, 그것들은 변형된 각본 이야기의 바탕이 된다. 다음 발췌문에서 평생을 ADHD와 싸워온 50대의 교양 있는 남자 파하드는 두 개의 노래로 자기 자신을 탐험한다. 하나는 문제투성이 장면을 나타내고, 다른 하나는 더 긍정적인 독특한 결과 장면을 나타낸다.

> 아, 그 노래 아니에요. 내가 기억하려고 하는 건 그게 아니에요, 그건 너무 슬퍼. 내가 말한 건 슬픈 게 아니라 냉정해요. (그는 허밍으로 노래를 부른다) 타타타타.
>
> Gole-yakh-tuye dellam javuneh kardeh (번역: 내 기슴에 얼음꽃이 피어난다)
>
> 난 꽃이 피어나는 이미지가 좋아요. 하지만 이 노랫말은 사랑을 잃고 연민도 잃고 자기연민에 젖어있어요. 내게 영감을 준 따뜻한 노래를 떠올리려 애쓰고 있어요. 그것도 같은 가수, 쿠로쉬의 노래에요. 60년대 말 아니면 70년대 초, 이란에 살았던 열서너 살 적에

새로운 페르시안 음악이 나타났죠. 난 학교 파티에서 자클린과 춤을 추었어요(커다란 미소). 그때 난 사춘기였어요. 향수를 뿌리고 드라이어로 머리를 말리고 가죽 부츠를 신었죠. (진짜 커다란 미소) … 자클린하고 춤을 추려고요. 자클린과 나는 하루 동안 사랑에 빠졌어요. 그리곤 금세 식어버렸죠. (휘파람을 분다) 타타타타. 다른 노래를 기억할 수 있으면 좋으련만. 그 노래는 차갑지 않고 낙담하지도 않아요. 따뜻하고 희망차고 지혜로운 노래죠 …

자기-역할 독백

참여자는 자기-역할 독백 활동을 통해 문제를 외재화하고 극화하면서 해당 역할의 영향을 좀 더 명확하게 이해할 수 있다. 독백을 영상으로 녹화해서 나중에 볼 수도 있다. 다음 사례에서 우울증과 싸우는 젊은 여성 젬마는 서로 다른 역할을 탐험하는 네 개의 짧은 독백을 썼다. 그중 두 개의 발췌문에서 문제투성이 인물 타라와 삶을 노래하는 새로운 역할 에어리얼을 탐험한다.

타라: 어두운 곳을 지날 때면 너무 무서워. 슬픔이 마치 달콤하게 일그러진 향수(鄕愁)처럼 나를 부르지. 난 분열된 사람이야. 저 아래 나를 잡아먹으려는 뭔가가 있어. 중력처럼 나를 끌어당겨.

에어리얼: 신사 숙녀 여러분. 영광스럽게도 여러분은 오늘 여기에 제 얘기를 들으러 오셨습니다. 왜냐하면 제가 말할 수 없이 완벽하게 특별하고 독특하며 또 전설적이고 …

3단계 : 창조적 예술 탐험

변형된 각본 공연의 세 번째 단계는 창조적 예술 탐험 활동에 초점을 둔다. 이때 참여자는 자신의 이야기를 미술, 음악, 드라마(예를 들어 동화, 신화, 동시대의 이야기), 시, 춤, 사진/영상(활동의 예를 보려면 Dunne, 2006 참고)을 통해 표현한다. 이 형식들은 모두 행동 기법으로 잘 통합되고, 과정이 심화되면서 투사와 주제가 떠오를 수 있는 기회를 제공한다. 짧은 공연을 통해 참여자는 각 예술 형식의 언어를 탐험하고 최종 공연을 위한 변형된 각본을 만들고 다듬는다. 다음은 다양한 창조적 예술 활동의 몇 가지 예다.

예 1

노숙 여성 집단의 참여자들이 외재화된 자기와 선호하는 자기의 가면을 만들었다. 가면 일부와 변형된 각본 공연 〈가위 바위 보(Rock Paper Scissors)〉의 주제 그리고 그들이 새로 발견한 정체성을 전달한 강렬한 방식은 다음 대사에 잘 나타났다. '나는 꿈이 있어. 그게 내 색깔이야', '뿌리부터 잎까지, 꽃잎부터 나무까지 난 엄청난 걸작이 될 수 있어', '난 미완성의 예술 작품이야'(Savage, 2015).

예 2

린이라는 이름의 여성은 시로 지지의 중요성을 표현했다.

나는 말할 것이다
나는 일어설 것이다
나는 맹렬하게 주장할 것이다

나는 끈질기고 진실할 것이다
나는 당신을 지지할 것이다
나는 한 번에 하나씩 물을 것이다
나는 당신에게 나를 가르치라고, 가르치라고 요구할 것이다
마치 내가 당신의 것인 듯…

예 3

변형된 각본 공연 과정에서 징은 직접 쓴 시 '가라앉기'를 통해 학대와 변형의 주제를 지속적으로 확장했다.

…사슬을 내려놓는다
당신은 절대 알지 못할
태양은 언제나 빛나고
두꺼운 구름 위에
태양은 언제나 빛나고
당신이 사슬을 내려놓지 않는다면
당신은 절대 알지 못할
태양은 언제나 솟아오르고
우울한 일몰 너머
태양은 언제나 솟아오르고…

징의 시는 부분적으로 오빠의 손에서 견뎌낸 학대와 원하는 현재를 만들어낸 자신의 불굴의 용기를 노래한다. 징은 이렇게 성찰한다. '내려놔, 사슬을 내려놔, 이건 드디어 내가 내 안에서 찾아낸 목소리입니다.'

예 4

징은 또 개인적인 노래 만들기 활동에 참여했고, 그래서 변형에 관한 주제를 자신이 작곡한 노래로 표현했다. 제목은 '절대 멈추지 않는'이다.

… 그러나 악몽은 사라진다
네 눈물은 바다가 되었다
물은 결코 멈추지 않는다
바람에 네 머리칼을 녹여라

노래를 부른 후에 징은 성찰했다. '노래에서 물의 상징은 아주 중요해요. 물은 절대 한 곳이나 하나의 형태에 머물지 않고 끊임없이 변하지요. 그런 변형과 유동성이 날 움직이고 성장하게 해줘요.'

예 5

대학원생이자 엄마이자 아내이자 전문직 노동자인 샬롯은 **자기-광고**라는 활동을 통해 자신이 마주한 도전을 탐험했다.

사운드스테이지*에 댄서들이 있고 그 장면을 롱 샷으로 잡는다. 힙한 배경음악(모비나 그루브 알마다의). 쿨한 의상을 입은 한 무리의 힙하고 펑키한 댄서들이 산업적인 세트에서 그루브를 타는

* 방음처리가 된 격납고 비슷한 건물이나 방을 뜻하며, 주로 영화나 TV드라마 촬영에 쓰인다. (위키백과 참조)

모습이 보인다. 카메라가 팬하면 샬롯이 사운드스테이지 중앙에 선다. 다양한 색의 조명과 섬광등이 그녀를 중심으로 춤춘다.

클로즈 업 : 샬롯이 비트에 맞춰 움직인다. 관능적인 여성의 목소리가 깔린다(브렌다 바카로 같은) 소리 : 어머니 지구의 2015년 모델 샬롯이 도착했습니다!

최신의 엄마-아내-학생 직업인 SUV가 눈부시게 빛납니다!

고속도로나 험한 도로, 어디라도 갈 수 있습니다.

잠금 방지 시스템 - 부부 관계, 부모자식 관계, 직업적 욕구를 언제나 민첩하게.

당신 영혼에 휴식을 허락하세요 - 샬롯은 시험 주행이 없습니다 - 그냥 타세요! 실망하지 않으실 겁니다!

샬롯은 나중에 이렇게 성찰했다. '난 연출가이자 작가이자 배우였어요! 그냥 종이에 적힌 글이 아니라 다른 사람들이 볼 수 있도록 스크린에 올려야 했죠. 목격될 수 있도록 말이에요. 나는 모성과 저글링의 복합성에 대한 메시지를 전달하는 데 초점을 두었는데, 그게 내가 생각했던 것보다 훨씬 심각한 문제더라고요.'

예 6

징은 키스 자렛이 연주한 '오버 더 레인보우' 피아노곡에 맞춰 춤을 추었다. '무지개 너머 어딘가'라는 구절은 변형된 각본 공연에서 그녀와 작은 소녀의 대화에도 쓰였다. 그녀는 희망에 찬 뭔가에 닿으려는 듯 천천히 위를 올려다보았다. 작품을 돌아보며 징은 이렇게 말했다.

어릴 적부터 그 뮤지컬과 노래를 알았어요. 공연의 마지막 장면이 아주 강렬하고 유쾌했다고 기억해요. 내 동작은 하늘을 날아서 아주 먼 곳에 닿는 걸 암시했죠. 소망과 갈망이 자신감과 가능성과 희망을 볼 수 있는 힘으로 바뀌었어요.

변형된 각본 공연

마지막 변형된 각본 공연은 정제된 장면, 주제, 폭넓은 준비과정에서 나타난 새로운 정체성의 정점이다. 공연은 10분에서 45분 사이로 진행되며, 뮤지컬 코미디부터 시 낭송, 오페라, 멀티미디어 퍼포먼스에 이르기까지 다양한 형식을 취할 수 있다. 중요한 것은 극적 형식이 정확하게 공연자의 비전과 일치해야 한다는 것이다.

세팅과 장소

참여자의 비전에 따라 무대를 세팅할 수 있다는 점에서 전통적인 극장 공간이 이상적일 때가 있다. 그러나 장소특정적 공간이 최적의 것으로 선택되기도 한다. 예를 들어 내가 진행한 2010년 바르셀로나 워크숍에서 참여자들은 공원과 거리 한 켠처럼 도심 주변의 다양한 공간을 공연 장소로 삼았다. 그중 바라라는 유동 인구가 많고 계속 움직이는 지하철을 이상적인 공연 장소로 선택했다. 다음은 그녀의 공연에 참여한 다른 참여자들의 이야기다.

나는 다른 사람들과 바바라의 공연을 보기 위해 그녀를 따라갔어요. 퍼포먼스는 그녀가 지하철 역을 걸으면서 시작되었죠. 드라마의 주요 장면은 지하철에서 일어났어요. 바바라는 열차에 올라 승객에게 말을 걸기 시작했지요. 우리는 연결된 차량에 있으면서 창문으로 그 광경을 지켜보았어요. 그녀는 내릴 때까지 지하철에 탄 사람들과 대면했고, 지하철에서 나와 거리를 걸으면서도 그녀의 각본은 계속되었어요.

관객

변형된 각본 공연에서 관객은 그들 앞에서 전개되는 예술 작품을 관람할 뿐 아니라 변형의 목격자가 되기도 한다. 관객은 공연자와 그가 연기하는 역할 사이에 경계가 없다는 것을 잘 알고 있다. 관객과 공연자는 내재적으로 연결되어 있고, 그로부터 첫 대사를 하기도 전에 공연자의 용기와 개방성과 여정에 대한 지지가 시작된다.

공연 직후에, 공연자(들)은 대개 가족, 친구, 선생님, 치료사, 동료 참여자, 일반인으로 구성된 관객과 만난다. 그리고 관객이 공연에 대해 참여자와 소감을 나눌 수 있도록 Q&A를 진행한다. Q&A는 흔히 관객과 공연자의 공개 대화 형식을 취한다. 그러나 때로 치료사-연출자가 웜 업으로 대화를 열고 작은 모둠(혹은 짝)으로 서로의 피드백을 공유하기도 한다. 참여자와 관객은 모두 Q&A 시간을 소중하게 여긴다. 공연자는 그를 통해 자신이 어떻게 보이고 이해되고 존중받는지를 느낄 수 있고, 관객은 참여자를 더 알게 된다. 또 공연자가 관객의 질문에 답하는 과정에서 성찰이 일어나기도 한다.

결론: 징의 공연

징의 변형된 각본 공연 <껴안다(Embrace)>는 개인적 변형과 다시이야기하기의 놀라운 사례였다. 그녀는 이야기 웜 업에서 만든 노래와 시를 마지막 각본에 포함시켰고, 그것이 더 이상 학대받은 과거에 머물지 않고 용기와 결단으로 앞으로 나아가겠다는 이야기의 핵심을 이루었다. 징은 노래 형식의 각본을 써서 15분의 공연 내내 아름답게 불렀다. 투지와 연민과 솔직함으로 생생하게 빛난 그녀의 공연은 이 아름답고 치유적인 이미지로 끝을 맺었다.

푸른 공기가 기다리고 있어
너의 두려움은 눈처럼 녹았지
물은 결코 가만히 멈춰 있지 않아
바람 속에서 네 머리칼이 춤추게 하렴

징이 하늘을 향해 두 팔을 펼쳐 들고 춤추며 이 마지막 노래를 부를 때 조명이 페이드 아웃되기 시작했다. 공연을 돌아보며 징은 이렇게 말했다.

> 각본을 쓰면서 울었던 게 기억나요. 그걸 떠올리니까 지금도 눈물이 나려고 하네요. 그 모든 작업 덕분에 내 안에 있는 작은 소녀를 돌보고 현실을 받아들일 수 있었던 것 같아요.

변형된 각본 공연 과정과 공연은 참여자를 원하는 정체성과 삶으로 나아가게 할 뿐 아니라 그의 여정과 궁극적 변형과 사람 자체를 존중하는 도구다. 징은 이렇게 썼다.

> 지는 해는 다른 편에서 보면 뜨는 해이기도 해요. 그 순간 내가 느끼는 희망은 정말 놀라웠죠. 그래서 시와 각본은 사춘기 시절의 나와 여전히 그네에 앉아 노래하기를 좋아하는 내 속의 작은 소녀에게 주는 메시지예요. 선택과 가능성이 있고, 태양은 언제나 떠오른다고요.

참고문헌

Beaudoin, M. N. & Zimmerman, J. (2011). Narrative therapy and interpersonal neurobiology: Revisiting classic practices, developing new emphases. *Journal of Systemic Therapies, 30*(1), 1-13.

Dunne, P. (2006). *Narrative therapist and the arts*(2nd ed.). Los Angeles: Possibilities Press, an Imprint of the Drama Therapy Institute of Los Angeles.

Emunah, R. (2015). Self-revelatory performance: A form of drama therapy and theater. *Drama Therapy Review, 1* (1), 71-85.

Fredrickson, B. L. (2003). The value of positive emotions. *American Scientist, 91*(4), 330-335.

Fredrickson, B. L., Mancuso, R. A., Branigan, C. & Tugade, M. M. (2000). The undoing effect of positive emotions. *Motivation & Emotion, 24*(4), 237-258.

Grimm, S., Ernst, J., Boesiger, P., Schuepbach, D., Hell, D., Boeker, H. & Northoff, G. (2009). Increased self-focus in major depressive disorder is related to neural abnormalities in subcortical-cortical midline structures. *Human Brain Mapping, 30*(8), 2617-2627.

Savage, M. (2013). Using the self-commercial with adolescents in an adoption support services program: A narrative study. Published Dissertation, UMI Number 3706869, Ann Arbor, Michigan: Pro Quest LLC.

Savage, M. (2015). Re–storied script in game girls: Rock, paper, scissors. *Performance project based on the film Game Girls'* by fi lmmaker Alina Skrzeszewska.

Siegel, D. (2010). *Mindsight*. New York: Random House.

Siegel, D. (2012). *The developing mind (2nd ed.): How relationships and the brain interact to shape who we are*. New York: W.W. Norton.

White, M. (2007). *Maps of narrative practice*. New York: W.W. Norton.

White, M. & Epston, D. (1990). *Narrative means to therapeutic ends*. New York: W.W. Norton.

11

퍼포머티브
: 자전 공연에서 삶이 바뀌는 순간들

기든 제하비

퍼포머티브(performative)는 퍼포먼스에서 공연자와 관객의 경험에 변형이 일어나는 순간을 지칭한다(Austin, 2007).* 그러나 이 상호주관적이고 일회적이며 자발적인 순간이 항상 보장되지는 않는다. 그것은 의도와 무관하고, 늘 같은 상황에서 일어나거나 같은 길이로 지속되지도 않으며 같은 정서를 유발하지도 않는다. 이 장

G. Zehavi, MA, RDT－BCT (✉)
Hebrew University of Jerusalem, Jerusalem, Israel
Tel Hai Academic College, Kiryat Shmona, Israel
e－mail: gideon_zehavi@hotmail.com

* 존 오스틴(John L. Austin)은 언어행위이론으로 유명한 영국의 언어철학자다. 그는 1955년 하버드대학의 강의에서 퍼포머티브라는 말을 처음으로 사용했다. 그것은 사건을 서술하거나 사실을 주장하는 지시적이고 확언적인 언어와 비교해 실천적이고 수행적인 언어의 측면을 지칭하기 위해 그가 만든 단어로, 특히 그는 새로 쓴 곡에 "사계"라는 제목을 붙인다거나 성혼선언을 통해 두 사람이 부부로서 공인되는 것처럼 변형을 내포한 행위를 완결하는 언어적 진술로서 그 개념을 사용했다.

에서는 자전 공연에서 퍼포머티브의 발생을 지지하는 세 단계를 설명하려 한다. (1) 개인과 내적 성찰의 **예비 단계** (2) 연출자와 공연자 사이에 퍼포머티브가 발생하는 **준비 과정** (3) 공연자와 관객 사이에서 퍼포머티브가 발생하는 **퍼포먼스 단계**.

대니얼 스턴을 비롯한 보스톤 변화과정 연구 집단(이하 보스톤 CPSG)은 변화 과정에서 **현재 순간**(present moment)의 핵심 역할을 살펴보았다(Stern, 2004; Tronick, 1998). 스턴은 현재 순간을 만남과 변형의 정서가 가득한 독특한 순간으로 정의한다. 보스톤 CPSG는 유아와 양육자, 치료사와 참여자의 만남과 상호작용을 수 초 길이의 작은 단위로 나누어 관찰 분석했다. 이 순간들은 대체로 비언어적이고 정서적으로 고조되어 있으며 상호주관적이고 또 잠재적으로 변형적이다(Stern, 2004). 스턴은 현재 순간을 세 개의 하위유형으로 분류했다. (a) **일반적인 현재 순간** (b) 변화와 행동의 직접적 가능성과 함께 정서적으로 충만한 **지금 순간** (c) 양자에게 상호주관적으로 경험되는 **만남의 순간**. 스턴은 이 작은 시간 단위들이 '대단히 중요한 단위로 함께 엮이고 조합될 수 있다'고 말한다(같은 책, p.149). 그리고 그에 근거해 현재 순간 관점을 자전 공연에 활용할 수 있다.

스턴(2004)은 현재 순간에 이르는 과정을 **함께 움직이는 과정**(moving along process)이라 불렀다. 그것은 연출자와 공연자의 두 마음이 만나 '치고-빗나가고-고치고-다듬는' 방식에 따라 작동하는 예측불가능하고 느슨한 과정이다(p.164). 그는 또 그 과정에서 '… 그들은 엉성한 상태에서 맞춘 듯 꼭 맞는 섬을 함께 창조한다 … 그리고 공유된 암묵적 관계 지식의 더 큰 공간을 만든다'(p.164)고 말한다.

함께 움직이는 과정은 연출자–공연자 동맹의 준비 과정에 강하게 상응하고 퍼포머티브를 위한 기초를 마련한다. 그리고 준비 과정은 공연에서 나타날 수 있는 공유된 재현적 구조의 형성에 기여한다. 퍼포머티브는 자전 공연에서 관객이 기억하고 가치를 두는, 매우 특별하고 잊기 힘든, 잠재적으로 삶을 변화시키는 상호주관적 순간이다.

다음의 발견들은 **자전 공연과 연극치료에 기반한 자전공연**의 비교 연구에 기반을 둔다. 전자는 연극과 퍼포먼스 분야에 속한 반면, 후자는 치료적 의도와 연극치료 훈련을 받은 연출자를 요하는 것으로 르네 에무나(2015)가 **자기계시적 공연**이라 명명한 것과 관련된다. 이는 후자의 경우 두 번째 단계에서 공연자와 연출자 사이에서 발생하는 퍼포머티브가 퍼포먼스 단계의 퍼포머티브에 반드시 선행되어야 함을 시사한다.

연극치료에 기반한 자전공연은 본질적으로 포스트모던하다. 공연자가 정체성에 관한 고민과 경험을 주관적으로 탐험하고, 과거의 기억을 되살리며, 인생 이야기를 재구성하여 관객에게 선보인다는 점에서 그렇다. 공연자는 지금까지의 경험을 재현하는 것과 그 순간 퍼포머티브의 자발적 전개 사이에서 균형을 취하려 노력한다. 에무나(2015)는 자기계시적 공연의 의도가 공연자의 심리적 자각을 높이고, 치료적 변화를 성취하며, 공연자와 관객 모두에게 새로운 뭔가를 드러내는 데 있다고 말한다. 에무나(1994)는 연극치료 과정에서 발생하고, 공연자가 당면한 이슈를 다루며, 강도 높은 감정적 표출과 위험을 감수하는 것을 포함한다는 점에서 자기계시적 공연과 그 밖의 자전 공연을 구분한다. 나는 그러나 연극치료에 기반한 자전공연이라는 용어를 더 선호한다. 그것이 자기계시적 공연이라는 말보다 연극치료 방법론의 사용을 강조하고, 그래서 광범한 퍼포먼스 연구 분야에 더 많은 정보를 주기 때문이다.

연극치료에 기반한 자전 공연은 사회적 연극과 연극치료 그리고 광범한 퍼포먼스 연구 사이에 위치한다. 제임스 톰슨과 리처드 셰크너(2004)는 사회적 연극을 '미학을 지배적 목표로 두지 않는 특별한 사회적 의제가 있는 연극'(p.12)이라고 정의하면서 사회적 연극의 네 영역을 언급한다. (a) 치유를 위한 연극 (b) 행동을 위한 연극 (c) 지역사회를 위한 연극 (d) 경험을 예술로 변형하기 위한 연극(p.15). 이 영역이 모두 **연극치료에 기반한 자전공연**과 밀접하게 관련된다. 정서적 표현과 인지적 이해의 균형점인 **미적 거리**는 (Landy, 1986) 연극치료와, 특히 **연극치료에 기반한 자전공연**의 치유 과정에서 핵심을 차지한다.

연극치료에 기반한 자전 공연은 또 연극치료에서 치료적 연극(therapeutic theater)의 일부이기도 하다. 스테픈 스노우는 치료적 연극을 치료적 의도와 목표를 위해 계발된 리허설 과정과 그 정점으로서의 퍼포먼스라고 설명한다. 치료적 연극을 위해서는 드라마에 숙련된 치료사나 연극치료사가 필요하다. 그것은 치료 집단의 사회적 영역을 넘어 지역사회에서 상연되며 상연 경험을 프로세싱하는 공연 후 활동으로 구성된다(Snow et al., 2003).

이 장에서는 자전 공연에서의 퍼포머티브를 세 수준에서 살펴본다. (a) **자전공연**을 자서전과 퍼포먼스 연구와 관련지어 개괄하고 중요한 개념을 언급한다. (b) 이스라엘의 네 참여자의 솔로 퍼포먼스를 비교하며 살펴본다. 그 중 둘은 자전공연이고 나머지는 연극치료에 기반한 자전공연이다. 상연 시점은 2007년부터 2012년까지로 각각 다르며, 모두 공연자가 대본을 쓰고 외부 연출자의 도움을 받아 제작되었다. 그리고 폭력과 희생의 숨겨진 경험에 목소리를 부여하려는 의도로 일반 대중에게 다양한 상황에서 공개되었다. (c) 결론에서 연극치료와 대니얼 스턴의 현재 순간 개념이 자전 공연의 이해에 미치는 영향을 검토한다.

포스트모던 퍼포먼스

20세기 중반 이후로 퍼포먼스는 사회적 연구와 인간성의 여러 분야에서 광범하게 연구되어왔다. 어빙 고프먼(1959)에게 퍼포먼스는 '참여자가 해당 상황에서 어떤 식으로든 다른 참여자들에게 영향을 미치려고 하는 행동들'이다(p.15). 세크너(2009)는 퍼포먼스를 일러 '거듭 행해지는 행위', 다시 말해 사람들이 그것을 위해 훈련하고 연습해서 하는 행동이라고 설명했다(p.28).

존 오스틴(2007)은 **퍼포머티브**를 '행동을 수행하는 것' 그러니까 뭔가 실질적인 행동을 행하는 것으로 정의하면서 퍼포머티브가 발생하기 위해서는 두 가지 조건이 충족되어야 한다고 말했다. (a) 누군가 그것을 들어야 한다. (b) 그 사람에 의해 이해되어야 한다. 그는 현실에 근거하지 않은 퍼포먼스는 가짜라 여겼다. 그러나 행위 예술에 관련된 이론가와 활동가 다수는, 퍼포밍 아트에서 공연자가 인생 경험을 양식화하여 관객과 소통하고, 때로 그것이 양자 모두에게 삶을 변화시키는 실질적인 영향을 미친다는 점에서 그의 의견에 반대한다(Butler, 1988; Dolan, 2005; Grotowski, 1986).

1960년대에 서양 연극은 서양 예술에 발맞춰 탈근대를 향한 **수행적 전환**을 경험했다(Fischer-Lichte, 2008). 연극적 사건은 더 이상 객관적인 예술 작품으로 창조되어 관객 앞에서 상연되는 스펙터클이 아니라 공연자와 관객 사이에서 발생하는 주관적 경험으로 인식되었다. 1960년대 이후로 연극에 대한 관심은 점차 본질적 진실을 향한 근대적 추구에서 포스트모더니즘의 '살아있는 경험'의 관점으로 전환되어왔다. **연극치료에 기반한 자전공연**은 1980년대 초반에 등장했다. 공연자의 인생 이야기를 재구성한다는 목표는 본질적으로 탈근대적이지만, 그럼에도 그것은 근대적 미학과 탈근대적 미학 사이에서 왔다 갔다 했다(Baily, 2009; Du Rand, 1992).

포스트모던한 퍼포먼스에서 퍼포먼스와 텍스트, 공연자와 상연된 것, 그리고 이상의 것과 관객을 분리하는 기존의 경계는 붕괴되고, 미학적인 것 대 사회적인 것, 미학적인 것 대 정치적인 것, 미학적인 것 대 윤리적인 것 등의 대안적 이분 체계가 등장한다(Fischer-Lichte, 2008). 많은 자전 공연과 연극치료에 기반한 자전 공연에서, 특히 공연자는 재구성된 인생 이야기와 같은 재현적 형식으로 돌아감으로써 모더니즘의 추상화를 넘어서고자 한다. 재현적 형식 혹은 **신보수주의적 입장**(Foster, 1984)이 여기서 소개하는 솔로 드라마의 특징이다.

자전적 내용은 사실이나 허구를 통해 자기의 파편들을 재조합하는 탈근대적 행동을 수행한다는 측면에서 자기를 상연하는 데 있어 핵심적이다. 필립 르준은 문학적 자서전이 개인의 인생사를 객관적으로 서술하는 것과 전혀 무관하며, 따라서 본질적으로 탈근대적이라는데 동의한다. 그는 이렇게 썼다.

> 자기에 관해 진실을 말하는 것, 자기를 완전한 주체로 구성하는 것은 환상에 불과하다. 자서전이란 사실상 불가능함에도 불구하고, 그것이 존재하는 것을 막을 방법은 없다(1989, p.131).

제니퍼 스테픈슨은 21세기의 자전 공연을 예외적으로 강렬한 정치 행위로 인식한다. 그녀는 '…수행적인 힘을 불러냄으로써, 개인의 정체성을 변화시키고 새로운 미래나 마법처럼 과거를 새롭게 쓰는 것이 가능해진다'(2013)고 쓴다. 그녀는 여성주의의 선구자인 주디스 버틀러(1993)와 같이, 동시대의 자전적 목소리가 지배 담론에서 배제된 채 가치 없는 것으로 묵살되어 온 여성의 이야기를 전하는데 유용하다고 말한다.

이 장에서 살펴볼 네 편의 솔로 퍼포먼스 역시 성적 학대, 가정 폭력과 체외수정 규약의 잠재적 침해성 등 공연자의 경험에 목소리를 부여하고 그것을 다시이야기한다. 공연자들(세 명의 여성과 남성 한 명)은 자신의 이야기를 대중과 공유하겠다는 확신을 뚜렷하게 표현했다(Rubin, 2010).

퍼포먼스

지금부터 살펴볼 네 편의 자전 공연은 2007년부터 2014년까지 이스라엘 일반 대중에게 30여 차례 상연되었다. 연극치료에 기반한 자전공연에서, 공연자와 연출자는 공연자의 정서적 과정과 미적 고려사항을 모두 중요하게 다루었다. 반면 자전공연에서는 준비단계에서 정서적 과정을 고려하지 않았다. 다음은 퍼포먼스에 대한 개괄적 소개다.

프슈타 : 벗겨진(2007~2012). 이 자전공연은 미키 펠렉-로슈타인이 쓰고 연기하고, 노먼 이사가 연출했다. 이스라엘 국립극단 배우인 미키는 '자신의 진실을 무대에 올리겠다고' 했지만 그것이 자

신의 실제 경험이 아님을 분명하게 밝혔다(Jacobson, R. 2006). 〈프슈타(Pshuta)〉에는 여러 가지 의미가 있다. 벌거벗겨진, 벗은 채 누운, 그냥 여자, 또 히브리어로는 바가지 긁는 아내를 뜻한다. 이 자전공연은 일곱 살 난 소녀 미라의 이야기를 들려준다. 미라의 계부는 태어난 후로 줄곧 미라를 성적으로 학대한다. 미라의 엄마는 소리를 듣지 못하며, 필사적으로 다른 남편을 찾다가 재혼하지만 다시 두 딸에게 의존한다. 텍스트는 현재 시제로 진행된다. 미라는 자신의 일기, 예술적으로 무대화된 성적 경험, 내면의 분노, 생존 전략, 거식증으로의 정서적 퇴행, 여러 차례의 입원과 정점에서의 응징을 관객과 공유한다.

위대한 비밀(2009~2012). 연극치료에 기반한 이 자전공연은 사이코드라마 연출자인 마야 볼츠만이 쓰고 연기하고, 연출가이자 연극치료사인 오스낫 쉬넥-요제프가 연출했다. 퍼포먼스는 근친상간과 자신의 얼어붙은 내면아이 미르타를 찾는 마야의 여정을 다룬다. 마야는 어린 시절에 아버지가 부에노스 아이레스의 약국 지하실에서 자신을 성적으로 학대한 이야기를 들려준다. 미르타는 기억을 잃고 사회적으로 고립되었으며 결국에는 문란해졌다. 그녀는 죽지 않았지만, 안데르센(1973)의 「눈의 여왕」에 나오는 아이처럼 오랫동안 얼어붙어 있었다.

퍼포먼스에서 마야는 자매들과 함께 어린 시절의 기억을 재구성한다. 아버지의 고혹적인 카리스마를 재현하고, 용기 내어 근친상간의 트라우마를 상징적으로 재연하며, 그 힘으로 미르타를 되찾아 현재로 데려와 환대한다.

슬픈 부족(2011~2014). 이것은 연극치료에 기반한 자전공연으로 배우이자 연극치료사인 알렉스 비네가르트가 쓰고 연기하고, 연출가 로샤 심소니가 연출했다. 이 작품은 이민과 아버지의 부재와 가정폭력으로 얼룩진 공연자의 어린 시절을 다룬다. 알렉스는 스토리텔러인 모세의 역할을 하는데, 극에서는 두 개의 이야기가 전개된다. 하나는 아버지 없이 이스라엘에서 이민을 온 꼬마 미샤의 것이다. 미샤는 계부에게 신체적이고 정서적인 학대를 당했지만 글쓰기에서 피난처를 찾았다. 두 번째는 미샤가 만든 동화로, 행복을 잃어버린 부족을 위해 추구의 여정에 나선 아프리카 청년 모투부의 이야기다. 알렉스 비네가르트는 줄거리를 극화한 장면과 무언의 폭력으로 가득한 마임과 침묵의 순간의 균형을 맞춘다.

Ⅳ 네 혹은 Ⅳ 아니오 : 임신 차트(2012~2014). 이것은 배우이자 피아니스트인 아이리스 하페즈가 쓰고 연기한 자전공연으로 연출가이자 연극치료사인 오스낫 쉬넥－요제프가 연출했다. 공연은 공연자가 체외수정 과정에서 경험한 고통과 정서적 혼란을 다루었다. 주인공 리아트 하임은 아직 태어나지 않은 아기 치치나에게 엄마가 되어가는 이야기를 들려준다. 체외수정 시술을 하면서, 그녀는 절차대로 순순히 협조하다가도 돌연 엄마가 되는 것에 대해 환멸을 느끼기를 반복한다. 이리스 하페즈는 체외수정 시술 규약의 실제 조항과 주인공이 경험하는 정서적 롤러코스터 사이에서 절묘하게 균형을 취하면서 피아노에 앉아 음악과 신체적 연극과 텍스트를 조합한 독특한 언어를 구사했다.

자전 공연 과정의 단계

다음 내용은 솔로 퍼포먼스를 한 사람들을 대상으로 한 심층 인터뷰와 공연 녹화본을 토대로 정리한 것이다. 사례들은 퍼포먼스

사이의 유사성과 차이점을 조명한다.

예비 단계

자전적 과정의 시작 곧 공연자가 종국에 자전 공연으로 귀결될 여정에 오르기로 결정하는 순간은, 일반적으로 준비 과정 이전에 일어나며 매우 개인적이고 내성적이다. 여기서는 네 편 중 세 경우에 텍스트를 쓰면서 개인적 과정이 시작되었다.

이리스 하파즈는 체외수정 지지 집단에 참여하면서 글을 쓰게 되었다고 말한다. 그녀는 사람들에게 '최악의 시나리오로 만약 시술로도 아기를 갖지 못하게 되면, 난 적어도 공연을 할 거예요'라고 말했다(개인적 소통, 08/26/2014; Abramson, 2012). 그리고 '… [첫 모임] 다음 날 아침에 첫 번째 독백을 쓰기 시작했어요. … 내 안에서 많은 것이 일깨워지면서 정말로 기쁘고 평안 했어요'라고 회상한다(같은 출처). 이스라엘의 연극학자이자 연출가 겸 비평가인 아미르 오리안이 예비 글쓰기 과정 내내 그녀의 멘토가 되어주었다.

미키 펠렉-로슈타인은 희곡을 쓰는 것이 '아주 사적이었다'고 말한다(개인적 소통, 12/23/2014). 그녀는 아들의 방에서 컴퓨터와 독대하여 고독하게 작업했고, '…나중에 [퍼포먼스에서] 어떤 일이 일어날지 몰랐고 관객을 상상하지도 않았다'고 분명하게 회상한다(같은 출처).

반면에 마야 볼츠만은 행동을 확정하고 연습하면서도 퍼포먼스가 결코 글로 정리되지 않을 것임을 알았다. 그녀는 자신이 텍스트를 잘 암기하지 못하는 이유를 외상 경험과 관련된 해리적 패턴에서 찾는다. '… 뭔가 써보려고 여러 번 노력했지만 허사였어요 … 많은 장면과 플래시백이 갑자기 끼어들었거든요'(개인적 소통,

12/17/2014).

준비 과정

연출자-공연자 동맹을 맺는 것이 준비 과정의 첫 단계다. 사례에서도 모두 파트너십 내에서 신뢰감을 경험하는 것이 핵심적이었다.

미키 펠렉-로슈타인은 처음에 연출자 없이 혼자 50분 버전의 공연을 만들었는데, 연극 레퍼토리 위원회에서 '지나치게 거칠다', '변덕스럽다'는 비평을 듣고 나서 외부에서 연출자를 찾기 시작했다(개인적 소통, 12/23/2014). 미키는 노만 이사와 협업을 시작하면서 적잖이 긴장했음을 떠올렸다. 그리고 자신이 극작가의 지위를 내려놓고 온전히 배우 역할에 몰입하고 나서야 연출자로서 이사의 선택을 신뢰할 수 있었다고 말했다(같은 출처).

로샤 심쇼니는 자신의 연출 작업을 연출가와 안무가와 **포커싱*** 파트너의 역할들 사이에서 춤을 추는 것에 비유했다. 덕분에 알렉스가 고심하는 변덕스러운 문제를 담아낼 수 있었고 두 사람 모두가 그 과정에서 가족에 대한 의식이 커지는 것을 경험했다(개인적 소통, 12/23/2014).

* 포커싱(focusing)은 삶 자체가 저절로 유기적으로 움직이게 되는 것을 목표로 자기 인식과 정서적 치유를 위해 자신의 몸에 집중하는 것을 말한다. 구체적인 방법으로는 신체 감각을 관찰하고 느껴 적절하게 명명하고, 거기서 떠오른 내면의 이미지와 이야기를 경청하여 그것이 주는 메시지를 긍정적으로 수용하기를 권한다. 그리고 이 과정을 함께 하며 돕는 이를 포커싱 파트너라고 한다.

전환점

네 명의 공연자와 연출자는 준비 과정에서 특정한 전환점을 관찰했다. 그것은 형식/언어의 출현, 무대화 과정에서 필요한 것 혹은 연출자–공연자 동맹의 강화를 통해 발생했다.

알렉스 비네가르트는 그가 체현한 다양한 역할을 표현하기 위해 신체 연극과 마임에 의지했다. 예를 들어 알렉스는 난민인 미샤 계부의 분노와 앙심을 시장에서 토마토 상자를 뒤엎거나 식구들 앞에서 거실의 어항을 부숴버리는 느린 동작의 마임으로 표현했다. 그러면서 폭력을 양식화하는 것이 맨 처음 퍼포먼스에서처럼 사실적으로 연기하는 것보다 관객에게 더 잘 받아들여진다는 것을 깨달았다(개인적 소통, 10/2012).

이리스 하파즈와 오스낫 셰넥–요제프는 〈Ⅳ 네 혹은 Ⅳ 아니오〉의 미학이 이리스의 양식화된 악기 연주와 신체 연극의 균형 잡힌 사용에 기본을 둔다는 데 동의했다(개인적 소통, 08/26/2014). 이리스는 앞뒤의 움직임으로 체외수정에 대한 감정을 극화하면서 아이러니와 빈정댐과 피아노에 대한 가슴 아픈 자기노출을 모두 표현했다.

마야 볼츠만과 오스낫 셰넥–요제프는 안데르센의 「눈의 여왕」을 기본 구조와 은유로 활용했다. 마야는 세 차례 반복되는 강간 장면에서 안데르센(1973)의 텍스트에서 영감 받은 대사를 말했다.

> 저기 하늘 어딘가 / 악한 영혼이 사는 곳에
> 무시무시한 거울이 산산조각이 났다 / 누구라도 그 거울을 보면
> 모든 게 뒤집어진 세상에 빠져 든다 / 선한 것은 악한 것이 되고

아름다움은 추함으로 변한다 / 소녀의 심장은 그렇게 차갑게 얼어붙어 선과 악을 구분할 수 없게 되었다

미키 펠렉-로슈타인은 첫 번째 리허설에서 노만 이사가 상상으로 모래 장난을 해보라고 했던 것을 기억한다. 그 아이 같은 은유는 나중에 깔때기 모양의 소도구로 확장되었다. 거기서는 공연 내내 모래가 뿜어져 나왔다. 모래는 시간, 물, 피, 정액을 상징했고 사람은 아니지만 무대에서 미키의 파트너가 되어주었다(개인적 소통, 12/23/2014).

오스낫 세넥-요제프는 자신의 작업이 특정한 사물 주변에서 이뤄지는 경향이 있음에 주목한다(개인적 소통, 12/17/2014). 〈위대한 비밀〉에서 그것은 1×2미터 크기의 소나무 탁자였다. 약국 카운터를 상징하는 탁자를 무대 중앙에 두고, 마야는 그 아래서 지하실 강간 장면을 극화했다. 그리고 거기에 기어오르고, 앉고, 올라서고, 위에서 춤을 추면서 미르타의 악화되는 분열적인 삶을 표현했다.

마야는 둘이 극적 은유 속에서 함께 지하실로 내려갔을 때 그리고 어린 시절의 트라우마를 처음으로 극화하는 동안 자신을 위해 곁에 있어주었을 때 오스낫에 대한 신뢰가 생겼다고 말한다(개인적 소통, 12/17/2014). 오스낫 또한 맨 처음 지하실 장면을 치료 과정의 중요한 단계로 꼽는다. 오스낫은 그때 외상후 경험 속에서 체현된 현존을 강렬하게 감각할 수 있었다고 말한다. '우리는 결정적인 지점에 도달했고 그 신체적 경험에 머물렀어요 … 일종의 안도감이 느껴졌지요. … 마야는 그 경험에 아주 깊이 들어가서 상당히 오래 숨이 막히기까지 했어요. … 그 깊은 곳에서 나는 내 속에 있

는 자신감을 끌어모아야 했어요. 그녀의 몸이 무엇을 해야 할지 알고 있고 결국에는 괜찮아질 거라고 되뇌었죠. … 마야는 결국 한 번도 가 본 적 없는 장소에 도달했어요.'(개인적 소통, 12/17/2014) 마야의 지하실 장면은 두 사람의 신뢰를 굳게 다져주었다. 그러나 더 중요한 것은 마야가 오스낫의 현존 속에서 미적 거리를 성취했다는 사실이다. 그녀는 더 이상 '위대한 비밀'과 혼자 남겨진 채 반복되는 플래시백과 그 밖의 압도적인 외상후스트레스장애 증상으로 고통 받지 않게 되었다. 지하실 장면의 극화는 고통과 다가오는 위험을 느낄 수 있게 해주었고 동시에 그녀의 트라우마를 의도적으로 재현할 수 있게 해주었다. 그리고 그를 통해 그녀의 경험은 명백하게 전달되고 변형되었다. 피해자에서 벗어나 근친상간의 생존자로서 강간 장면을 미학적으로 재현할 수 있었고, 나아가 준비 과정에서 마야가 성취한 미적 거리는 퍼포먼스에서 퍼포머티브의 순간을 경험할 수 있도록 했다.

퍼포먼스 단계

퍼포먼스에서 퍼포머티브의 순간은 흔히 연출자-공연자 동맹에서의 퍼포머티브한 순간으로 거슬러 올라간다. 예를 들어 <슬픈 부족>에서는 로샤 심쇼니가 자신의 미학적 판단과 다름에도 불구하고, 미석 거리를 확보하기 위해 스토리텔러인 모세의 역할을 확장하고 싶어 하는 알렉스의 욕구를 인정한 후에 비로소 퍼포머티브 순간이 성취되었다. 그것을 계기로 연출자-공연자 동맹과 관련된 이중의 초점, 곧 연극치료 과정과 미학적 고려가 하나의 프레임이 되었고, 로샤는 알렉스의 개인적 욕구가 퍼포먼스의 미학 내에서 충족될 것임을 믿을 수 있었다. 알렉스는 어른 모세의 관점에서 정서적으로 거리를 둔 상태에서 절정 장면의 분노와 다가오는 위험을 극화함으로써 다음의 퍼포머티브 순간을 위한 장을 마련했다.

알렉스, 배우가 서서 의자 주변을 돌다가 그 위로 올라간다. 그는 여정을 마치고 막 부족에게로 돌아온 모부투 역할을 입는다.

모부투 : 마을 사람들, 슬픈 부족의 사람들아(잠시 사이) … 내가 우리의 행복을 찾았어요. 나, 모부투가 잃어버린 행복을 발견했어요. 엄마, 아빠, 사랑하는 형제들아, 와서 내 손에 있는 걸 보세요(그는 주먹을 쥔 오른 손을 가리킨다).

모세(스토리텔러) : 그 순간 마을 사람들 모두가 모부투를 보기 위해 광장으로 모여들었습니다. 모부투는 손을 펼쳤고 사람들은(잠시 사이) … 그의 빈 손을 보았죠. (알렉스는 양 팔에 힘을 빼고 당황스러움과 실망을 표현한다). 그게 행복일까요? 그가 말한 행복은 무엇일까요? 모부투가 미친 걸까요?

[퍼포머티브 순간]

알렉스가 의자에서 내려와 관객에게 다가간다. 가까이 갈수록 목소리가 낮고 부드러워진다. 그는 진짜 미소를 짓는다. 관객 앞에서, 그 자신으로서, 그는 두 손을 내밀고 눈을 맞춘다. 알렉스는 크게 미소를 짓는다. 그것은 이내 킥킥거리는 웃음으로 변해 객석으로 옮겨간다. 관객은 환호하고 웃고 기립박수로 반응한다. 그것이 일 분 이상 지속된다.

〈IV 네 혹은 IV 아니오〉에서 퍼포머티브 순간은 리아트 하임이 유산한 아기 구쉬카일을 묻는 절정 장면 후에 발생한다. 공연자인 이리스는 산부인과 검진 자세로 앉는다. 그리고 리아트가 의사에게 솔직하게 묻는다. '선생님, 선생님은 정말로 자신이 하는 일을 믿나요. 아니면 내 환상과 다른 사람들의 기대를 이용해 돈을 벌려는 건가요?' 리아트는 일어서서 큰 소리로 말한다. '선생님, 난 가장 단순하고 뚜렷한 방식으로 내 몸을 믿어요.' 그리고 퍼포머티브 순간이 일어난 건 극중 인물인 리아트와 공연자인 이리스의 경계가 흐려지면서 이리스가 객석에 직접 말했을 때였다.

> 그래서 오늘 난 내가 딸이나 아들을 가질 수 있을지 고민하지 않아요
> 엄마가 되든지
> 아니면 그냥 아이를 가질 수 없는 여자로 남든지 …

넷 중 세 편에서, 공연을 마친 후 공연자가 관객과 대화를 나눌 때 퍼포머티브가 일어났다. 미키 펠렉-로슈타인은 일본 도쿄에서 있었던 일화를 기억한다. 그때 극장 꼭대기의 발코니에 앉은 한 여자가 아주 강렬한 목소리로 길게 이야기를 했는데, 그녀가 말을 마치자 통역자는 건조하게 말했다. '그녀도 같은 경험이 있대요.' 미키는 일어나서 그녀를 무대로 초대했고, 두 사람은 서로의 팔에 안겨 몇 분 동안 소리 내 울었다(개인적 소통, 12/3/2014).

토론

자전공연에서 퍼포머티브는 극적 행동의 결과로서 발생하는 공연자와 관객 모두를 위한 변형의 순간이다. 극적으로 말하자면, 퍼포머티브는 절정의 극적 재현에 뒤따르는 가슴 아픈 현존의 순

간이다. 그때 공연자는 관객 앞에서 역할로부터 나와 자기 자신으로서 현재에 있게 된다. 셰크너(2009)는 현존의 상태란 '… 인물에서 빠져나오는 것이다. 그것이 관객과 인격을 직접 소통하는 것을 방해하기 때문이다'라고 했다(p.232).

그 같은 순간을 만나기 위해서, 공연자는 준비 과정에서 점진적으로 자신의 인생 이야기를 재현하는 데 필요한 미적 형식에 접근한다. 준비 과정에서 성취된 미적 거리는 공연자의 개인적 과정을 지지하고, 자전적 표현과 관객을 상대로 한 소통을 정제한다. 또한 미적 거리는 퍼포먼스에서 퍼포머티브의 경험을 예비하는 것이기도 하다.

연극치료에 기반한 자전공연에서 연출자-공연자 동맹은 창조적 예술치료의 치료적 행동에 상응하며 그에 근거를 둔다(Johnson, 1998). 외현화-변형-내면화 과정은 트라우마를 겪은 공연자가 생존자의 역할을 내면화하기 시작할 때 발생한다. 내면화 과정은 공연자-관객 퍼포머티브에서 지속되면서 궁극적으로 성숙에 이를 수 있다. 예를 들어 마야 볼츠만은 그녀가 탁자에서 내려와 미르타를 되찾은 마지막 장면이 바뀌었고, 공연을 반복할 때마다 이전과 다르게 변형되었음을 회상한다. 극화를 통해 미르타를 수치로 여기던 비판적 시각이 공감과 애정 어린 재통합으로 완전히 바뀌었다(개인적 소통, 12/17/2014).

결론

이 장에서 자전공연과 연극치료에 기반한 자전공연의 여러 유사점들이 드러났다. 예비, 준비, 공연으로 이어지는 3단계 구조를 설명했고, 자전 공연에서 재현적 형식의 구축과 퍼포머티브의 자발적 전개 사이의 섬세한 균형을 검토했다. 또 퍼포머티브가 연출자-공연자 동맹에서 먼저 발생하는 것과 그것이 퍼포먼스에서 나타나는 퍼포머티브의 전조가 될 수 있음을 살펴보았다.

그러나 연극치료에 기반한 자전공연은 퍼포머티브와 관련하여 두 가지 측면에서 자전공연과 다르다. 첫째, 그것은 공연자-관객이 만날 수 있는 기회를 더 많이 제공한다. 둘째, 연극치료에 기반한 자전공연에서 공연자는 개인적 성장 과정과 관련이 있을 때만 퍼포먼스를 지속하도록 동기화된다. 그래서 마야 볼츠만은 고인이 된 아버지에게 연민을 표현하고 미르타를 현재로 충분히 통합한 후에는 〈위대한 비밀〉의 상연을 중단했다(개인적 소통, 12/17/2014). 다시 말해 연극치료에 기반한 자전공연의 이중 초점은 그것을 잠재적으로 더 통렬하고 삶을 변화시키는 경험으로 만들며, 자전공연에 비해 상연 기간을 단축하는 경향이 있다.

자전공연과 연극치료에 기반한 자전공연에서 퍼포머티브 순간의 발생과 그것이 두 형식의 치료적이고 연극적인 과정에 어떻게 기여하는지를 좀 더 연구할 필요가 있다. 두 형식의 목적은 서로 다르지만, 그 연구를 통해 퍼포머티브의 역동은 유사하다는 것이 관찰될 것이다.

참고문헌

Abramson, E. (2012). Instead of a child—After nine months a play was born (in Hebrew). *YNET*. Retrieved from http://www.ynet.co.il/articles/0,7340, L-4294770,00.html

Andersen, H. C. (1973). The snow queen. In *Andersen's fairy tales*(pp. 110-146). New York: Grosset & Dunlup Publishers.

Austin, J. L. (2007). How to do things with words: Lecture II. In H. Bial (Ed.), *The performance studies reader*(2nd ed., pp. 177-183). New York: Routledge.

Bailey, S. (2009). Performance in drama therapy. In D. R. Johnson & R. Emunah(Eds.), *Current approaches in drama therapy* (2nd ed., pp. 374-392). Springfield, IL: Charles C. Thomas Publishers.

Butler, J. (1988). Performative acts and gender constitution: An essay in phenomenology of feminist theory. *Theatre Journal, 40* (4), 519-531.

Butler, J. (1993). *Bodies that matter: On the discursive limits of 'Sex'*. New York: Routledge.

Dolan, J. (2005). *Utopia in performance: Finding hope at the theater*. Ann Arbor, MI: The University of Michigan Press.

Du Rand, L. (1992). Aesthetic and therapeutic inter-play in the creation of autobiographical theatre. *Arts in Psychotherapy, 19*, 209-218.

Emunah, R. (1994). *Acting for real: Drama therapy process, technique and performance*. New York: Brunner-Mazel.

Emunah, R. (2015). Self−revelatory performance: A form of drama therapy and theatre. *Drama Therapy Review, 1*(1), 71–85.

Fischer−Lichte, E. (2008). *The transformative power of performance: A new aesthetics*. New York: Routledge.

Foster, H. (1984). (Post)modern polemics. *New German Critique, 33*, 67–78.

Goffman, I. (1959). *The presentation of self in everyday life*. Garden City, NY: Doubleday.

Grotowski, J. (1986). *Towards a poor theatre*. London: Metheun.

Jacobson, R. (2006). Miki Peleg−Rothstein. *The British Theatre Guide*. Retrieved from http://www.britishtheatreguide.info/other resources/interviews/MikiPeleg−Rothstein.htm

Johnson, D. R. (1998). On the therapeutic action of the creative arts therapies: The psychodynamic model. *Arts in Psychotherapy, 25*(2), 85–99.

Landy, R. (1986). *Drama therapy: Concepts and practices*. Springfi eld, IL: C. C. Thomas.

Lejeune, P. (1989). *On autobiography*. Minneapolis: University of Minnesota Press.

Rubin, T. (2010). Ladies' circle: A circle that touches pain (in Hebrew). *Ze Asher*. Retrieved from http://www.matteasher.org.il/info/docs/iton/asher61all.pdf

Schechner, R. (2009). *Performance theory*. New York: Routledge.

Snow, S., D'Amico, M. & Tanguay, D. (2003). Therapeutic theatre and wellbeing. *Arts in Psychotherapy, 30*, 73–82.

Stephenson, J. (2013). *Performing autobiography: Contemporary Canadian drama*. Toronto: University of Toronto Press.

Stern, D. N. (2004). *The present moment in psychotherapy and everyday life*. New York: W.W. Norton.

Thompson, J. & Schechner, R. (2004). Why 'social theatre'? *The Drama Review, 48*(3), 11-16.

Tronick, E. Z. (1998). Dyadically expanded states of consciousness and the process of therapeutic change. *Infant Mental Health Journal, 19*(3), 290-299.

VIDEO RECORDINGS OF PERFORMANCES

Boltzmann, M. (Producer and Performer) & Schnek–Yosef, O. (Director). (2009). *The Great Secret* [DVD in Hebrew]. Israel: Personal collection.

Harpaz, I. (Producer and Performer) & Schnek–Yosef, O. (Director). (2014). *IV Yes or IV NO: A Fertility Chart* [Video File in Hebrew]. Retrieved from https://www.youtube.com/watch?v=y6BvUqdZZow&list=UUkZrceZ05bvqbp6fNaF2N0A

Peleg–Rothstein, M. (Performer) & Issa, N. (Director). (2007). *Denuded* [DVD in Hebrew]. Israel: Habima, National Theatre Archives.

Vinegart, A. (Producer and Performer) & Shimshoni, L. (Director). (2012). *The Sad Tribe* [DVD in Hebrew]. Israel: The Israel Goor Theatre Archives and Museum at the Hebrew University of Jerusalem.

12

치료적 자전공연에 대한 예술 기반 연구의 해석학적 방법론

드류 버드

나는 공연자, 연구자, 연극치료사로서 **치료적 자전공연**의 예술 기반 연구를 위해 클라크 무스타카스 해석학적 방법론의 여섯 단계를 참고한 틀을 제시하려고 한다. 그것은 연극치료 연구에서 공연과 연극적 예술 형식의 중심성을 지지한다. 예술치료 분야의 연구는 흔히 글을 사용하는 지배적 접근법에 의존하며, 예술적 연구와 본격적인 연구를 별개로 보는 경우가 종종 있다(McNiff, 2013, p.4). 그러나 예술치료사는 예술가의 정체성을 잃지 않는 것이 중요하다. 연극 예술은 예술가로서 연극치료사의 역량을 강화할 수 있으며 글이 지배하는 연구의 관행을 전복할 수 있다.

그 틀은 솔로 퍼포먼스와 자전적 내용의 전문적 계발을 조합하며, 예술가이자 연구자로서의 공연자, 자전적이고 치료적인 경험

D. Bird, MA, BSc.(Hons). PGCert. HE (✉)
College of Health and Social Care, University of Derby, Derby, UK
e-mail: D.P.Bird@derby.ac.uk

을 은유로 다루기, 공연자와 관객의 관계를 핵심 주제로 탐험한다. 자전적 내용을 탐험함으로써, 개인적 경험이 치료 관계에 어떤 영향을 미치는지를 더 잘 알게 되는 것이다. 치료적 자전공연과 연극 이론을 사용한 질적 연구는 공연이 친밀한 관계 형성을 방해하는 것을 어떻게 탐험할 수 있는지 그리고 그 역동에서 공연이 왜 중요한지를 조명할 것이다(Kumiega, 1987; Winnicott, 2005).

이 장에서 제안하는 틀은 예술가와 연구자와 치료사의 역할을 종합한다. 그것은 예술가, 연구자, 교사의 역할을 인식하는 연구 방법론인 아토그라피(a/r/togaphy)*와 공명한다(Irwin, 2004). 아토그라피는 '질문에 대한 답을 추구하거나 결론에 이르는 선형적 과정을 제공하지 않고', 다만 적극적 참여와 더 깊은 이해의 지속적인 과정이며(Kalin, Lewis & Steinecker, 2009, pp.12~13), 본질적으로 해석학적 방법론이라 할 수 있다.

해석학적 연구는 인간의 경험과 의미를 찾고자 하는 질적 연구 접근법으로, 측정이 주관심사인 양적 연구와 구별된다(Moustakas, 1994). 질적 연구는 지식이 의미와 사회적 세계에 대한 사람들의 주관적 해석으로부터 창조된다는 관점을 견지한다(Matthew & Ross, 2010). 해석학적 방법론을 밝힌 무스타카스는(1990)는 해석이라는 단어의 그리스 어원 'heuriskein'이 '찾아내다' 혹은 '발견하다'를 의미한다고 한다. 해석학적 방법론의 구조는 연극치료에서 사용하는 이야기라는 그릇에 공명한다. 이야기는 자유롭고 유희적이며 창

* 아토그라피는 예술가(artist), 연구자(researcher), 교사(teacher)의 머리글자와 글쓰기를 뜻하는 graphy의 합성어로, 그 다중적 정체성 사이에서의 경험을 자신의 이야기로 표현하는 과정에서 개인과 사회, 예술과 교육에 대한 새로운 이해를 생산하고자 하는 예술기반 연구의 한 형태다.

조적인 탐험을 허용한다. 해석학적 연구는 예술가, 연구자, 치료사가 혼돈을 담아낼 수 있도록 돕지만 그와 동시에 틀 안에서 실험을 허용할 수 있을 만큼 충분히 유연하기도 하다(Trimingham, 2002).

해석학적 연구는 '연구자의 연루됨을 뚜렷하게 인식하며, 심지어 연구자의 살아있는 경험을 연구의 초점으로 삼기도 한다'(Hiles, 2001, p.3). 또한 연구에 참여자들을 포함시킴으로써 '유아론, 자기몰두, 편벽한 시야, 나르시시즘의 혐의를 피해갈 수 있다'(Etherington, 2004, p.31). 공동연구자로 간주되는 참여자의 개입은 연구를 통해 '더 깊고 풍부하고 근본적이고 다양한 의미를 성취'하는 데 도움이 된다(Haertl, 2014; Moustakas, 1990, p.47). 연구자의 경험은 절대 혼자만의 것이 아니다(Etherington, 2004).

무스타카스(1990)는 해석학적 연구란 개인의 경험을 이해하고자 하는 욕망으로, 조명이 필요한 질문을 찾아내는 것이라고 말한다. 그는 또 '현상과의 대화'에 들어가는 것 그리고 '경험의 모든 양상에 열린 수용적 태도'의 중요성을 강조했다(p.16). 예술기반 연구는 몸의 감각과 경험의 대화에 사용될 수 있으며, 그럼으로써 말로만 소통하지 않고, 몸의 기억과 그 밖의 감각적 양상에 열려있다(Panhofer, Payne, Meekums & Parke, 2011). 암묵적 이해가 자기의 숨겨진 양상을 드러내면서 '해석학적 발견을 특징짓는 예감과 모호하고 무정형한 통찰을 낳는다'(Douglass & Moustakas, 1985, p.49)

우리는 직관을 사용함으로써 경험에 대한 더 큰 이해를 생산하는 단서나 패턴을 찾아낸다. 호기심은 예술가의 노력을 추동한다. 극적 예술에서 공연자는 인물의 동기를 더 정확히 파악하고자 하며, 피상적 경험의 표면 아래를 이해하고 싶어 한다. 감정과 경험과 감각에 형식을 부여하는 것은 경험을 객관화하며, 그로써 지나치게 내면에 몰두하는 위험을 줄여준다(Franklin, 2013). 무스타카스(1990)에 따르면, 초점을 맞추기 위해서는 '마음속을 청소하는 것'이 필요하다. 그래야만 '이완되고 수용적인 상태'에서 생각에 접촉함으로써 명료함을 성취할 수 있다(p.25). 신체 감각이나 생각에 초점을 맞추거나 경험을 살펴보면서, 개인은 일상의 경험을 넘어선다(Douglass & Moustakas, p.1985).

에더링턴(2004)은 연구자의 자각 여부와 관계없이, 연구 주제는 흔히 연구자에게 개인적 의미를 가진다고 말한다. 참조의 내적 체계는 개인의 경험, 인식, 생각, 감정, 감각에 영향을 받으며(Moustakas, 1990, p.26), 개인의 자각은 이런 방식으로 인간 경험과 해석의 편만함에 열려있다. 공연의 틀 내에서 공동연구자(연출자, 수퍼바이저, 관객의 역할로)의 참여는 개인의 경험을 조명하는 데 유용하다. 이는 수퍼바이저가 치료사의 경험을 비추어 줌으로써 자각을 고양시키는(Smith & Bird, 2014) 수퍼비전과도 비슷하다.

나는 해석학적 방법론이 치료적 자전공연에 대한 예술기반 연구의 훌륭한 바탕이라 믿는다. 무스타카스(1990)가 정리한 해석학적 연구의 여섯 단계는 예술적 연구, 자전공연, 치료사로서의 개인적이고 전문적 과정에 방법론으로 적용될 것이다. 무스타카스의 단계는 다음과 같다. (1) 최초의 개입 (2) 몰입 (3) 잠복기 (4) 조명 (5) 전개 (6) 창조적 종합. 해석학적 연구가 '반드시 선형적 과정일 필요가 없다는 것 그리고 엄격한 체계를 구성하지 않는다는 것'을 아는 것은 중요하다. 따라서 언제라도 다른 단계로 옮겨 다닐 수 있다(West, 2001, p.129). 무스타카스의 여섯 단계는 해석학적 연구의 특징뿐 아니라 그것이 치료 과정과 치료적 연극에 어떻게 공명하는지를 분명하게 보여줄 것이다. 하지만 그것을 기계적으로 적용해서는 안 된다.

치료적 자전공연의 사례

무스타카스의 여섯 단계를 적용함에 있어, 작업 일지를 바탕으로 나의 치료적 자전공연을 분석하려고 한다. 프시케와 큐피드 신화를 부재와 소외의 관점에서 표현한 공연의 제목은 〈신의 장난감(The god's play thing)〉이다. 솔로 퍼포머로서, 나는 빈 무대에서 보이지 않는 인물과 마주하여, 모든 상상력을 동원해 공연이 망하지 않도록 해야 했다. 공연은 실패와 성공 사이에서 아슬아슬하게 줄타기를 했고, 관객 역시 거기에 참여했다. 첫 번째 공연은 2014년 11월 맨체스터에 있는 중간 크기의 빈 무대에서 창조적 예술치료사와 친구들 10명의 친밀한 관객 앞에서 이뤄졌다.

최초의 개입

셀라-스미스(2002)는 연구 주제가 열정적인 관심사나 연구자에게 불편감을 불러일으키는 것일 필요가 있다고 말한다. 놀이는 자전적 내용과 무의식적 경험을 성찰할 수 있는 열정적인 관심사의 뚜껑을 여는 데 도움이 된다. 놀기, 창안하기, 즉흥극은 잠자는 경험을 일깨울 수 있다.

공연은 빈 무대에 서 있는 한 남자의 이미지에서 시작했다.

> 그 이미지는 뭔가 중요한 의미가 있다고 내게 소리쳤다. 고립은 자전적이고 치료적인 가치가 잠재된 열정적이고 실존적인 관심사로서 공명했다. 기대에 찬 관객 앞에서 빈 무대에 서는 것은 정말 도

전이었다. 분명히 일정 정도의 불편감이 있었고, 그게 어쩌면 아플 만큼이었을 수도 있다. 그 불편감은 내가 무대에 들어가면서, 소도구와 다른 인물들이 사라진 것에 낙담하는 것으로 극화된다. 이야기를 혼자서 끌어가도록 남겨진 상태에서, 나는 관객에게 사과를 한다. 그들 중 일부는 그것을 비극적으로 받아들일 거라는 걸 알면서 말이다. 버림받은 도전적인 조건에도 불구하고, 나는 관객에게 혼자서 드라마를 이끌어가겠노라고 약속한다.

일종의 책임감이 진짜로 느껴지고 두렵다. 산꼭대기에 버려진 채 나무에 묶여 있어 곧 괴물에 잡아먹힐 듯한 프시케의 이미지가 연구의 첫 단계에서 강하게 나를 사로잡았다.

해석학적 접근법은 위험 감수와 실험과 발견뿐 아니라 '혼돈이나 예측불가능한 상황을 기꺼이 견뎌내는 것'을 요구한다는 점에서 예술기반의 연구와 공명한다(Kossak, 2013, p.21). 그것은 본능에 따라 생각을 멈추고 무의식의 충동에 승복하여 두려움을 가지고 놀기를 독려한다(Sela-Smith, 2002). 해석학적 연구자로서 예술가의 개념은 신비감과 진실이 떠오를 가능성을 유지함으로써 암묵적인 차원을 적극적으로 유지한다.

몰입

이것은 연구자가 의식적이고 무의식적인 상태에서 날마다 '질문'을 사는 단계를 말한다. 연구자는 과정에 전적으로 빠져든다(Sela-Smith, 2002).

나는 고립과 유기의 개념을 탐험하고 싶었다. 무대에서 대사를 잊어버리는 무서운 꿈을 반복적으로 꾸고 있다. 자전적 드라마에서 나는 기대에 찬 관객이 보는 가운데 변심한 연인에게 교회 앞에 버려졌다. 나는 그 장면을 몇 번이고 되풀이해서 연습한다. 관객은 일제히 나를 보며 대답을 원한다. 나는 허둥대며 말을 하려고 애쓰지만 아무 말도 못한 채 얼어붙는다. 땀을 흘린다. 고립의 주제는 나무에 묶인 채 버림받은 프시케를 상상했을 때도 나타난다. 그 이미지는 십자가에 달린 예수와 그의 마지막 눈물과 신에게 버림받는 고통을 연상시킨다. 나는 어둡고 춥고 황량한 풍경 속에 버려진 프시케를 반복하면서 장면에 더 깊이 몰입한다.

프시케가 자신의 운명을 마주하고 흥분/공포에 떠는 구체적인 행동에 초점을 맞추면서 장면이 더욱 강렬해졌다. 차가운 손, 동상과 손의 상처가 나를 이끌어 작품의 의미를 만나게 해주었다.

극적 은유는 그 자체로 연구와 발견의 계기를 이룬다. 은유는 정적이지 않으며 그 의미는 여러 차례 재해석될 수 있다. 깊은 몰입은 몸, 곧 감각과 감정에 사는 것을 포함하며, 계발 과정에서 디테일을 끌어내고 실재감을 부여하는 데 도움이 된다. 해석학적 연구자는 개인의 경험과 지식의 한계를 넘어서고자, 인식의 통상적 경계를 넘어 의식을 확장하고자 노력한다.

잠복기

무스타카스는 이 단계를 '내면의 암묵적 차원이 충분한 가능성에 도달할 수 있도록' 현상으로부터 물러나는 시기로 설명했다 (1990, p.28). 누구도 발견을 강제할 수 없으며, 오히려 그것은 연구의 강도 혹은 연구자가 발견에 요구되는 조건을 충족하기 위한 예술적 노력을 내려놓음으로써 가능해진다(Djuraskovic & Arthur, 2010; Polyani, 1964).

치료적 자전공연을 만드는 과정에서, 암묵적 차원의 활성화와 새로운 발견은 리허설 사이에서 드러날 수 있다. 브룩은 '그저 기다리는 것이 중요하다 … 우연처럼 저절로 문이 열린다'고 말했다(1999, p.114). 잠정적 철수를 통해 경험의 새로운 차원이 계획 없이 열리는 것이다.

> 나무에 묶인 프시케를 연기하면서 내가 언제나 무대 왼쪽을 바라보았다는 사실을 알아차렸다. 나는 그녀가 무서워하지 않고 괴물이 오기를 기대하는 것을 상상했다. 그리고 차를 한 잔 마시면서 또 다른 의미가 떠올랐다. 만약 프시케가 관객을 바라보는 걸 두려워한다면 어쩌지? 관객이 괴물이고 프시케가 자신의 공포를 직면하고 싶어 하지 않는 거라면? 드라마에서 프시케는 열성적인 희생 제물이었으며 죽음을 두려워하지 않았다. 그러나 드라마를 위한 아이디어와 내가 극적 순간을 몸으로 겪는 것 사이에는 차이가 있었다. 관객이 나의 두려움을 상징한다는 깨달음은 마지막 공연에서야 비로소 핵심으로 드러났다.

즉흥극은 일상 세계와 이야기의 경계를 모두 밀어붙이며, 우리는 거기서 통찰을 발견하고 새로운 작업을 일구어낸다. 신화에 내재한 극적 은유를 사용하는 것은 자기로부터 시선을 돌려 허구에 내포된 다중적인 해석의 가능성을 열어준다. 자기를 제어하는 신념을 넘어 무의식에 열린 채로 상상의 세계를 자유롭게 돌아다니는 것이다.

조명

무스타카스는 참여자가 '암묵적 지식과 직관에 열려있고 수용적'일 때 일어나는 각성이나 돌파의 순간을 조명이라 말한다(1990, p.29). 먼저 행동하고 나중에 생각하는 것이 암묵적 차원을 활성화한다. 유희적인 상태에서 혼돈에 머무는 것이 정적인 연극에 맞서 살아있는 연극을 보장해준다. 계발 과정에서 조명은 연결을 강제하지 않은 채 과정을 신뢰할 것을 요구한다. 공동연구자들의 피드백은 공연의 여러 양상을 강화한다. 나의 연출자인 연극치료사 카티 토저는 내가 자전공연을 계발하는 데 예술과 치료 양면에서 도움을 주었다. 그녀는 결혼식 장면 중 한 부분에서 느낀 슬픔을 얘기해주었다. 나는 그 피드백에 적잖이 놀랐다. 나는 그 장면과 화려하게 차려입은 기대에 찬 손님들과의 역동을 더 알아보고 싶었다.

> 신랑이 침묵에 잠긴다. 관객은 설명을 원한다. 신부는 어디에 있나? 신랑이 얼어붙는다. 그는 움직이지 못한다. 침묵 속에서 관객/결혼식 하객은 모두 나를 뚫어져라 바라보고, 그것이 실망과 충족되지 않은 기대를 불러낸다. 그리고 조명 - 이것이 내 수치심인가?

연출자는 이 장면에서 내가 직접적으로 경험하지 않은 슬픔을 알아챌 수 있었다. 그 결정적인 피드백이 과정을 계발하는 데 있어 객관성을 유지하도록 도와주었다.

나는 내 경험이 관객에게 보편적 울림을 갖는지 탐험하고 싶었고, 그래서 공연 후에 일부 관객에게 이메일로 관극 경험에 대한 피드백을 요청했다. 처음에는 관객이 내게 공감하기를 거부하지 않을까 걱정했지만, 용기 내어 관객이 공연과 연결되었는지를 확인하는 모험을 했다.

> 한 관객이 공연자와 관객 사이에 창조된 친밀성과 헐벗은 무대를 언급했다. 그것이 나의 취약함을 강조했고, 그래서 자신이 공연에 연결되는 것을 촉진했다고. 나는 평소에 연극치료사로서 왜 가면 등으로 나를 자꾸만 감추는지 궁금했다. 하지만 공연에서는 본능적으로 소도구, 조명, 의상은 물론 무대 배경조차 쓰지 않았다. 숨을 곳이 전혀 없다는 그 불편감을 가지고 놀고 싶었다. 그런데 관객의 피드백이 내가 감수한 위험을 지지해주었다.

나는 내게 성취나 지위 뒤에 숨으려는 경향이 있고 그것이 친밀함에 방해가 된다는 것을 차츰 깨달았다. 아마도 내가 치료사에게 요구되는 종류의 친밀함을 가질 수 있을지 의심했던 것 같다. 배경이나 소도구 없이 노출된 느낌이 들었지만 다른 한편으로는 관객과 특별한 방식으로 연결되어 있고 해방된 느낌도 들었다. 나는 클락슨(2003)이 말한 인간 대 인간 연결, 치료적 역동 속에서 치료사와 참여자가 각자의 역할을 초월하여 만나는 순간을 상상했다.

자신의 습관을 자각힘으로써 공연자는 더 깊고 의미 있는 관계 역동에 들어갈 수 있다. 빈 무대는 나의 두려움을 극적으로 강화하고 조명함으로써 자각을 고양하고 새로운 개인적 서사를 창조하도록 도와주었다(Bird, 2010).

전개

이 단계에서 중요한 양상은 핵심 주제를 찾아내는 것이다. 자전 공연에서 특정한 순간들을 탐험함으로써(예를 들어 몸짓이나 감각에 초점을 맞추는 식으로) 치료적 가능성을 가진 주제가 강화되었다. 이렇게 초점을 맞추는 것은 '경험의 끝없는 가는 끈'을 붙들고 더 깊이 파내려가는 그로토프스키의 작업과 공명한다(Mitter, 1992, p.133).

나는 프시케의 손목에 끈으로 묶인 자국이 있는 것을 알아차렸다. 주근깨가 있는 손과 짧게 깎은 깨끗한 손톱을 자세히 들여다보았다. 그녀는 가장 깨끗한 손을 괴물에게 보여주고 싶었다. 그녀의 손가락에 귀한 반지를 낀 자국이 있었다. 나는 운명을 핑계로 그녀를 산꼭대기에 데려다놓은 사람들이 그 반지들을 가져갔는지 알고 싶었다. 그들은 특히 커다란 에메랄드 반지를 두고 다투었다. 나는 프시케로서 장신구가 없는 맨손을 관객과 공유한다. 그 손은 평범하고 아무런 걸치레도 없다. 반지 자국이 처음에는 과거의 상처로 보였지만, 나중에는 손을 새로운 이야기에 속한 것으로 변형했다.

이 전개 과정은 내가 장면을 다른 방식으로 해석하고 질문을 던질 수 있게 함으로써 새로운 주제를 조명했다. 과정에 몰입하면서 신화와 개인적 과거의 깊은 원천과 다른 장소들로부터, 이야기의 대략적인 줄거리를 뛰어넘는 디테일을 발견하게 되었다.

창조적 종합

창조적 종합은 경험의 정확한 표현을 돕는 주제와 의미를 통합하는 마지막 단계다(Moustakas, 1990). 몸을 사용해 장면을 연기하면서 세부적인 기억들이 떠올랐다. 연출자는 '장면을 좀 더 신체적으로 만듭시다. 무대에 혼자 있는 불안을 더 뚜렷하게 과장하고 불편한 느낌에 더 오래 머물러 봅시다'라고 제안했다.

> 나는 드라마를 저버린 다른 인물들을 찾아 앞뒤로 움직이면서 다시 버려짐의 아이디어를 탐험했다. 혼자인 것에 대한 불안, 어색함, 당황스러움을 가지고 놀았다. 무슨 말을 해야 할지 뭘 해야 할지 몰라 침묵이 길게 이어졌다. 나는 사람들이 모두 나를 바라보는 데 익숙하지 않았지만, 관객이 프시케를 보는 것은 너무 당연하다. 원맨쇼를 하려는 게 아니었는데, 그러나 결국 관객을 대면해야 했고 내가 지려하는 책임을 마주보아야 했다. 혼자서 프시케와 큐피드의 이야기를 해야만 했다. 아무도 나를 구해주러 오지 않을 것이었다.

이 순간이 책임지는 것이 뭔지를 알려준 결정적인 몇몇 사건들 중 첫 번째였다. 나를 버린 나머지 인물들을 비난하는 게 훨씬 쉬웠겠지만, 내가 이야기에 대한 책임을 질 필요가 있었다. 연출자의 피드백은 경험에 대화를 가져왔고, 불편함을 더 자각하도록 도왔으며, 내 경험을 인정해 주었다. 우리는 공동연구자일 뿐 아니라 공동창조자였다. 유희적인 협업을 통해서 우리는 주제가 좀 더 명료한 울림을 갖도록 강조함으로써 창조적 종합과 연극적 아이디어의 수정을 지속할 수 있었다(Heilpern, 1999). 자전 공연은 내가 내 경험에 대한 통제를 포기하고 '떠오르는 것의 놀라움을 따라갈 수 있도록' 도와주었다(Levine, 2013, p.21). 연출자의 피드백은 기존의 아이디어를 내려놓고 다른 것을 취할 수 있도록 독려해주었다.

종합은 참여자에 대한 가설을 지나치게 꽉 붙들고 있는 것처럼 치료 작업에서 관찰되는 내 습관을 알아차리게 해주었다. 해석학적 과정은 우리가 탐험을 지속하면서 하나의 발견을 그 다음 발견이 드러날 때까지 가볍게 쥐고 있도록 도와주는 방법론이다. 무스타카스는 이 탐험에서 종점이란 있을 수 없으며, 생이 지속되는 한 탐험도 지속된다고 보았다(Moustakas & Moustakas, 2004).

결론

이 장은 해석학적 연구의 핵심 개념을 살펴보고 해석학적 방법론의 여섯 단계가 치료적 자전공연에 대한 예술기반 연구에 어떻게 적용될 수 있는지를 살펴보았다. 발견의 과정을 강화하는 참여자, 연출자, 슈퍼바이저, 관객의 피드백의 중요성을 강조했으며, 공연을 계발하는 과정에서 작성한 작업일지를 통해 예를 보였다. 이 단계는 엄격하지 않으며 치료적 자전공연에 대해 성찰할 때 가이드라인으로 활용하면 적당할 것이다. 이 대단치 않은 이야기가 예술가, 연구자, 치료사로서 자기의 양상을 조명하고자 하는 분들에게 도움이 되기를 바란다.

참고문헌

Bird, D. (2010). The power of a new story: The bigger picture. *Dramatherapy, 31*, 10-14.

Brook, P. (1999). *Threads of time: A memoir*. London: Methuen.

Clarkson, P. (2003). *The therapeutic relationship*(2nd ed.). London: Whurr.

Djuraskovic, I., & Arthur, N. (2010). Heuristic inquiry: A personal journey of acculturation and identity reconstruction. *Qualitative Report, 15*, 1569-1593.

Douglass, B. G., & Moustakas, C. (1985). Heuristic inquiry: The internal search to know. *Journal of Humanistic Psychology, 25*, 39-55.

Etherington, K. (2004). *Becoming a reflexive researcher—Using our selves in research*. London: Jessica Kingsley.

Franklin, M. A. (2013). Know thyself: Awakening self-referential awareness through art-based research. In S. McNiff (Ed.), *Art as research: Opportunities and challenges*(pp. 85-94). Chicago: Intellect.

Haertl, K. (2014). Writing and the development of the self-heuristic inquiry: A unique way of exploring the power of the written word. *Journal of Poetry Therapy, 27*, 55-68.

Heilpern, J. (1999). *Conference of the birds: The story of Peter Brook in Africa*. London: Routledge.

Hiles, D. (2001). *Heuristic inquiry and transpersonal research*. In

CCPE
Conference, London, UK. October 2001. Accessed August 26, 2015, from http://psy.dmu.ac.uk/drhiles/HIpaper.htm

Irwin, R. L. (2004). A/r/tography: A metonymic metissage. In R. L. Irwin & A. de Cosson (Eds.), *A/r/tography: Rendering self through arts based living inquiry*(pp. 27-40). Vancouver, BC: Pacifi c Educational Press.

Kalin, N., Lewis, L., & Steinecker, D. (2009). *Exploring the landscapes or arts based educational research*. Paper presented at the National Art Educational Association Annual Convention (Research Division), Minneapolis, MN. Kossak, M. (2013). Art-based enquiry: It is what we do! In S. McNiff (Ed.), Art *as research: Opportunities and challenges* (pp. 19-27). Chicago: Intellect.

Kumiega, J. (1987). *The theatre of Grotowski*. London: Methuen.

Levine, S. (2013). Expecting the unexpected: Improvisation in art-based research. In S. McNiff (Ed.), *Art as research: Opportunities and challenges*(pp. 125-132). Chicago: Intellect.

Matthews, B., & Ross, L. (2010). *Research methods: A practical guide for the social sciences*. Harlow, UK: Pearson Education Ltd.

McNiff, S. (2013). Opportunities and challenges in art based research. In S. McNiff(Ed.), *Art as research: Opportunities and challenges*(pp. 3-9). Chicago: Intellect.

Mitter, S. (1992). *Systems of rehearsal: Stanislavsky, Brecht, Grotowski, and Brook*. London: Routledge.

Moustakas, C. (1990). *Heuristic research: Design, methodology, and applications*. London: Sage.

Moustakas, C. (1994). *Phenomenological research methods*.

Thousand Oaks, CA & London: Sage.

Moustakas, C. E., & Moustakas, K. (2004). *Loneliness, creativity and love: Awakening meaning in life*. New York: Xlibris.

Panhofer, H., Payne, H., Meekums, B. & Parke, T. (2011). Dancing, moving and writing in clinical supervision? Employing embodied practices in psychotherapy supervision. *Arts in Psychotherapy*, *38*, 9-16.

Polyani, M. (1964). *Science, faith and society*. Chicago: University of Chicago Press.

Sela-Smith, S. (2002). Heuristic research: A review and critique of Moustakas' method. *Journal of Humanistic Psychology*, *42*, 53-88.

Smith, M. E. & Bird, D. (2014). Fairy tales, landscapes and metaphor in supervision: An exploratory study. *Counseling and Psychotherapy Research: Linking Research with Practice*, *14*, 2-9.

Trimingham, M. (2002). A methodology for practice as research. *Studies in Theatre and Performance*, *22*, 54-60.

West, W. (2001). Beyond grounded research: The use of a heuristic approach to qualitative research. *Counseling and Psychotherapy Research*, *1*, 126-131.

Winnicott, D. W. (2005). *Playing and reality*. London: Routledge.

13

연극치료 교육과정의 자전 공연에 대한 회고적 연구

디티 독터와 알리다 거시

영국 연극치료 교육과정의 자전공연의 역사

1986년 이후로 세 군데 영국 연극치료사 교육 과정에서 학생들이 자전 공연을 제작하여 동료와 다른 대학의 학생, 스태프, 수퍼바이저와 손님들로 이뤄진 관객 앞에서 상연하도록 해왔다. 그 같은 결정이 어떻게 시작되었는지를 짚어본 후, 우리는 자전 공연에 참여한 연극치료사의 기억을 수집해 살펴보았다. 그중에는 20년 전에 자전공연을 한 경우도 있었다. 여기 인용된 것은 그 경험을 술회한 연극치료사의 표현을 그대로 살렸으며, 연극치료의 연구

D. Dokter, PhD (✉)
Anglia Ruskin University, Cambridge, UK
e-mail: dittydokter@googlemail.com

A. Gersie, PhD
Independent Researcher and Organization Consultant, London, UK
e-mail: alidasg@icloud.com

와 실천을 위해 의미 있는 것을 강조했다.

1980년대 중반, 허트포쉬어 예술디자인 학교의 강사들이 처음으로 학생들에게 자전 공연을 제작해 상연하도록 했다. 현재는 연극치료와 관련한 영국의 석사과정이 모두 교수학습 전략의 일환으로 학생이 만든 공연을 정규 교과과정에 포함하며, 그중 두 군데는 특히 공연의 자전적 초점을 강조한다. 이제부터 영국 연극치료 교육과정에서 그 같은 '자기의 연극'을 시행하게 된 배경을 설명할 것이다. 그리고 15명의 연극치료사가 자전 공연에 대해 글과 말로 술회한 기록을 주제별로 분석한 다음 지금의 연극치료와 관련하여 주목할 만한 것을 조명할 것이다.

초기에 세인트 알반/햇필드(1977~1983)의 파트-타임 연극치료 교육과정에서는 학생들에게 임상 이론과 실습, 드라마/연극 과정, 연극치료 훈련 집단, 포괄적 주제의 개인과 집단 공연을 제공했다. 이 공연은 동료 학생과 강사들에게만 공개되었다. 그런데 1982년에 그 과정이 국가학술협의회(CNAA)가 시행하는 대학원 수준의 비준 심사에서 탈락했고, 그로 인해 과정 운영을 위한 자금 지원, 장학금 지원, 연극치료사의 임금 지급 기준 상승이 모두 동결되는 엄청난 타격을 입었다. 연극치료에 기반한 공연을 교육적 관점에서 설명하지 않은 탓에 국가학술협의회 패널들에게 연극치료가 이미 자리 잡은 교육연극, 지역사회 연극, 사이코드라마 등의 새로운 유행에 불과하다는 인상을 주었던 것이다. 그들은 또한 연극치료적 공연이 실험 연극과 지역사회 연극의 최근 동향을 고려하지 못했다는 데 주목했다.

당시의 실험연극과 지역사회 연극은 독백적이고 정치적인 방향으로 선회했다. 예를 들어 다리오 포와 프란카 레임은 정체성과 억압과 해방을 연결하는 연극의 역할에 대한 논쟁에 불을 붙였다. 여성주의, 흑인, 장애 및 지역사회 연극에서 자기탐험적 접근을 취하는 공연은 서로 유사한 주제를 다루었고, 혁신적인 연극 방법론을 자극적으로 혼합하면서 공연자, 희곡, 맥락과 관객의 관계에 대한 전통적 이해에 도전했다. 신구를 불문하고 어떤 극적 공간에서도, 정체성과 그에 수반된 사회적 제약이나 금지를 문화적으로 이해하는 관객의 경험이 극적으로 해체되고 변형되었다(van Erven, 1988). 공연에서는 상호주관성의 역동에 대한 인식이 막 싹트고 있었고, 그 같은 양상이 예술가, 심리치료사, 교사, 사회사업가의 작업에서 모두 비슷하게 나타났다(Stern, 2004).

얼마 지나지 않아 새로 기용된 강사들이 세인트 알반/햇필드 교육과정의 교과과정을 개편했다. 그에 따라 임상적 사고와 수퍼비전을 핵심으로, 애착 이론(Bowlby, 1969), 발달적 접근(Johnson, 1982), 상징적 상호작용(Rose, 1962), 이야기 심리학(Sarbin, 1986), 사회적 구성주의(Bannister, 1977) 등 연극치료의 배경이 되는 이론에 따라 드라마/연극 과정을 재구성했다. 에이전시, 소통, 의미생산, 상징화, 발생과 같은 상호작용론의 아이디어를 광범하게 극적으로 탐험했다(Brisset & Edgley, 1974 참고). 예술적 기술(Bateson, 1970)은 단일한 수준이 아니며 의식의 여러 수준을 조합한다.

1985~1986년 사이에 25~30분 길이의 자전 공연을 발표하는 것이 교과과정에 정식으로 포함되었다. 강사들은 '서로 관련된 자기들의 연극'이 훈련과정에서 배운 것을 체현하는 데 유용할 것이라 판단했다. 자전 공연에서는 자기와 타자와 사회를 생산적으로 연결하는 방법이나 다양성 이슈, 친밀성, 위기상황, 의미생산을 건설적으로 다루는 방법 등 중요한 연극치료적 관심사를 탐험하도록

했다. 또 학생들은 자전 공연을 수행하는 과정에서 타자의 고유성에 대한 존중, 사적인 것, 비밀유지와 그 경계, 잘못 연출되거나 은밀한 자기노출과 의도적인 비밀유지 등 치료적으로 중요한 윤리적 주제에 관심을 기울이게 된다. 이 광범한 개혁 덕분에 세인트 알반/햇필드 교육과정은 1986년에 국가학술협의회의 1차 승인을 얻고 1989년에는 최종 승인을 획득했다. 그리고 얼마 지나지 않아 영국에서 **연극치료사**라는 직업이 법적으로 승인받아 보건복지부에 등록된 경우에만 활동할 수 있게 되었다.

연극치료 교육과정에 자전 공연을 포함하기로 한 결정은 시의적절하고 선견지명이 있는 것이었다. 앞서 언급했듯이 그 후로 여러 서적, 공연, 사회적 매체와 네트워킹을 통한 **자기 극화**에서 확인되듯이 자전적인 것에 대한 일반의 관심사가 급증했다. 퍼포먼스 예술가들은 흔히 인종, 계급, 젠더, 섹슈얼리티에 대한 사회의 굴절된 관점을 투사하기 위해 개인적 경험을 도구로 사용한다. 그들의 공연은 소외와 대상화에 저항하면서 보이지 않는 삶을 드러내고 자기를 주장한다(Govan, Nicholson & Normington, 2007; Heddon, 2008). 베이커의 공연 〈정신질환을 가지고 산다는 것(Portraits of Living with Mental Illness)〉(2010)은 에이전시와 정신건강의 관계에 주목하게 한다는 점에서 '나는 우리가 더 낫지 않다는 게 믿기지 않아'(www.Ican'tbelievewe'renotbetter.co.)(www.charitychoicc, 2014)와 드라마 랩 NYC(Sajnani, 2012)의 작업과 유사하다. 수행적으로 구성된 정체성 개념(Butler, 1997)은 현재 연극치료 교육과정과 실제에 핵심적이며, 무수한 자전 공연이 만들어지고 연극치료 집단에서 상연된다. 연극치료사 제랄드 마이엘로가 세운 '나는 우리가 더 낫지 않다는 게 믿기지 않아'와 같은 몇몇 지지 극단은 그 같은 임상 작업에서 시작되었다.

르네 에무나(2015)가 얼마 전에 **자기계시적 공연과 치료적 자전 공연**의 뚜렷한 구분을 위해 각각의 특징을 설명했지만, 영국에서는 최근까지도 그 용어들이 혼용되어 왔다. 에무나와 존슨(1983)과 펜직(1988)은 자전 공연의 효과에 대해 논의하면서 앙상블의 중요성, 공연 내용과 공적/반(半)공적 관객의 내적/외적 연계(Emunah & Johnson, 1983), 자전적 연극의 치료적 개발과 관객 앞에서의 상연(Pendzik, 1988)을 고려한다. 유럽에서도 공적 상연뿐 아니라 집단 내 상연의 치료적 효과성이 강조되었다(Bailey, 2009; Yotis, 2002). 자크(2011)는 최근에 정신질환에 대한 치료 및 서비스에서, 주체적 인식과 사용자 참여와 관련하여 반복과 공적 상연이 참여자에게 미치는 영향을 설명했다.

> 에무나(2015)는 자전공연과 자기계시적 공연을 다음과 같이 구분한다. 자기계시적 공연은 자전공연과 유사하다. 그러나 두 가지 측면에서 뚜렷이 구분된다. 자기계시적 공연에는 당면한 문제를 '훈습'하려는 분명한 의도가 있다. 반면에, 자전공연(Heddon, 2008)은 개인의 경험을 극화하지만 그 문제를 치유하거나 변형하고자 하는 의식적인 목표가 없다. 자기계시적 공연의 공연자는 당면한 이슈나 딜레마에 초점을 맞추지만, 자전공연은 대체로 과거의 경험이나 이야기를 중심으로 돌아간다. 자기계시적 공연은 과거에서 비롯될 수 있으나 지금 진행 중인 주제를 다루며, 그것이 공연자의 현재에 어떤 영향을 미치는가에 초점을 맞춘다(p.72).

사자니(2012)는 최근에 목격자로서 관객의 현존의 의미뿐 아니라 '상처를 성적으로 대상화'하지 않기 위해 목격하기에서 관계의 중요성에 주목하는 관계 미학을 강조한다(p.7). 사자니는 '이 관계가 공개적 상호작용으로 가시화되어 활용가능해질 때, 공연자와 관객은 급진적 친밀감과 치유와 사회적 변화의 엄청난 기회를 얻게 된다'(p.8)고 말한다.

방법론

우리는 졸업생들이 자전 공연을 기억하는지, 기억한다면 그것과 자전 공연이 표방한 교육적 의도 사이에 어떤 공명이 있었는지 궁금했다. 그에 대한 답을 얻기 위해 질적 연구에 공통된 다양한 정보원을 사용했다(Bryman, 2012).

1. 학생의 노트나 문서 등의 보관된 자료
2. 반(半) 구조화된 질문지
3. 심층 개인 면담
4. 독립적인 주제 식별 및 평가를 통한 내용 분석

응답자

2014년 8월 영국연극치료협회 성원들에게 연구 참여를 요청했고, 그중 18명이 응답했다. 그들에게 연구의 목적과 방식을 상세하게 설명한 다음 질문지를 보냈는데 그중 15명이 회답을 주었고 10명이 심층 면담에 응했다. 응답자 모두가 교과과정에 자전 공연이 포함된 허트포쉬어대학(전 세인트 알반/핫필드 교육과정)과 로햄튼 대학과 앵글리아러스킨대학 졸업생이었다. 그중 6명은 1989년과 1999년 사이에 졸업했고, 3명은 2000년과 2008년 사이에 졸업했으며, 나머지 7명이 2009년과 2014년 사이에 졸업했다. 면담은 질문지의 형식을 따랐고, 내용은 기록하여 피면담자에게 다시 확인받았다.

질문

우리는 다음 영역에서 질문을 뽑았다.

1. 교육과정의 일부로 자전 공연을 제작하고 상연한 것. 제목, 초점의 선택, 사용한 극적 형식, 자기노출, 제작과 상연 과정에서 교사, 동료, 파트너, 친구, 가족의 역할
2. 관객 : 관객 구성과 반응
3. 졸업 후에도 자전 공연의 영향이 지속되었는지 : 추가적인 의미 발생, 연극치료사로서 작업에 미치는 영향
4. 기타

내용 분석

면담 기록을 분석하면서 주제를 극적 형식, 관계, 프라이버시, 참여/협업/목격하기, 다양성으로 구분했다. 우리는 질적 연구의 일반적인 복합성 곧 역사적 사건에 대한 기억의 (비)신뢰성, 질문지와 인터뷰의 초점으로 인해 발생하는 편견 그리고 면담자/피면담자 역동이 응답자의 반응에 끼치는 영향을 잘 알고 있었다.

극적 형식

응답자들은 모두 교육과정에서 언제 자전공연을 했는지를 알고 있었다. 몇몇은 적절한 극적 매체, 스타일, 표현 형식을 사용해 창조적 능력을 발휘할 생각에 무척 흥분되었다고 한다. 거의 20년 전의 자전 공연을 회상하면서, 케빈은 이렇게 썼다. '그야말로 잔치를 벌였던 기억이 난다. 나는 움직임, 마임, 인형극, 가면, 소리, 춤, 음악, 조각상을 사용해 각기 다른 지역, 풍경, 사람, 집을 표현했다.' 그는 자전공연이 은유에 둘러싸여 있었다고 회상한다. 케빈은 영국에서 태어났지만 자메이카인의 후손이라고 했고, 공연에서도 자메이카에서 태어나 영국에서 자랐고 불치병에 걸린 형의 이야기를 했다. 그는 그런 맥락에서 자전공연의 배경을 '바다 건너 미지의 신비한 나라'에 두면서 영국을 '시간과 공간을 초월한 또 다른 독특한 장소'로 재현했다. 형과 그의 연인, 그리고 친한 친구들과 자신의 얼터 에고로 여러 명의 동료를 캐스팅했고, 그는 자신을 '아프리카 왕자처럼 보이는 인물'로 연기했다. 대본은 현실에 기반을 둔 서술적인 이야기로 그것을 자신의 목소리로 녹음해 들려주었고, 연기는 대사 없이 마임과 움직임으로만 수행되었다. 이야기는 1985년과 1995년 사이에 일어난 사건을 재현하면서도 등장인물의 이름을 아프리카 식으로 바꿔 '가상'을 끌어들이고 시대를 초월하여 이집트 스타일의 의상과 전면 가면을 착용했다.

다른 응답자 다섯 명도 케빈의 경우처럼 현실에 기반하면서도 다양한 극적 형식을 조합해 상상적인 요소를 가미했다. 그런 방식으로 직접적인 자기 노출과 경험의 은유적 재현을 모두 성취할 수 있었다고 했다. 예를 들어 비앙카는 자전공연에서 분노에 대한 두려움을 직면하여 분노를 다른 사람에게 투사하지 않는 법을 배우고자 했다. 빨간 모자 이야기를 사용한 공연에서 늑대에 대한 할머니의 두려움을 외부의 위협적인 목소리로 나타낸 장면을 떠올렸다. '늑대가 저 밖에 있어, 배회하면서 도사리고 있어.' 나중에 그녀는 할머니로서 단호하게 말할 수 있었다. '그 늑대는 나야. 늑대는 저 밖이 아니라 내 안에 있어.' 비앙카는 이 대사가 분노와 싸우는 자신을 선명하게 보여주었고, 그렇게 역할과 이야기 속에서 자기를 드러낸 것이 개인적으로나 직업적으로 도움이 되었다고 말했다.

다른 응답자 다섯 명은 전적으로 은유적인 구조를 사용했다. 자격증을 취득한 지 7년째인 닉은 자신의 자전공연을 소에 맞서 싸우는 마타도르의 은유를 움직임, 목소리, 음악, 마임으로 표현한 비언어적 작품이라고 설명했다. 은유의 이 '노출적인 프라이버시' 내에서, 닉은 각 장면이 무엇을 나타냈는지 – 연극치료사로 부름받은 것, 학업적 부담으로 인한 불안, 원하는데도 아이가 생기지 않는 것, 기독교인의 신앙, 파트 타임으로 공부하는 것의 어려움, 연극 과정과 목격하기에 대한 열정 – 를 자세히 기억하고 있었다. 그는 관객이 그것을 이해했는지는 모르지만 그것이 크게 중요하지 않았다. 티나 역시 전적으로 은유에 의존했다. 마임과 움직임과 음악에 덧붙여, 캔버스에 그림을 그리고 풍선을 불고 붉은 케이프를 둘러 자신의 상실감과 고립과 두려움을 나타냈다. 그녀는 나중에 그 붉은 케이프를 접어 아기처럼 변형한 순간을 생생하게 기억했다. 그 장면을 수차례 연습했지만, 붉은 케이프가 어린 시절의 자신을 나타낸다는 것은 실제 공연에서 비로소 알아차렸다. 그 깨달음과 함께 자신의 내면 아이를 돌보아야 한다는 것이 압도적으로 느껴졌고, 그 부정할 수 없는 명료함이 이후 몇 년 동안 그녀의 치유적 행로를 안내해주었다.

또 다른 응답자 다섯 명은 자전적 기억에 대한 분명하고 단편적인 몽타주를 창조했다. 대본과 함께 사진, 일기나 편지, 조각상, 극적 장면, 영화 속 장면, 녹음테이프 등을 사용했다. 어떤 공연은 어린 시절 장난감, 친숙한 물건, 가족의 옷가지를 포함하기도 했다. 이들은 분명한 자전 공연을 만들고 싶었다고 강조했다. 예를 들어 드보라는 처음부터 자신이 '분쟁 시기'에 북아일랜드에서 지낸 아픈 기억을 다룰 거란 사실을 알았다. 그 기억에는 화력 엔진과 구급차의 사이렌 소리, 폭탄 폭발 현장을 목격한 것, 머리 위로 날아다니는 헬리콥터 등이 포함되었다. 그녀는 불타는 자동차, 가면을 쓴 채 총을 든 남자들, 싸움, 경찰과의 갈등, 가족의 죽음, 깃발을 둘러싼 갈등 속에 있는 어린 자신을 극화했다. 드보라는 자전공연을 하면서 사건과 갈등의 그림자가 자신에게 의미하는 바를 더 잘 이해할 수 있었다고 말했다. 그녀는 관객이 '분쟁으로 인해 자신의 일부가 조각조각 찢기고 사라져버렸음'을 이해하기 원했다. 그리고 공연을 계기로 자신이 그 조각들을 다시 모으기 시작할 수 있기를 바랐고, 실제로 그렇게 되었다. 그녀는 자신이 산산조각난 이유를 알고 싶었고 그래서 사진, 비디오 클립, 소리뿐 아니라 서술적이고 시적인 텍스트의 형식 속에서 '분쟁'이 모호하지 않게 재현되도록 했다고 말했다.

공개된 관계

응답자들은 자전공연을 통해 가족 관계나 혼란스러운 경험의 패턴을 명료화할 수 있었다고 말했다. 가비는 '내가 너무 의리가 없나?'라고 느끼면서도 그녀가 어린 시절에 거친 가정 중 한군데에서 겪은 복잡한 역동을 '처음으로' 드러냈다. 다른 응답자와 마찬가지로 그녀는 자전 공연의 초점에 대해 '선택의 기회'가 거의 없었다고 느꼈다. '내가 왜 엄마를 주제로 정했는지 정확하게 말하기가 어려워요. 오히려 그 순간에 주제가 날 선택했다는 게 맞는 거 같아요, 뭔가가 공개적으로 드러나서 목격되기를 원했나 봐요'라고 말했다. 케빈 역시 부인할 수 없는 끌어당김을 느꼈다. 그는 맏형과의 애증 관계, 자전 공연 즈음에 형이 자신의 성적 취향을 알게 되고 자신은 형의 불치병을 알게 된 것을 '탐험할 수밖에 없었다.' 예비 워크숍 단계에서 이다는 자전공연의 초점이 '전혀 결정되지 않은 상태'라고 느꼈을 때 갑자기 오빠와 관련한 일련의 기억이 파도처럼 플레시백되는 것을 경험했고, 그것이 자전공연의 초점을 정했다. 어린 시절 내내 그녀의 오빠는 심각한 품행 장애를 겪었다. 사춘기가 되면서 부모에게 폭력을 행사했고, 이다와 어린 여동생은 그로 인해 너무나 두렵고 슬펐지만 누구도 그들의 아픔을 알아주지 않았다. 13살 때 이다는 종교 수업의 과제로 제출한 에세이에 집안에서 일어난 끔찍한 사건을 썼다. 그러나 '들리기 위한' 그녀의 노력에도 '아무도 그것에 신경 쓰지 않았다.' 이다는 그 후의 12년을 자전공연에 담았다. 당시 오빠의 행동은 폭력적이지는 않았지만 여전히 문제가 있었다. 이 사례에서 중요한 것은 자전공연을 하고 나서 16년 후다. 그러니까 심하게 혼란스러웠던 시기로부터 28년이 지난 지금 이다는 성인 정신건강 시설에서 일하고 있으며, 그런 경험이 목격되고 공감 받고 이해받는 것이 자신에게 얼마나 중요했는지를 전하기 위해 연구에 참여했다. 그녀는 자전공연과 관객의 반응이 그전까지 무시했던 자신의 두려움과 슬픔을 받아들일 수 있도록 도와주었다는 것을 거듭 강조했다.

표본에 속한 다섯 사람은 방해가 되는 특정 양상– 상황이 힘들어지면 사회적 접촉으로부터 철수하거나 분노를 두려워하는 것 또는 주변의 물리적 환경을 엉망으로 만드는 습관 등 – 과의 관계를 탐험하고 개선하는 데 자전공연을 활용했다. 그들은 모두 자전공연에서 은유를 통해 이런 역동을 드러내고 극복할 수 있는 기회를 '엄청나게 유용한 것'으로 경험했다. 응답자 대다수는 '개인치료를 받은 것'(교육과정의 필수사항)이 강도 높은 자전공연 과정을 위한 심리적 지지를 제공해주었다고 말했다. 그것은 또한 교육과정의 학습 환경에서 다룰 수 없는 문제를 훈습할 수 있게 해 주었다.

프라이버시의 층들

몇몇 응답자들은 자전공연의 내용이 표면상으로는 노출적일 수 있지만, 자기노출에는 실제로 여러 층이 있어서, 일부는 의도적으로 감췄다고 했다. 재학 당시에 학생들은 자전공연의 내용이 자신과의 관계의 깊이와 특성에 따라 관객에게 서로 다른 의미를 지닐 것임을 알았다. 그런 맥락에서 자전공연은 조하리의 창처럼, 공연자가 자기 자신과 다른 사람들에 대해 어떤 관계를 맺고 있는지 이해하도록 돕는 도구이기도 했다(Luft & Ingham, 1955). 우리는 자전공연의 내용이 공연자 자신이나 다른 사람이 알고 있는 것이었는지를 확인했다. 응답자들은 모두 숨김과 드러냄 사이에서 편안한 수준을 선택했다고 답했다. 일부는 중요한 정보를 연주나 노래에 숨겨 넣고도 공연에서 그 의미를 알려주지는 않았다고 했다. 세실리가 바로 그런 경우였는데, 그녀는 사람들이 그 의미를 추측할 수 있기를 바랐지만 그녀가 초대한 관객 일부만이 이해했다고 말했다. 그녀는 또 공연이 끝나고 5년이 지났지만 여전히 누구에게도 얘기하지 않은 게 한 가지 있다고 밝혔다(그에 대해서는 면담 당시에도 명확하게 말하고 싶어 하지 않았다).

두 명의 응답자는 공연 직후 관객의 피드백을 통해 자전공연이 자신도 미처 알지 못했던 어떤 측면을 공개했음을 알게 되었다고 했다. 그 피드백을 받았을 때 그들은 관객의 지각이 자신의 경험과 깊이 연관되어 있음을 느꼈고, 그 후에 제기된 이슈를 치유적으로 다룰 수 있었다.

응답자들은 예상되는 결과, 공연 양식, 자기노출이 발생하는 맥락과 관련하여 편안함을 느끼고 싶은 공연자의 욕구가 중요함을 강조했다. 대다수 응답자들은 자신의 노출이 개별적인 관객 성원과의 관계에 영향을 줄 것을 잘 알고 있었다고 했다. 자전공연의 진정한 목표는 거기에 있지만, 그 결과는 예측할 수 없는 것이다. 응답자들은 예상할 수 있는 결과를 어느 정도 정확하게 내다볼 수 있는 시간을 가졌다는 것에 기뻐했다.

참여, 협업, 목격

자전공연을 혼자서 진행한 응답자도 일부 있었지만, 대부분은 공연을 고안하고 연습하고 상연하는 여러 단계에서 동료들이 참여했다. 그 과정에서 몇 가지 이슈가 나타났고, 레온이 그것을 잘 집약했다. 그는 이렇게 말했다.

> 동료들의 조언은 매우 다양했다. 자전공연을 할 때쯤에는 내가 무조건 신뢰하는 동료들이 있었고 나는 그들의 조언과 성찰을 환영했다. 그것은 최종 공연에 강사의 조언과 동일한 무게로 영향을 미쳤다. 그 밖에 다른 사람들에 대해서는 의견을 귀 기울여 듣긴 했

지만, 공연에 대한 내 의도에 충실해야 한다는 것을 잘 알고 있었다. 리허설 기간에 어떤 사람들은 유용한 피드백을 주는 거울로서 동료에게 과하게 의존하기도 했다. 또 어떤 이들은 자전공연에서 극작가, 주인공, 연출자, 제작자를 모두 혼자 맡아야 하기 때문에, 동료 한두 명에게 무대담당자, 무대 감독, 조명/음향 오퍼레이터 등의 역할을 기쁘게 맡겼다. 또 동료를 배우로 쓰기도 하고 동료의 자전공연에 배우로 출연하기도 했다.

학생들의 협업은 이런 언급에 잘 나타났다. '그는 리허설에 빠짐없이 참석할 만큼 굉장한 지지를 보여 주었어요'(케빈) 그리고 '평생을 통틀어 그런 지지를 느껴본 적이 있는지 모르겠어요'(에스더).

피오나는 누군가의 할머니를 맡아 전혀 모르는 낯선 언어로 말해야 했는데, 그 책임감이 '자신의 공연을 하는 것보다 더 무겁다'는 것을 느꼈다. 이다 또한 동료의 자전공연에서 '장례식 장면에서 한 인물을 연기했던 것'과 기술적인 책임을 맡았던 것을 기분 좋게 회상했다. 이처럼 협업은 일부 응답자들에게 매우 중요한 경험으로 남아있었다.

반면에 거의 혼자 작업할 것을 일찌감치 결정한 응답자들도 있었다. 가비는 혼자일 때 가장 작업이 잘 되었다고 기록했다. 닉은 리허설이나 상연 과정에서 다른 사람을 포함시켜야 할 필요를 전혀 느끼지 않았다고 말했다. '그때 전 감정적으로 아주 취약한 상태였고 그래서 아마도 나를 방어하기 위해 혼자이기를 선택했던 것 같아요.' 한 친구에게 공연에 쓸 음악을 부탁하고, 파트너에게 작업의 일부를 보여준 것이 전부였다. '자기 생각을 말하는 다른 사람이' 방해가 될 거라 느꼈던 것이다. 그는 '철저히 혼자 작업하는 위험을 감수한 거죠'라고 덧붙였다.

다른 공연에서 특별한 역할을 맡지 않은 학생들은 객석에 앉아 동료의 공연에 목격자가 되었다. 가비는 이것을 '자기계시적 과정이 전개되는 공간을 지탱하는 기대, 그리고 연극적 의미에서 배우와 극적 서사와 그것을 지켜보는 이들 사이에서 일어나는 공연의 본질적 역동을 제공하는 관객이 되는 것'으로 표현했다(Emunah, Raucher & Ramirez, 2014; Emunah, 2015 참고). 우리는 많은 응답자가 자발적으로 '관객에게 이해받는 것은 가장 중요한 것이 아니었다'고 말하는 것이 흥미로웠다. 알리사는 이렇게 썼다. '은유적인 방식으로 공유한 내 이야기의 의미를 대다수 관객이 이해했을지 확신할 수 없어요. 하지만 그건 별로 중요하지 않았어요. 왜냐하면 내가 상상한 톤과 보편적인 상징이 어떤 사람들에게는 공명했을 테니까요.'

비앙카 역시 대부분의 관객이 자기노출의 의미를 이해했을 거라 확신하지 못했다. 그녀는 말했다. '흔히 배우와 관객의 역동은 공연을 살리기도 하고 죽이기도 하지요. 난 직관적으로 관객이 몰입한 것을 느꼈고 그게 중요했어요. 그 역동이 우리들 사이에 공연이 발생하도록 허용하는 에너지를 창조했죠.' 공연의 의미를 관객이 이해했는지에 대한 의문에도 불구하고, 케빈은 공연 과정에서 자신과 동료 배우들과 관객의 연결을 느꼈다. '공연을 시작했을 때 공기 중에서 전기가 느껴졌어요. … 그건 정말 매혹적이었죠 … 공연을 마치고 엄청난 응원과 환호가 있었거든요. 커다란 원으로 둘러앉아 피드백을 나누었던 게 기억납니다.'

학생들의 자전공연은 초대한 관객 앞에서 연속적으로 빠르게 상연되었다. 피오나는 공연자로서 관객의 반응을 흡수할 수 있는 시간이 '아주 조금'밖에 없었다고 말했다. 몇몇 응답자들은 자신의 공연에서 동료의 공연을 돕거나 다른 사람의 공연을 지켜보는 것으로의 빠른 주의 전환이 유용하다는 걸 발견했다고 말했다. 많은 응답자가 동료에 대한 진정한 의미의 동지애와 공연을 보는 데서 오는 흥분뿐 아니라 준비과정을 둘러싼 활기를 언급했다. 자전공연의 강렬한 정서적 자극은 그 영향력을 오래도록 기억하게 하는 듯 보인다. 한나는 지금까지도 자전공연에서 바닥에 놓여있던 십자가, 고요한 무대, 그녀가 부른 흑인 영가, 친한 동료가 그녀를 위해 쓰고 읽어준 시뿐 아니라 거기서 느낀 감정과 카타르시스와 공연 후에 경험한 해방감을 선명하게 기억한다.

여기서 세 가지가 충격적이다. 첫째, 대부분의 응답자들은 수년이 지난 후에도 자신의 자전공연에 참여한 사람들을 뚜렷하게 기억했다. 둘째, 이 공동 작업은 당시에도 그랬고 시간이 지난 후에도 매우 중요했다. 이 발견은 자전공연 과정 전반의 참여와 합동과 연대의 특성을 보다 면밀히 살펴볼 가치가 있음을 말해준다. 이런 맥락에서 자신이 다른 사람들과 함께 공연을 만들기에는 지나치게 취약했을 것이라는 닉의 말을 새겨들을 필요가 있을 것이다.

다양성

응답자들은 각자의 탐험에서 장애, 민족, 국적, 종교, 계급, 나이 등 다양성과 관련한 이슈를 중요하게 다루었다. 두 사람이 자신을 흑인이라 했고, 나머지가 백인이었다. 남자가 3명, 여성이 13명이었다. 모두가 본래 영어를 썼고, 두 사람이 해외에서 활동한다. 케빈, 신시아, 마르타와 같은 일부 응답자가 성적 취향, 민족/인종, 장애와 관련된 다양성의 이슈를 탐험한 반면, 다른 이들은 그렇지 않았다. 닉에 따르면, 논쟁적인 이슈를 다룰 것인가에 대한 결정은 부분적으로 동료들의 과거 반응을 고려한 것이라고 말했다. 언젠가 한 학생이 기독교인에 대해 매우 비판적인 반응을 하는 걸 들으며, 여학생들로 가득한 큰 집단에서 유일한 남학생이었던 그는 생각했다. '나는 이미 충분한 문제와 압력을 겪고 있어. 여기서 기독교인이 되긴 쉽지 않겠어.' 스스로 상황을 악화시키고 싶지 않았던 것이다. 하지만 졸업을 앞둔 시점에 한 자전공연에서는 기독교인임을 밝히는 것이 위험하게 느껴지지 않았다. 한나는 자전공연에서 일반적인 이질감뿐 아니라 기독교 배경과 관련해 선택의 기로에 놓였던 경험을 탐험했다. 그녀는 전반적으로 고립된 느낌은 남아있었지만 몇몇 친구들이 쫓겨난 느낌을 공유해준 것이 도움이 되었다고 말했다. 그녀는 말했다. '겉으로는 분노를 보였지만 안으로는 상실과 분리를 느꼈어요. 당시에 동료들이 … 내부 작동모델에 따라서 나를 이해하지 못한다고 해석했죠.' 오해받는 것에 대한 분노는 자전공연에서 다양성이 주제일 때 흔히 나타난다. 교육과정에서 난독증 진단을 받았던 한 응답자는 이렇게 말했다. '학교에 막 입학해서 배우는 동안, 내 행동이 때때로 합리적이지 못했어요. 종종 화가 났죠. 내가 누군지에 대한 감각을 잃어버린 시기가 있었거든요. 그건 그렇게 나쁘지 않았는데, 가족과 친구들이 걱정하는 것을 듣고 멈춰서 생각하게 되었어요. 자전공연 과정을 겪으면서 성숙하지 못한 시절의 내 행동 방식을 이해할 수 있었죠.'

편견의 해로운 영향에서 살아남은 공연자들은 자전공연을 의미 있는 도전이자 보기 드문 기회로 경험했다. 케빈은 일부 다양성 이슈가 수업과 워크숍에서 동시에 다뤄진 덕분에 자신이 경험한 것의 의미를 이해하기가 쉬웠다고 말했다.

연극치료 교육과정에서 개인적 발전으로서의 자전공연

대다수 응답자가 연극치료 교육과정에 자전공연을 포함시키지 않는 것은 절대 상상할 수 없는 일이라고 답했다. 이유를 묻자 닉은 이렇게 말했다. '자전공연은 치료사로서 우리 안에서 일어나는 드라마를 소유하는 것이거든요.' 그의 관점에서 보자면 우리의 경험은 몸 안에 갇혀 있다. 그것이 자전 공연을 통해 해방될 때 '공연자와 관객 모두에게 영적인 뭔가를 줍니다.' 이다는 이렇게 말했다. '자전공연에서 카타르시스를 느꼈어요. 자전 공연은 내가 무시했던 감정과 경험을 다루고 성찰할 수 있게 해주었고, 또 치료사로서 그것을 치료에 적용하는 데 엄청난 도움을 주었어요. 자전공연은 정말 치료적인 경험이었다고 말할 수 있어요. 그리고 거기에는 다른 학생들의 공연에 참여한 것도 포함돼요. 그것도 내가 연극의 힘, 치료적 가능성, 경계와 제의의 필요성을 경험적으로 이해하는 데 도움을 주었거든요.'

자전공연을 한 시기와 상관없이, 응답자들은 하나같이 자전공연에서 다룬 주제와 역동과 감정이 지속되고 있음을 강조했다. 비앙카의 말이다. '그건 내 삶에 지대한 영향을 미쳐왔어요. 의미심장한 꿈을 꾸었을 때, 융은 곧장 분석하기보다 그 주변에 머물며 의미가 떠오르도록 기다리는 게 중요하다고 믿었어요'(Stevens, 1990, p.107). '자전공연의 경험 주위를 천천히 걷는 것은 지속적이지는 않지만 간간이 기억을 다시 방문해 새로운 것을 발견하는 형식에 가깝죠. 나는 원형적인 이야기를 선택했고, 그것은 공포에 직면하고 분노를 변형하여 새로운 관점을 얻는 데서 심오한 의미가 있어요. 그 안의 상징들이 여전히 삶 속에서 적극적으로 작동하고 있거든요.' 닉은 7년 후에 말했다. '자전공연은 처음 상연했을 때처럼 지금도 내 속에 생생합니다. … 그것은 마치 되살아나 다시 흐르는 봄날의 물처럼 느껴지죠. 공연 제목이 필요할 때마다 내 마음의 저변에 무엇이 있는지, 심리적으로 숨겨진 것과 전면으로 나오는 것을 보여준답니다.'

자전공연을 회상할 때 응답자들은 각자의 견지에서 삶에 대한 새로운 관점을 발전시킨다. 기억은 변화의 역동에 대한 체현된 자각을 구성하며, 그것은 다시 연극치료사로서 작업에 영향을 미친다. 올가는 자전공연의 경험이 창조적 개입의 영향력에 대한 믿음과 열정을 강화한다고 말했다. 그것은 또 '개인적으로나 직업적으로 관계 맺는 것에 기여'했다. 이다의 경험은 개인적인 경험을 치료에 안전하게 사용하는 것을 보장하고, 참여자의 특정 양상에 '언제, 왜 강한 전이적 반응을 보이는지' 알 수 있도록 도와준다. 세실리에게 자전공연은 두려움에 직면하여 개인적 변형이 가능하다는 안전한 지식을 얻는 데 필요한 것들을 존중하게 만든 계기였다. 거의 20년이 흘렀지만, 케빈은 '전기'가 계속해서 자신에게 '얼마나 수줍음을 타든 자신이 없든 장애가 있든 상관없이, 사람들에게는 저마다의 이야기가 있고 그것을 움직임, 드라마, 미술, 음악, 춤이나 말로 나타낼 수 있다'는 것을 깨우쳐준다고 했다. 최근에 졸업한 알리사는 '나 자신을 이해하고, 연극치료사가 될 수 있는 잠재력과 참여자의 경험을 이해하는 측면에서, 자전공연의 가치는 감히 매길 수 없어요'라고 여러 차례 말했다.

잠재적인 문제로 발표 시기, 관객의 특성, 평가의 유형과 초점을 꼽았지만, 응답자들은 또한 그에 대한 생각과 느낌이 시간이 지나면서 의미 있게 재평가되었다고 말했다. 응답자들은 자전공연을 수행하는 과정이 심리내적이고 대인관계적인 문제를 다루는 힘을 증진시켜주었다고 입을 모았다.

결론

이 장에서는 영국 연극치료 교육과정 졸업생들이 거기서 경험한 자전공연을 회상하는 장단기기억을 살펴보았다. 인상적인 점은 그들의 기억이 매우 생생하다는 것이다. 오래된 기억은 일반적으로 거리를 둔 관점에서 보고될 수 있다. 그런데 우리의 연구에서는 대다수 응답자들이 마치 자전공연을 최근에 마친 것처럼 생생하게 회상했다.

자전적 기억은 지식, 통찰, 사실, 직관의 넓은 범위에 걸쳐 있으며, 의미 가득한 디테일과 에피소드가 넘쳐나는 매혹적인 덩어리다. 우리는 자전공연이 불러일으킨 기억 역시 그와 유사하게 광범위함을 발견했다. 그것은 개인에게 적응적이고 사회적이고 방향제시적이고 자기표현적인 다채로운 기능을 발휘했다.

참여자들은 매우 다양한 반응을 보여주었다. 우리는 16개의 질문지와 10명의 심층 면접을 분석하여 연극치료 교육과정에서 자전공연을 하는 것이 어떤 의미와 특성을 갖는지 살펴보았고, 그와 관련한 후속 연구가 필요할 것이다.

- 선택된 심리내적/대인관계적 문제를 공연으로 만들기에 적절한 시기(그리고 부적절한 시기)
- 동료 집단원과 배우, 무대진행자, 기술자, 관객, 목격자로 협력하는 것의 이점과 위험

- 자전공연 안팎에서 '여러 층의 프라이버시'를 다루는 법을 배우는 것의 치료적 이점
- 은유와 직접적 자기노출을 저글링하면서 미적 거리를 체현하는 것
- 타자/관객은 그들이 목격한 것을 주관적으로 해석하며 그를 통해 상황/공연에서 그들이 원하는 것을 취한다는 사실에 대한 관심
- 기억과 삶의 경험이 함께 구성되고 재구성된다는 인식 그리고 그 과정에서 문화의 역할
- 자전공연과 임상 기술의 연관성

응답자들은 자전공연을 함으로써 장기적이고 생산적인 개인적 변화를 경험했다고 보고했다. 그 변화는 자기, 동료, 친구, 가족과의 관계에서 분명했고 중요한 타자들에 의해 확인되었다. 자전공연에 대한 그들의 기억은 연극치료 교육과정에 자전공연을 도입한 본래 교육적 의도가 시간의 시험을 훌륭히 견뎌냈음을 보여준다.

참고문헌

Bailey, S. (2009). Performance in drama therapy. In D. R. Johnson & R. Emunah(Eds.), *Current approaches in drama therapy* (pp. 374-389). Springfi eld, IL: Charles C. Thomas.

Baker, B. (2010). *Portraits of mental illness.* Accessed January 23, 2015, from www.theguardian.com/artanddesign/video/2010/may/12/art-mental-illness

Bannister, D. (Ed.) (1977). *New perspectives in personal construct theory.* London: Academic Press.

Bateson, G. (1970). *Form, substance and difference.* Nineteenth Annual Korzybski Lecture, delivered January 9, 1970, under the Auspices of the Institute of General Semantics. General Semantics Bulletin, No. 37.

Bowlby, J. (1969). *Attachment. Attachment and loss*(Vol. 1). New York: Basic Books.

Brisset, D., & Edgley, C. (Eds.) (1974). *Life as theatre: A dramaturgical sourcebook.* Chicago: Transaction Publishers.

Butler, J. (1997). *Excitable speech: A politics of the performative.* London: Routledge.

Bryman, A. (2012). *Social research methods.* Oxford: Oxford University Press.

Calle, S. (2007). *Take care of yourself.* https://www.youtube.com/watch?v=cRx7nFVuLwA

Emunah, R. (2015). Self-revelatory performance: A form of drama therapy and theatre. *Drama Therapy Review, 1*, 71-85.

Emunah, R., & Johnson, D. R. (1983). The impact of theatrical performance on the self-image of psychiatric patients. *Arts in Psychotherapy, 10*, 233-239.

Emunah, R., Raucher, G. & Ramirez, A. (2014). Self-revelatory performance in mitigating the impact of trauma. In N. Sajnani & D. Johnson (Eds.), T*raumainformed drama therapy*(pp. 93-121). Springfi eld, IL: Charles C. Thomas.

Giele, J. Z. & Elder, G. H. (1998). *Methods of life-course research*. London: Sage.

Govan, E., Nicholson, H. & Normington, K. (2007). *Making a performance: Devising histories and contemporary practices*. London: Routledge.

Heddon, D. (2008). *Autobiography and performance*. London: Palgrave Macmillan.

'I can't believe I'm not better' theatre company (2014). Accessed D ecember 6, 2014, from www.charitychoice.icantbelievewerenotbe tter.org

Jacques, J.-F. (2011). The impact of a theatre performance on mental health service delivery in the context of user involvement. *Dramatherapy, 33*(2), 87-100.

Johnson, D. R. (1982). Developmental approaches to dramatherapy. *Arts in Psychotherapy, 9*, 183-189.

Luft, J. & Ingham, H. (1955). *The Johari window, a graphic model of interpersonal awareness*. Proceedings of the western training laboratory in group development. Los Angeles: UCLA.

Pendzik, S. (1988). Dramatherapy on abuse: A descent to the underworld. *Dramatherapy, 11*(2), 81-92.

Rose, A. M. (Ed.) (1962). *Human behavior and social processes:*

An interactionist approach New York: Houghton Miffl in.

Sajnani, N. (2012). The implicated witness: Towards a relational aesthetic in dramatherapy. *Dramatherapy, 34*(1), 6-21.

Sarbin, T. R. (Ed.) (1986). *Narrative psychology: The storied nature of human conduct*. New York: Praeger.

Stern, D. (2004). *The present moment in psychotherapy and everyday life*. London: W.W. Norton.

Stevens, A. (1990). *On Jung*. London: Routledge.

Van Erven, E. (1988). *Radical people's theatre*. London: Wiley.

Yotis, L. (2002). *Dramatherapy performance and schizophrenia* . Unpublished PhD thesis, University of Hertfordshire.

14
개인적 연극과 페다고지 : 변증법적 과정

안나 세이무어

이 장은 다음 질문에 답하기 위해 변증법적 관점에서 시작한다. **'자기를 상연하다'**라는 말로 우리는 무엇을 뜻하는가 그리고 그것은 연극치료사가 되기 위한 훈련과정의 정점으로서 어떤 교육적 역할을 하는가? 고프먼(1971)의 「일상 생활에서의 자기 표현(The Presentation of Self in Everyday Life)」 이후로, 퍼포먼스의 개념은 다양한 맥락으로 확장되어 왔고, 특히 연극 분야에서 중심적인 관점으로 부상했다.

연극치료에서 퍼포먼스는 다양한 목적을 위해 활용된다. 르네 에무나(2015)가 '연극치료 비평'에 실린 논문에서 말하듯, 거기에는 **자기계시적 공연**과 **자전 공연** 그리고 아마도 가장 큰 범주일 **치료적 연극** 등 치유와 개인적 탐색, 기념과 성찰의 기회를 제공하는 퍼포

A. Seymour, PhD, PFHEA, HCPC (✉)
University of Roehampton, London, UK
e-mail: anna.seymour@tiscali.co.uk

먼스가 포함된다. 이들 과정에 부여된 강조점은 그것이 취한 경계와 특정한 형식에 따라 결정될 것이다. 이 장에서 나는 퍼포먼스에 모순의 메타-서사가 상존한다는 인식으로부터 대화의 가능성을 강조하고자 한다. 나는 또한 모순이 교육적 관계에서 중추적인 역할을 수행한다고 본다. 치료사가 일로부터 자신을 분리시키거나 부모가 건강한 분리를 위해 애착을 확보하는 것처럼, 교육적 관계는 교사/학생의 지속적인 역할 바꾸기를 구현한다.

변증법적 실천은 관념작용과 물질, 구체화된 표현, 구상과 제작의 불가분의 성찰적 관계를 포용한다. 이 장에서는 런던 로햄튼 대학 연극치료학과 석사과정에서 최종 공연을 발표한 학생들의 성찰을 참조하여 이 관계를 논의하고자 한다.

> 학생들은 10분 길이의 솔로 퍼포먼스를 고안하고 제작한다. 그 공연으로써 연극적이고 드라마적인 기술과 기법을 활용한 연극적 은유를 통해 교육과정에서의 경험을 집약하고 전달한다(로햄튼 대학 연극치료학과 석사과정 핸드북에서 발췌함).

필자는 최근에 졸업한 학생들 중 일부를 대상으로 솔로 퍼포먼스 경험을 인터뷰하면서 비공식적인 질적 연구를 수행했다. 그 목적은 해당 과정을 체계적으로 분석하거나 양적 연구 결과를 산출하는 것이 아니라, 자기를 상연한 경험을 더 깊이 알아보려는 것이었다. 퍼포먼스에서 거리를 둔 상태에서 자기를 성찰할 기회를 부여함으로써, 실제 경험이 어땠는지, 공연의 에피소드를 돌이켜볼 때 어떤 마음이 드는지를 중심으로 졸업생들의 반응을 기록할 수 있었다. 그 내용을 공개하는 것에 대해 서면 동의를 받았다.

변증법적 과정

변증법은 물질과 추상적 감각 사이에서 각자의 존재를 타자에 빚지고 있는 대립물 사이의 긴장에 의존한다. 가령 노동 계급은 지배 계급 없이 존재할 수 없으며 주인은 노예 없이 성립할 수 없고 그 역도 마찬가지다. 그러나 그것은 조악한 이항대립 체계가 아니라 지속적인 흐름과 변화 속에서 미묘한 차이를 발생시키는 관계에 대한 표현이다. 설명은 이렇게 단순하지만, 자기성찰의 개인적인 영역에서 그것은 매우 복합적인 사회적 메타-서사를 강요하며, **내면의 비평가**의 퍼포먼스에서 **충분히 괜찮지 않음**의 주제를 만날 때도 영향을 준다.

내 분석의 시작점은 허구적 상상력으로 복원된 한 역사적 인물을 빌려 말할 수 있다.

> 내 목표는 내가 옳았다는 걸 증명하려는 게 아닙니다. 오늘 발견한 것을 내일은 도표에서 삭제해 버리고, 같은 것을 다시 발견한 다음에야 기록하도록 합시다. 또 우리가 발견하길 원하는 것에 관해선, 발견된 뒤에도 각별한 불신을 품고 들여다보는 겁니다. 그리고 우리가 거기서 실패한다면, 그때 가서 완전히 절망적인 패배감으로 상처를 핥으면서 더없이 처절한 기분으로 비로소 다시 묻기 시작하는 거지요(베르톨트 브레히트, 1980, 갈릴레오, 9장, pp.80~81).

베르톨트 브레히트의 「갈릴레오(Galileo)」에 나오는 이 대사는 변증법을 연구 방법이자 그에 대한 태도로 묘사한다. 브레히트의 **게스투스** 개념(그 행동에 대한 사회적 태도를 함께 체현하는 행동)처럼,

변증법은 지식과 엄정함과 의심을 모두 포용한다. 브레히트는 게스투스 개념을 배우의 구체화된 신체적 표현으로 쓸 뿐 아니라 배우들 사이의 관계와 물질적 대상의 공간적 배치와 상징적 무대로 확장했다. 그럼으로써 미장센의 각 측면은 그 자체의 내적/외적 구성과 관계 맺으면서 동시에 장면 구축에 우선적으로 영향을 미치는 보다 광범한 사회정치적 맥락과 관계를 형성한다. 이 과정에는 구성된 표현과 함께 그에 대해 비판적 관계를 유지할 수 있는 잠재력이 포함된다. 브레히트는 일상생활에서 경험을 추출하여 그것을 무대에 맞게 재개념화한다. 모든 수준의 경계를 설정하고 검증한다.

공연에서, 갈릴레오의 과학적 연구는 기존의 지식이라는 경계에 도전 받는다. 그러나 무엇을 지식으로 인정하는가 자체를 의심할 여지가 있다. 왜냐하면 기존의 지식 역시 카톨릭 교회의 후원 아래 지식으로서 용인된 것이기 때문이다. 갈릴레오는 물질적 실험과 이념적인 신념 체계 사이에 서 있으며, 새로운 지식의 추구가 고통과 자기불신의 개인적 과정과 관련된다는 사실이 특히 중요하다. 드라마에서 주인공 갈릴레오는 주관적으로나 사회적으로 기지(旣知)의 상태에서 시작하지만 그에 도전하고 또 도전하면서 재발견한다. 지식을 성취하는 것은 이 고통스러운 과정을 거침으로써 비로소 가능하다.

그것은 중단 없는 질문이기 때문에 확실성의 안락의자에 깊숙이 기대어 앉는 것이 불가능하며, 오히려 연극치료사들에게 친숙한 '절망적인 패배감', '상처 핥기', '더없이 처절한 기분'에 가깝다. 다만 구체화된 사회적 경험의 물성에 기반을 두고 지식과 무지의 역동적 긴장을 유지할 뿐이다.

퍼포먼스를 구축하는 과정과 그것을 성찰하는 것도 정확하게 이와 같다. 이 장에서 나는 학생들이 기술한 경험과 나의 관찰이 변증법을 통해 어떻게 이해될 수 있는지를 보이고자 한다. 그것은 결코 쉬운 과정이 아니다. 프레데릭 제임슨의 말에 따르면 '변증법은 당신이 할 수 있다고 생각하든 아니든, 모든 것을 동시에 말하기를 요구한다'(Jameson, 2007, p.ix). 이 대담한 전제는 퍼포먼스가 포착하려는 생동감과 다층적 동시성을 잘 나타낸다.

변증법에 대한 출간되지 않은 자료에서 데이비드 바넷(2015)은 그것이 결정론적이고 단순한 이분법을 영속시키는 것으로 비판받아왔다고 지적한다. 그러나 그는 그 같은 도전이 끊임없이 유동하는 것에 대한 역동적 설명으로서 변증법의 철학적 에토스를 인식하는데 실패한 것이라는 나의 주장을 지지한다. 그것은 또한 변증법이 '제3의 것'(아래 랑시에르를 참고)과 관련된다는 핵심을 간과한다. 그 관계는 대조나 갈등이 아니라 일정 정도 권력의 균형에 의지해 지속적으로 변화하는 상태라 할 수 있다. 변증법의 본질은 혈기왕성하고 역동적이며 폭넓은 과정 속에서 지속적으로 재협상되는 관계다.

우리는 방법론적인 관점에서 변증법을 정/반/합의 고전적 패러다임이라는 철학적 뿌리에서 발원한 가치 판단적이지 않은 체계로 간주할 수 있다. 그러나 그 과정이 맥락화되는 순간, 주체와 메타-서사의 구체성은 「갈릴레오」에서 나타나듯 이념적 차원을 끌어들인다.

또한 자기의 구성과 정체성 개념의 본질을 둘러싼 이슈들이 있다. 주디스 버틀러는 2012년의 인터뷰에서 이렇게 말했다.

자기가, 독자적으로, 그 자체에 대해 성찰하려 애쓸 때 … 자기는 스스로 만든 적 없는 일련의 관습과 용어와 기준을 사용하게 된다. 그것은 언어와 우리 모두의 출처인 사회적 의미라는 보다 광범한 영역에서 비롯된 사회적 관습이다. 자기 자신에 대해 성찰하기 시작할 때, 우리는 그 사회적 형성을 고려하지 않는다. 그러나 그것은 생각의 작은 틈새와 심지어 '자기'가 무엇이어야 하는가에 대한 견해에도 스며있다. 그래서 우리는 생각 속에서 고립될 수 있고 물리적으로도 혼자일 수 있지만 … 그 순간에도 여전히 사회적 세계가 우리 자신에 대한 가장 친밀한 관계를 중재한다(Pages & Trachman, 2012).

지난 반 세기의 정치적이고 이론적인 발전을 시민운동부터 젠더, 섹슈얼리티, 장애를 포용하려는 정체성 투쟁의 관점에서 본다면, 역사가 집단성의 일반화로부터 구체성의 파편화로 이동했음을 알 수 있다. 다른 말로 하면, 투쟁을 향한 공유된 의미를 가정하기보다 고유성과 차이를 규정하고 구축하는 방향으로 움직여 온 것이다. 이 정치적 운동은 후기 구조주의 철학의 발달과 연결된다. 그와 동시에, 집단적 동의와 공유된 의미를 산출하는 메커니즘에 대한 욕구는 집요하게 계속되어왔다. 연극과 퍼포먼스 분야에서 비평적 혁신의 원천으로서 변증법을 향한 전환이 있어왔다는 것은 중요하다. 그것은 내가 영국에서 열린 두 차례 학회에서 '정치적 연극은 어디로 향하는가'(캠브리지대학교, 2014)와 '변증법 상연하기'(퀸마리대학교, 2015)를 발표한 것으로 입증되었다. 후자의 맥락에서 '변증법이 움직임과 비평과 변형을 허용하는 방식으로, 퍼포먼스 연구에 문화적이고 이론적이며 사회적인 흐름을 읽어내는 방법론을 제공할 수 있을지 탐험하고자 하는 욕망'이 표현되었다(런던, 퀸

마리대학교, 연극학부).

변형이라는 말은 특히 연극치료에서 자주 쓰인다. 그것은 우리의 작업은 행동에 근거하며 우리는 변형의 마법이 과정에 대한 신중한 세공에서 비롯된다는 사실을 잘 알고 있기 때문이다. 솔로 퍼포먼스에 대한 졸업생들의 반응을 보여주는 다음 사례에서는 모순의 경험이 반복적으로 나타난다.

교육과정에서 개인적 연극을 상연하기

자기의 퍼포먼스는 학생에서 연극치료사로의 변화를 구분 짓는 전환점이다. 솔로 퍼포먼스를 위한 준비는 상당한 불안과 기대를 특징으로 하며 흥분과 두려움이 교차된다.

> 나를 봐, 아니 날 보지 마. 네가 날 봤으면 좋겠어, 아냐 제발 보지 마.

이렇듯 퍼포먼스의 역동 속에는 모순 - 불안을 유발할 수 있는 관심이 공연자에게 집중되는 공간, 그 중심으로 나서거나 밖으로 물러나는 실질적/은유적인 움직임 — 이 존재한다. 무대가 조명으로 밝아질 때 그것은 '나는 보일 수 있고 노출될 수 있다'는 것을 뜻한다. 그러나 동시에 어린 시절의 놀이처럼 반응할 수 있는 가능성도 있다. '네가 안 보여 그러니까 넌 거기 없는 거야.' 한 졸업생은 이렇게 말하기도 했다. **'퍼포먼스 공간은 눈이 먼 듯하다.'** 이 긴장은 반복적으로 나타난다.

- 얼굴이 달아오른다 – 노출되어 불안하면서도 보이고 인식되고 싶은 욕망이 있다.

노출의 주제는 흔히 수치심과 연관된다. 그러나 노출은 해방적이고 카타르시스적이며 힘을 북돋우는 것일 수도 있다. 한 졸업생은 이 과정을 통과하는 것을 **'긍정하기'**라고 표현했다.

- 나를 취약하게 만들지 않는 움직임으로 나 자신을 숨기기/보호하기
- 아무도 나를 지켜보지 않는 척 가장할 수 있고, 그것이 내게 더 많은 것을 드러낼 수 있을 만큼 충분히 안전한 느낌을 준다.
- 무대에 서서 눈을 감는다 – 취약한 상태? 보이는 것.

'보이는 것/보이지 않는 것'의 두 주제가 있었다.

심술 맞게도 갑자기 보이기가 싫었다. 양가감정, 연결되고 싶고 사람들에게 인정받고 싶고 괜찮음을 확인하고 싶은 욕구.

그리고 힘의 질문이 떠올랐다.

- 그들을 끌어들이다. 힘을 쓰다. 보이는 것은 용기와 현존을 요구한다.
- 보이지 않는 것에 대해 생각하기 … 외적 파괴를 향한 충동.
- 머릿속에 '보이고 싶지 않다는 걸 모르겠니? 저리 가버려. 꺼지라고!' 하는 목소리가 있었다. 두려움, 수치심, 무력감.

대부분의 퍼포먼스에는 공연자와 오브제와 상징과 무대배경의 관계를 가능케 하는 중심적인 모티프가 있었다. 그것은 고전적인 연극치료적 의미에서 투사적 오브제의 사용을 통해 내면을 구체화하고 외현화하는 데 기여했다. 고통스러운 이야기라도 극적 모티프는 다른 연극 관습과 함께 자기의 퍼포먼스를 가능케 해주었다.

선택된 삽화와 공연의 경계 속에서 재현된 은유의 힘은 공연자가 무대에서의 행동에 온전히 살고 존재할 수 있도록 지지했다. 졸업생들은 그에 대해 이렇게 성찰한다.

- 세 살 반 때 기억인데, 엄마가 내 무릎을 베고 누웠고 그래서 마치 내가 엄마가 된 느낌이었다. 여섯 살 때, 칭찬 받으면서 동시에 질책 당하는 존재의 이중성 … 내 공연의 드라마터지를 이해하면서 나는 엄마의 인형을 만들게 되었다. … 나는 내 안의 '배우'를 일깨워준 공연적 요소와의 대면이 치료적이었다고 생각한다.
- 호흡은 나의 친구였다.
- 적당한 은유를 창조하는 것은 쉽지 않은 과제였다 … 그냥 나로서 연기할 필요가 있다는 것이 이내 분명해졌다.
- 나는 공연이 내 몸과 그것이 보여주고 재현하는 것에 뿌리를 두기를 원했다. 왼쪽 다리의 크고 붉은 반점은 오래된 특징이자 내가 나를 어떻게 느끼는지 말해주는 것이기도 했다. 생각할수록 그 반점이 내가 나에 관해 보여주고 기리고 싶은 것이자 내 여정의 은유라는 게 분명해졌다. 그것은 다른 사람들이 어떻게 볼까 두려워 숨겼던 거부와 괴롭힘과 공포와 수치심의 역사이자 나의 고유한 아름다움과 결합이다.
- 나는 음악이나 연극적 장치를 사용하지 않기로 결정했다. 공연에

서 나뿐 아니라 관객에게도 빈 공간과 거기 있는 취약한 나의 몸을 다루고 싶었기 때문이다.

주제는 각 공연자가 관객에게 전하고 싶은 이야기를 나타냈다. 어떻게 보이기를 원하는지를 선택한 것이다. 그러나 공연자가 무엇을 보여줄지 선택한다 해도, 그것을 전적으로 통제하기란 불가능하며, 졸업생들은 그것을 이렇게 말했다.

- 내가 보는 나보다 훨씬 더 많은 내가 드러난 것 같다.

나는 공연 관계에 내포된 암묵적인 변증법적 교육학이 있다고 주장하지만, 여타 변증법적 과정과 마찬가지로, 그 결과를 항상 알 수 있는 것은 아니다.

개인적 연극 공연의 교육적 과정

> 배움에 있어서 브레히트 식의 … 기쁨은 궁극적으로 보여주기의 게스투스에 있다. 「갈릴레오」의 첫 장면은 과학적 지식의 모방이 아니라 … 그런 지식을 전달하는 방법에 관한 것이다 … 가르치는 것은 그러므로 보여주는 것이다 … 가르치는 것의 극적 재현은 그러므로 보여주기를 보여주는 것, 보여주고 설명하는 방법을 보여주는 것이다(Jameson, 2000, p.91).

이 장에서 내가 말하고 싶은 것 중 하나는 학제적 맥락에서 자기의 퍼포먼스가 갖는 교육학적 의미가 다층적이라는 것이다. 그것은 학생의 관심을 연극 미학을 통해 자신의 경험을 공들여 만드는 데 집중시키며, 그것은 교육과정의 이론적 측면에 대한 참조 없이는 일어날 수 없다. 그것은 일정 수준의 분리를 통해 공연 내용과 형식에 대한 선택을 성찰하도록 돕는다. 그리고 그 차원 덕분에 공연자가 관객이 알았으면 하는 것을 관객에게 가르치는 또 다른 교육의 층이 생긴다.

다음 사례에서 졸업생은 자기의 각기 다른 역할을 표현하기 위해 위 무대와 아래 무대를 구분해 사용하는 정확한 접근법을 적용했다.

- 내 공연의 아이디어는 내면의 비평가와 나의 관계였다 … 내 내면의 서사가 감정과 경험에 어떤 영향을 주는지 표현하는 것뿐 아니라 나를 위해 그 경험을 외화하는 방식을 찾는 것이 중요했다. 나는 공연이 아주 단순하기를 원했다 … 내면의 비평가를 단순하게 명료하게 소개하는 것(관객과 여러 방식에서 나 자신에게).

그녀의 표현에 따르면 공연은 '지독히 불쾌하고 파괴적인' 고통스러운 내용을 담았다.

- 넌 실패할 거야. 감명을 주지도 못하고, 모험을 하지도, 흥미롭지도 못할 거야. 넌 실패했어.
- 끝났어. [사이 … 가운데손가락을 올린다]
- 봐, 지금, 그녀가 막고 있지. [깊은 숨을 쉰다]
- 그녀는 숨을 깊이 들이쉬고, 잘 적응하고 있고 행복하고 가벼운 듯한 거죽으로 피부를 감싼다. 그러나 그녀는 썩고 있다. 그녀는 문드러진 죽은 고깃덩이다.

그러나 이 내면의 비평가는 그녀가 카타르시스적인 경험이라 표현한 것을 이끌어냈다.

• 자극적이고 아드레날린이 폭발하는 흥분을 느꼈다. 나는 거기에 완전히 빠졌다. 힘이 넘치고 흥미롭고 소리가 들릴 만큼 크게 느껴졌다! 아마도 이것은 내면의 비평가와 관련된 것일 것이다. 보통 그 소리는 나한테만 들리는데 그게 다른 사람들에게도 들리는 것을 즐겼다 … 비평가가 내게 하는 말을 꺼내 표현할 수 있는 것이 해방처럼 느껴졌다 … (이런 생각은) 내가 그 무게를 내려놓을 수 있었다는 뜻이다. 설사 짧은 순간이었다 해도.

프로세스 집단의 성원들은 서로의 퍼포먼스에 대해 모순적으로 반응했다.

• 난 자기를 경멸하는 당신 모습이 얼마나 빛나는지 느끼며 갈등했어요.
• 뭐라 형언할 수 없는 신체적 반응이 일어났답니다.

그와 동시에 목격자들은 억제, 자기보호, 방어, 수용에 대한 언급으로 공연자가 분명한 선택을 하고 경험을 안내한 것에 대한 지지를 표현한다.

경험의 개인적 가치는 아마도 다음 표현에 가장 잘 나타날 것이다.

• 나는 정말 신체적 감각으로 용기를 느꼈다.

로저 그레인저(2013)가 이렇게 말했다. '연극의 불편함은 극적 관습의 범주 도처에서 다양한 강도로 발생한다. 그것 없이 어떤 정서적 만족도 있을 수 없다는 것을 깨닫기는 정말 쉽지 않다'(p.82).

변증법은 관계의 모순적 긴장을 규명하고 그에 관여한다. 변증법적 관계(가령 나는 당신을 앎으로써 나를 알 수 있다)가 부정당하거나 개인이 자기 불변의 아이디어나 개인의 고유성이라는 난공불락의 감각에 갇혀 있다면, 파편화, 가르치려는 태도, 나르시시즘, 소외, 고착에 빠지기 마련이다. 그러나 드라마의 목적은 **공유된** 의미를 창조하는 것이며 공연의 기반 관객이 있다는 사실에 의거한다. 관객은 그 다원성에도 불구하고 공연적인 어휘를 받아들일 수 있다. 변증법은 **참여**라는 연극의 핵심 원리와 공명한다. 이제 자기의 퍼포먼스를 위한 관객의 역할을 살펴볼 차례다.

목격자로서 관객의 역할

연극연출가 디 트레비스는 관객의 고유한 본질을 설명하면서 배우와 연출자에게 '관객이 … 공연에 관해서 당신을 가르치도록 허용'하라고 말한다(2012, p.128). 그의 권유는 공연 자체의 생동감을 포착하는 한편 관객 반응의 뉘앙스에 대한 감수성을 일깨워준다. 무대와 객석의 교환은 불가피하며 또한 필요하다.

졸업생 두 명이 이런 말을 했다.

- … 목격되는 것은 퍼포먼스를 끔찍하게 만들었다. 그러나 퍼포먼스를 강력하게 만든 것 또한 그것이었다.
- 목격되는 것은 개인이자 연극치료사로서 나의 치유와 성장의 여

정에서 근본적인 부분이었다.

「해방된 관객(The Emancipated Spectator)」(2009)에서 철학자 자크 랑시에르는 관객의 변증법적 역할에 주목한다. 그의 관점은 다양한 분야(정치학, 비평이론, 미학)에서 주목받고 있으며, 연극치료에서도 활용될 수 있다. 탁월한 연극치료사이자 배우인 로저 그레인저는 연극을 '가치 있는 난처함'(2013, p.81)이라고 표현한다. 그것은 '연극이 다루는 실패와 인물(그리고 물론 그것을 연기하는 배우)의 정서적 혼란과 그것이 객석에서 유발하는 불안'을 특징으로 한다(p.81). 랑시에르(2009)의 초기 논의는 이미 연극학자들에게 친숙하다. 그는 무대와 객석의 부정적 역학 관계, 곧 **보는 것**과 그 반대인 **아는 것**에 관심을 둔다. 관객은 제작 과정을 알지 못하고 객석에 수동적으로 앉아 있다는 점에서, 보는 것은 **행동하는 것**의 반대다. 그는 이 관계를 '관객은 알 수 있는 능력과 행동할 수 있는 힘으로부터 분리된다'고 요약한다(p.3).

문제를 풀기 위해 그는 브레히트식의 소외(판단할 수 있는 능력을 촉진하는)와 아르토(1974)식 **제의의 근본적인 생명력**(본능적인 참여를 촉진하는)을 관객의 역할을 위한 잠재력으로 꼽는다. 그러나 두 경우 모두 관객은 여전히 '그 자리에' 남아있다(Rancière, 2009, p.7). 보알이 말한 관객에서 **관객-배우**로의 전환(1979)이나 1960년대 후반 이후에 지속된 참여, 공간의 재배치, 장소특정적 공연 등 동시대의 실험적 사례를 언급하지 않으면서도, 그는 관객의 역할이 어떻게 재편될 수 있는지를 미묘하게 논증한다. 그리고 그와 함께 변증법적 과정에 대한 논의뿐 아니라 연극치료에서 목격하기와 관련된 중요한 아이디어에 관여한다.

랑시에르는 '극장은 관객이 집단으로서의 자신을 대면하는 유일한 장소'(2009, p.5)라고 주장하면서, 관객 공동체 속에 있는 개별 주체에 관심을 갖는다. 그러나 이것은 암묵적인 변증법이 개입되는 지점이다. 그는 '관객은 학생이나 학자처럼 관찰하고 선택하고 비교하고 해석한다. 지금 자신이 보는 것과 다른 무대에서 보았던 것들을 연결하고, 목전에 있는 시의 요소들로 자신만의 시를 쓴다'(2009, p.13)고 말하며 관객의 해방된 역할에 주목한다.

「랑시에르 읽기(Reading Rancière)」(Bowman & Stamp, 2011, p.244)가 출간된 2011년의 인터뷰에서, 랑시에르는 말한다. '개인의 단독성을 규정하는데서 그렇듯이 공동체를 구성하는 방식에도 다중성이 상존한다.' 그는 또한 '누구의 것도 아닌 제 삼의 것'을 언급한다(Rancière, 2009, p.15). 그것은 관객과 배우의 지식, 경험, 어휘 그리고 아는 것과 알지 못하는 것의 변증법적 긴장의 산물로서 존재하는 새로운 관계다.

한 졸업생이 상당한 위험을 내포한 이미지의 공간의 리미널리티를 이렇게 표현했다.

- 순간이나마 나는 관객과 나 사이에 가면을 쓰지 않은 만남을 갖고 싶었다. 비록 그것을 두려워하고, 그 도전을 피하고 싶은 유혹을 느꼈지만, 나는 그것을 이루었다고 느낀다. … 그 순간이 끝날 때쯤에는 내가 할 수 있다는 게 느껴져서 또 두려웠지만, 기대하지 않았던 것을 만끽할 수 있었다. 나의 두려움은 간 곳 없이 사라졌다. 관객이 따뜻하게 느껴졌고 나 역시 그들에게 마음을 열었다 … 그냥 거기 있는 것이 행복했다 … 보물로 간직할 수 있는 실체적인 경험이었다.

관객 없이 퍼포먼스는 성립할 수 없다. 랑시에르가 주장하듯, 배우를 가톨릭 제의의 희생 제물로 만든 그로토프스키(Kumiega, 1975)로부터 정치적 관점에서 관객과 배우의 관계를 변형한 보알(1979)까지, 연극을 만드는 사람들은 배우와 관련하여 관객의 역할을 재편하는 작업을 해왔다.

이 장에서 논한 자기의 퍼포먼스의 맥락에서, 배우는 관객을 만나기 위해 준비하지만 자신을 그 자체로 보여준다. 연극 기술은 **연기**를 위한 것이 아니라 오히려 공연 속에 있기 위한 것이었다. 관객이 가족과 다양한 지지자들로 구성되어 일정 정도의 공감과 배려를 가정할 수 있었다. 하지만 졸업생 대다수는 공연을 통해 개인적 목표가 이뤄질 거라는 믿음으로 진정성을 가지고 자신을 보여주는 것 자체에 중심을 두었다.

결론

- 마지막 암전 직전의 순간을 기억한다. 나는 내가 해낸 것으로 인해 진정으로 의기양양하고 마냥 기쁘고 활기 넘치고 흥에 겨웠다.

연극치료사가 되기 위해 훈련하는 과정에서, 나는 우리가 가기 두려운 길을 다른 사람에게 권해서는 안 된다는 것을 알게 되었다. 우리는 참여자들이 그동안 겪어온 고통에 대해 아는 것을 가지고 미지의 세계로 한 발 내딛도록 초대한다. 이 장에서 설명한 자기의 퍼포먼스에서, 예비 연극치료사들은 연극의 치유적이고 모순적인 힘에 다시 의탁하면서 자신에 대한 누적된 통찰을 공적 공간에 내놓는다.

참고문헌

Artaud, A. (1974) [1932]. The theatre of cruelty (First manifesto), In *Collected works*, vol. 4, trans. Victor Corti. London: Calder.

Barnett, D. (2015). *Brecht in practice: Theatre, theory and performance*. London: Bloomsbury.

Boal, A. (1979). *The theatre of the oppressed*. Trans. Charles A. & Maria–Odilia Leal McBride. London: Pluto Press.

Brecht, B. (1980). *Life of Galileo*. London: Methuen.

Bowman, P. & Stamp, R. (Eds.) (2011). *Reading Ranciere*. London: Continuum.

Emunah, R. (2015). Self–revelatory performance: A form of drama therapy and theatre. *Drama Therapy Review, 1*(1), 71-85.

Goffman, E. (1971). *The presentation of self in everyday life*. London: Penguin.

Grainger, R. (2013). *Nine ways the theatre affects our lives*. Lampeter: Edward Mellen Press.

Grotowski, J. (1975). *Towards a poor theatre*. London: Eyre Methuen.

Kumiega, J. (1985). *The theatre of Grotowski*. London: Methuen.

Jameson, F. (2000). *Brecht and method*. London: Verso.

Jameson, F. (2007). *The modernist papers*. London: Verso.

Pages, C. & Trachman, M. (2012). Analytics of power: An interview with Judith Butler. http://www.booksandideas.net

Ranciere, J. (2009). *The emancipated spectator*. London: Verso.

Trevis, D. (2012). *Becoming a director: A life in theatre*. London: Routledge/Taylor and Francis.

15

치매 노인을 대상으로 한 자전적 치유 연극

도브랫 해럴

지난 20년 동안 우리는 치매 돌봄의 인식에서 광범위한 변화를 목격해왔다. 이 변화는 킷우드의 아이디어(2007)에 뿌리를 두고 있으며, 그것은 후에 '개인중심 치매 돌봄 접근법'으로 개념화되었다(Woods, 2009). 킷우드는 질병과 치매가 환자를 무력하게 하고 비인격화하는 경향에 초점을 맞추는 대신 환자가 살아온 역사와 현재의 자원을 포함한 개인의 개별성과 고유함을 고려하는 긍정적 관점을 채택한다(Bryden, 2002). 킷우드는 의학 모델에서 심리사회 모델로의 전환을 창조함으로써 치매 돌봄에서 혁명적 변화의 기초를 마련했다(Knocker, 2001). '개인중심 치매 돌봄 접근법'은 환자의 문제와 상실 대신 가능성과 남아있는 능력을 조명하고자 한다. 그

D. Harel (✉)
Bar-Ilan University, Ramat Gan, Israel
Haifa University, Haifa, Israel
e-mail: dovrat_harel@yahoo.com

것은 치매 노인에게 공통적인 철수 경향에 맞서 사회적 맥락에서 개별성의 표현을 촉진한다(Bryden, 2002). 이 같은 개념적 변화는 치매 환자와 그들을 돌보는 사람을 도울 때 창조적 방법을 사용하도록 이끌었다. 노화와 창조성의 상관관계(Baird, 1996; Cohen ,2001, 2006)와 창조성이 치매 노인에게 미치는 영향(Gross et al., 2015; Killick, 2013; Marshall, 2013, Schweitzer & Bruce, 2008)에 대한 연구들은 치매 노인에게 창조적 예술 치료가 효율적이고 성취감을 주는 의미 있는 도구임을 지지한다.

치매 노인을 대상으로 한 이전까지의 연극치료와 연극 집단 작업은 삶을 풍부하게 하고 변화에 적응하는 데 자발적 놀이가 가진 힘을 입증해왔다(Gay & Perstein, 2008; Johnson, 1986; Knocker, 2001; Langley, 1987). 그리고 몇몇 연극치료와 연극 프로젝트가 회상 치료와 연극을 통합하는 시도를 했다. 그중 일부는 노인들의 기억을 직업 배우의 힘을 빌려 공연으로 제작하여, 인터뷰한 당사자들뿐 아니라 다른 노인들에게도 상연했다(Langley, 1987; Schweitzer, 2007). 그 밖의 프로그램은 역할 연기의 중요성에 힘을 싣고, 집단에 자원봉사자, 청년, 학생, 돌보는 사람들을 참여시킴으로써 세대 통합의 원칙을 강조했다(Gay & Perstein, 2008).

나는 치매 노인을 오랫동안 만나온 연극치료사로서 그들이 안녕감과 '자아 통합'을 성취하도록 돕는 치료적 모델을 개발했다(Erikson, 1968). 그것은 사람들이 평생에 걸쳐 발달과 성장을 지속한다는 생애 과정 접근을 고수(Holstein & Gubrium, 2000)하며, 또한 치매와 창조성 분야의 새로운 통찰을 통합함으로써 이론과 실제를 결합한다. 이를테면 연극치료에 서사 노인학과 인생 복습을 결합하는 것이다.

대부분의 치매는 진행성으로 초기 증상이 후기 단계에서 나타나는 증상과 현저히 다르다(Draper, 2004). 자전적 치유 연극은 치매 초기의 노인에게 적용하는 것이 적절하다. 그들은 단기 기억 손상과 약간의 성격 변화로 고통 받으며, 대부분 독립생활이 가능하지만 특정 활동에서는 도움을 필요로 하기도 한다. 사회적인 적극성을 띠기 위해서는 지지가 필요하지만, 그들은 대개 안전한 환경에서 안심시키는 것이 제공될 때 커다란 즐거움을 경험한다. 그런 측면에서 집단 작업은 치매 초기 노인들이 의미 있는 대인관계를 맺고, 소속감을 경험하며(Schweitzer & Bruce, 2008), 일방적으로 보호받는 수동적 역할에서 벗어나 다른 사람을 도움으로써 상호성의 강력한 효과를 경험할 수 있는 이상적인 환경이다(Haight & Gibson, 2005).

나는 **자전적 치유 연극**을 연극치료의 맥락에서 사용하여 과정 중심에서 공연 중심의 것으로 진행하거나(Bailey, 2009) 공연 기반 모델을 따른다(Snow, 2009). 언어적 표현에 제한되기보다 즉흥극을 비롯해 다양한 자기표현의 방법론을 활용해 과거의 경험을 탐험한다. 극적 현실의 영역으로 옮겨진 기억은 참여자들을 일깨워 삶에 활기를 부여하며 (그것을 단순히 말로 나누는 데 그치지 않고) 그들을 '화자'에서 '배우'로 나아갈 수 있도록 해준다. 이 같은 역할 전환은 여러 감각을 동시에 사용하는 것과 관련되며, 특히 치매 노인에게 유용하다(Schweitzer, 2007).

집단원들은 자신의 이야기에서 자기를 표현하고 다른 사람들의 경험 속에서 또 다른 역할을 연기하면서 함께 활동하고, 그렇게 이야기와 인물의 강력한 지지적 연결망이 형성되면서 집단 응집력이 강화된다. 내 경험에 의하면, 살아온 이야기를 극화하는 것은 기억력을 강화한다. 감각이 자극되면서 과거가 지금 여기에 되살아나고 세부사항이 더 뚜렷해지며 경험을 다차원적인 관점에서 조명하면서 다양한 해석이 가능해진다. 이 과정은 참여자들이 연기한 여러 역할과 입장과 관계를 다시 돌아보도록 함으로써 자기 삶에 대한 관점을 확장할 수 있도록 해준다. 그들은 과거로부터 자신의 강점과 대응기제를 불러내고, 그것이 현재의 정체성으로 재통합된다. 과정이 공연 중심 단계로 접어들수록, 참여자들은 치매 환자의 이미지를 벗고 새롭고 좀 더 강력한 정체성으로 자신을 재구성하기 시작한다(Snow et al., 2003).

과정은 **서사 노인학**(노인학 분야에 서사 패러다임을 적용한 접근법)에 영향을 받는다. 그것은 스토리텔러이자 **호모 나란스**(Homo Narrans)(Myerhoff, 1978)로서의 인간 존재 그리고 이야기로서의 삶이라는 은유에 기반을 둔다. 서사 노인학은 노령기에 살아온 이야기를 하고자 하는 욕구를 자연스럽고 보편적인 것으로 간주하며, 치매 노인의 자전적 적극성과 서사적 자기인식을 확증한다(Kenyon et al., 2011). 이 접근법은 노인이 자기 삶의 이야기를 말하는 행동을 통해 정체성을 구축하고 재구축할 수 있다고 믿는다(McAdams, 1996).

나아가 내 작업은 로버트 버틀러(1963)의 아이디어에 기반한 **인생 복습**(life review)과 **회상** 기법을 적용한다. 그는 사람들이 생의 말미에 다가갈수록, 자신의 경험을 멀리서 조망하고, 과거의 갈등을 풀어내며, 상실과 변화를 애도하고, 자신과 다른 사람을 용서하고, 성공을 축하하며, 마무리의 느낌을 갖고자 한다고 본다. 회상을 노령과 기타 여러 정신 질환의 증상으로 간주하는 많은 건강전문가들(그리고 사회 전반)과 달리, 버틀러(1963)는 노인들이 구조화된 회상과 인생 복습 활동을 통해 회상에 대한 자연스러운 욕구를 충족할 수 있다고 격려한다. 치매 노인을 대상으로 한 회상 작업은 특히 장기기억 사용을 자극한다는 점에서 유용하다. 단기 기억은 치매노인에게서 가장 먼저 손상되지만 장기 기억은 치매 초기 단계에서도 여전히 온전하다. 그러므로 기억은 일종의 보물이다. 그것은 노인들을 자기 삶의 최고의 순간과 연결시켜주며 유능감과 성취감을 제공한다.

프로젝트 안내

나는 이스라엘 노인 주간보호 센터에서 몇몇 집단과 자전적 치유연극을 했다. 각 집단은 치매 초기의 노인 4~6명과 같은 수의 하이파 대학 창조적 예술치료학과 대학원생인 예비 연극치료사로 구성하여 노인 한 명과 학생 한 명이 짝을 이루도록 했다. 거기에 전체 집단으로 진행하는 활동을 병행하여 참여자 모두에게 최대한의 관심을 제공했고, 집단에 대한 소속감을 강조함과 동시에 사회적 기술의 활용을 촉진했다. 집단은 7개월 동안 일주일에 한 번 90분씩 만났다. 디지털 카메라로 집단 과정을 기록했고, 그것을 다른 창조적 결과물과 함께 개별적인 과정을 성찰하도록 돕는 '기억 서포터'로 사용했다. 자전적 치유연극 과정은 모두 다섯 단계로 진행된다.

1단계: 회상과 살아온 이야기 상술하기

이 단계는 다양한 살아온 이야기와 종합적이고 의미 있는 자기공개를 이끌어내는 데 목표를 둔다. 두 번의 안내 회기를 진행한 후, 집단은 연극치료 활동을 통해 회상과 인생 복습 과정에 집중한다. 각 회기는 아동기, 사춘기, 결혼, 부모가 되는 것, 성취, 경력, 취미 등의 특정한 주제를 다룬다. 이 단계의 회기는 일반적으로 다음의 하위단계에 따라 구성된다.

웜 업과 기억 자극

회기는 보통 노래를 부르며 시작한다. 치매 첫 번째 단계에도 노래를 부르는 기술은 손상되지 않으며, 노래 부르기로 유능감과 즐거움을 줄 수 있다(Aldridge, 2000). 또한 참여자의 경험과 관련된 노래는 기억을 이끌어내고 자발적인 반응을 촉진한다(Dassa & Amir, 2014). 회상 주제와 연결된 노래에 이어 회기의 주제를 도입하는 또 다른 활동으로서 기억을 자극한다. 예를 들어 어린 시절의 기억을 다루는 회기라면, 어릴 때 했던 놀이로 시작할 수 있다. 이 웜 업은 장기 기억을 자극하고 자발적으로 살아온 이야기를 끌어낸다.

살아온 이야기 모으기

참여자들은 짝(학생과 노인)끼리 앉는다. 학생들은 노인들이 주제를 둘러싼 자신의 이야기를 하도록 촉진한다. 어떤 이야기든 좋다. 이 작업에서는 옳고 그른 것이 없다. 때때로 노인들이 특정 주제와 관련한 기억을 떠올리기 힘들어 할 경우에는 학생들이 자신의 기억을 공유함으로써 짝의 기억을 촉발할 수도 있다.

살아온 이야기 상술과 극화

섬세하고 숙련된 경청을 통해, 화자가 자신에 대해 긍정적인 태도를 갖는 데 도움이 되는 특정한 디테일을 강조한다. 화자가 그것을 분명하게 말하기도 하지만 행간을 잘 읽어야 할 때도 있다. 필요하다면 학생들은 좀 더 상세한 정보를 얻기 위해 질문을 할 수도 있다. 그런 다음, 두 사람은 이야기의 긍정적 측면을 나타내는 짧은 장면을 준비한다. 두 명 이상이 필요할 때는 다른 참여자를 초대하여 집단이 하나의 단위로 움직인다. 갈등이 있거나 감정적으로 혼란스러운 이야기를 공유할 경우에는, **재생 연극**(Fox, 1994; Salas, 1996)이나 **극적 공명**(Pendzik, 2008)과 같은 분리적인 기법을 사용하여 미적 거리를 확보하면서 이야기를 새롭고 더 넓은 관점에서 바라보도록 촉진한다.

이 맥락에서 나는 **긍정 확대경**이라는 개념을 설명하고자 한다. 이것은 이야기에 뚜렷하게 나타나거나 암시적으로 내포된 긍정적 양상을 부각하고 성찰하도록 돕는 연극치료적 개입이다. 긍정 심리학의 영감을 받아 성취, 가능성, 좋은 선택, 성공, 긍정적 자기상을 구축하는 데 기여하는 요소에 주목하고자 하는 것이다. 긍정적인 강조점을 명시하는 이야기가 있는가 하면, 어떤 사람들은 긍정적 측면을 숨기려 들며 때로 긍정적 내용에 접근하지 못하고 슬프고 고통스러운 경험에 머물기도 한다. 그것이 많은 외상적 이야기의 특징이다. 긍정 확대경은 그런 경우에 건설적인 대안을 제공한다. 다행스럽게도 외상을 포함해 힘들고 아픈 경험도 긍정적인 요소를 간직하고 있다. 지배적인 서사에 긍정적 요소가 거의 드러나 있지 않은 경우에도 고도로 예민하게 적극적으로 경청하면, 가령 위기의 순간에 내린 현명한 선택처럼, 의미 있는 강점을 포함한 표현을 찾아낼 수 있다. 긍정 확대경을 사용한다고 해서 이야기를 바꾸는 것은 아니다. 본래 이야기에 충실하되 극적 현실의 틀 안에서 거기 내포된 긍정적이고 위안이 되는 측면을 반영할 뿐이다. 플롯은 본래 이야기에 충실하겠지만, 숨어있는 작은 목소리들을 크게 말하고 중요하지 않다 여겨 지나친 세부사항을 가운데로 가져와 의미 있게 조명하는 것이다.

프로세싱과 마무리

학생과 노인을 불문하고 참여자 모두가 회기에서 얻은 경험을 나눈다. 노인들에게 그들의 이야기와 극화 작업을 어떻게 느끼는지 그리고 과정이 진행됨에 따라 자기인식이 어떻게 달라지는지를 묻는다.

2단계: 이야기 고르기

의미 있는 이야기가 많이 수집되면, 집단은 다음 단계로 나아간다. 이 전환점은 공연에 포함시킬 이야기를 선택하는 것으로 구분된다. 그를 위해 앞서 다룬 이야기와 창조적 산물을 요약하면서 첫 단계를 전반적으로 돌아본다. 학생들은 짝이 맥락을 기억하도록 도우면서 관객과 공유하고 싶은 한두 개의 이야기를 선택할 수 있도록 한다. 이때 윤리적 고려사항을 지키는 것이 매우 중요하다. 노인의 판단 기술에 문제가 있다면, 학생들은 지나치게 민감하거나 사적인 내용이 포함된 이야기보다 그들을 긍정적이고 존중할 만한 방식으로 제시하는 이야기를 선택하도록 도울 수 있다.

이야기가 선택되면 연극치료사와 학생들이 참여자들의 욕구를 최대한 반영하여 대본을 쓴다. 그리고 대본을 작성한 후에는 노인들에게 수정할 데가 없는지를 확인받는다. 치매 환자는 선택과 숙달의 기회를 박탈당한 채 도우미에게 통제당하는 경험을 자주 한다는 점에서, 이를 과소평가해서는 안 된다. 참여자의 인지적 한계를 고려하여 개인의 이야기를 그 자체로 살리되 미학적으로 잘 연결해 이야기들이 일관된 흐름을 갖도록 할 필요가 있다. 예를 들어 〈한 잔의 커피와 함께한 추억(Memories with a Cup of Coffee)〉은 매일 오후에 만나 커피를 마시는 세 친구에 관한 이야기를 큰 틀로 해서 대화에서 환기된 각자의 기억을 상연했다.

이 사례에서 보이듯, 자전적 치유 연극 모델은 집단과 개인이라는 두 축을 갖는다. 집단 과정은 참여자들에게 소속감을 제공하고 사회적 활동성을 부여하는 것을 목표로 한다. 또한 그것은 치매 노인(이라고 낙인찍힌 집단)에게 자신을 나타낼 수 있는 목소리를 부여하며(Emunah & Johnson, 1983) 관객이 그들에게 가까이 다가갈 수 있게 해준다(Sajnani, 2012). 개별적인 축은 살아온 이야기와 자기 표현의 개인적 내용에 초점을 둠으로써 긍정적인 자기정체성을 구축하는 데 기여한다.

3단계: 리허설

이 단계에서부터 집단은 하나의 극단으로 움직이기 시작해 작품을 연습한다. 그러나 치료적 목표가 가장 우선인 것은 변하지 않는다. 지지적 분위기를 촉진하고 압력은 피하며, 참여자의 소진이나 피로를 막기 위해 리허설 단계는 5회기를 넘지 않도록 한다.

이 단계에서는 일반적으로 참여자들 – 노인과 학생들 – 의 연결이 강화된다. 리허설이 진행됨에 따라 지나온 과정보다 남은 과정이 적다는 것을 아쉬워하면서 서로에 대한 관심을 표현하고 하나의 집단으로 결속감을 나타낸다. 나는 리허설 기간에 노인들이 전보다 훨씬 활기를 띠며 자발적으로 집에서 소품이나 그림을 가져오는 등 주도적인 태도가 나타나는 것을 관찰했다. 스태프 역시

이 때 참여자들의 행동과 기분이 긍정적으로 바뀌었다는 피드백을 전하고, 그와 비슷한 반응이 참여자들에게서 나오기도 한다. 전반적으로 우울하고 피곤하다고 불평하던 할머니 한 분이 리허설을 시작하고 나서는 전보다 잠도 훨씬 잘 자고 몸이 가뿐하다고 한 적이 있다. 할머니는 또 지병이던 두통이 멈췄고 그런 긍정적인 변화가 프로젝트에 더 잘 참여할 수 있게 해준다고 덧붙였다.

리허설을 하는 동안, 살아온 이야기는 더 정교해지고 장기 기억이 떠오르면서 많은 디테일이 추가된다. 그런 기억은 잠자고 있다가 반복적인 극화를 통해서만 회복되기 때문에 때로 놀라움을 동반하기도 한다. 간혹 참여자들은 일부 장면을 강조하거나 삭제하거나 정보를 추가하는 식으로 텍스트의 수정을 요구하기도 한다. 프로젝트의 주요 목표 중 하나가 참여자의 숙달감을 촉진하는 것이므로, 이런 요구는 일관되게 만족시키도록 한다. 그 같은 대화를 통해 살아온 이야기는 점차 공연에 적합한 최종적인 형식을 갖추게 된다.

리허설 단계는 개인적인 이야기를 집단 외부의 사람들과 기꺼이 공유하겠다는 것을 전제한다. 이 과정은 연극을 상연할 공간에서 작업할 때 더욱 강화된다. 안전한 공간을 만들고 불안을 줄이기 위해 몇 가지 기억 서포터즈를 사용한다. 그중에서도 특히 음악은 참여자들이 극의 흐름을 놓치지 않도록 도와준다. 리허설 단계(물론 공연에서도)에서 음악가(대개는 피아니스트)와 함께 하는 것이 매우 큰 도움이 된다. 때로는 각 참여자를 위한 노래를 정해 살아온 이야기를 극화하는 공명 장치로 사용한다(Pendzik, 2008). 보통은 참여자들이 이야기에서 떠오르는 노래를 잘 알지만, 그렇지 못할 때는 몇 가지 선택권을 제공한다. 음악가가 참여자의 신체 능력에 따라 적절한 리듬을 적용하여 부담감과 불안은 줄이고 성취감을 북돋울 수도 있고, 무대 뒤에 이야기 목록을 크게 적은 포스터를 붙여둔다든가 소품으로 무엇을 해야 하는지를 상기시키는 시각적인 '기억 서포터즈'를 사용하기도 한다.

4단계: 공연

과정은 가족, 친구, 스태프, 지역사회 전문가들 앞에서의 공연으로 귀결된다. 참여자들은 공감적이고 지지적인 관객에 의해 '수용되는' 것을 느끼면서 공연의 위력을 경험한다(Sajnani, 2012; Snow et al., 2003). 사람들은 다른 사람들과의 상호작용 속에서 자신의 개인적이고 사회적인 정체성을 전송한다는 고프먼(1959)의 개념은 관객 앞에서 상연하는 경험에 뚜렷하게 나타난다. 에무나와 존슨(1983)이 말했듯이, 관객과의 만남은 참여자들에게 리허설 단계에서 획득한 자기 이미지를 확실하게 다지는 기회가 된다.

늙고 인지적으로 손상된 자기 이미지를 자주 경험한 노인들은 공연을 통해 많은 사람들이 자신을 보러오고 자신의 과거를 이해하며, 자신이 중요하고 가치 있는 존재임을 확인해주는 것을 경험한다. 이 표현과 확증의 행위는 긍정적 변화와 성장을 가능케 한다(Mackay, 1996). 예술가와 자기계시적이고 치료적인 연극에 참여한 개인을 가르는 가는 선에 관해 말하면서, 에무나(1994)는 공연자는 '창조적 성취뿐 아니라 거기 도달하기까지의 과정과 자신을 드러내기로 한 용기 그리고 그들이 관객과 같은 사람이라는 사실'에 대해 박수를 받는 것이라고 주장한다(p.289). 그녀는 참여자들이 성취와 더불어 수용을 경험하며, 그것은 사회적으로 낙인찍힌 사람들이 자신의 정체성을 관객에게 공개했을 때 더욱 강화된다고 덧붙인다.

관객은 공연에서 중요한 역할을 담당한다. 가령 음악이 연주될 때 함께 노래를 부를 수도 있다. 그것은 참여자들이 **극적 공명**(Pendzik, 2008)과 기억 서포터즈(다음 이야기에서 준비해야 할 것을 알려주는)로 준비한 노래들이다. 배우들이 무대 뒤에서 준비하면서 관객이 노래 부르는 것을 듣는다. 공연자들은 거기서 관객의 공감을 느끼고 동시에 관객에게 '영감 가득한 생생한 연극'을 선물함으로써 상호성이 강화된다(Emunah, 2015, p.80).

노인과 학생을 막론하고 집단원 모두가 공연에 적극적으로 참여한다. 노인들은 어린이, 청소년, 청년을 연기하고, 다른 참여자들이 부차적인 역할을 연기한다. 학생들은 공연이 진행되는 동안 노인들이 불편하지 않도록 잘 살피고, 부담감을 완화하면서 이완된 분위기가 유지되도록 특히 주의를 기울인다. 물론 공연으로서 결과물의 완성도가 중요하지만, 참여자의 치료적 욕구를 대가로 예술적으로 양질의 공연을 추구해서는 안 된다(Landy & Montgomery, 2012; Mitchell, 1994).

5단계: 마무리와 후속 작업

공연을 마친 후에도 몇 주에 걸쳐 만나면서 함께 한 여정을 돌아보고 거기서 경험한 바를 어떻게 일상생활에 통합할 수 있을지를 탐색한다. 참여자들은 공연의 경험을 공유하면서, 프로젝트 전반의 의미와 그것을 앞으로 어떻게 가져갈 것인지 성찰한다. 이 과정은 일관성을 통해 자기통합의 느낌을 구축함으로써 과거(기억과 살아온 이야기들)와 미래(과정에서 그들이 취할 것)를 연결한다. 한 참여자는 프로젝트 덕분에 자신이 삶에서 얼마나 많은 것을 성취했는지를 이해하게 되었다며 자랑스레 이렇게 덧붙였다. '이제 난 여배우라고도 할 수 있어요!' 자전적 치유 연극 모델의 관점에서, 이는 그녀가 새로운 역할 하나를 획득하는 데 성공했음을 말해준다.

그러나 만족감과 성취감과 별도로, 참여자들은 공연 후 우울을 경험하거나(Emunah, 1994) 공허감과 상실감에 압도될 수도 있다. 집단으로부터 분리되는 것은 노년기의 우울 증상과 부정적 측면을 가속화시킬 수 있다. 에무나(1994)는 이것이 또 다른 치료 단계이며, 거기서 가장 큰 도전은 개인적이고 집단적인 성취를 동화하고 통합하는 것이라고 말한다. 종결이 주는 공허감을 경감시키기 위해, 참여자들에게 공연을 포함해 전체 프로젝트가 담긴 앨범을 준다. 앨범이 일종의 마무리 의식이자 과정을 기억할 수 있도록 돕는 **전이 대상**(Winnicott, 1971)의 역할을 하는 것이다.

프로젝트가 완결된 후에도 나는 한동안 프로젝트와 참여자의 일상 복귀를 연결하는 일을 계속한다. 센터에 나가 노인들과 비공식적인 방식으로 어울리면서 더 이상 집단 회기가 없는 현재의 일상에 잘 적응하도록 돕는다. 그렇게 일주일에 한 번씩 방문해 대화를 나누며 지지와 지속성의 느낌을 제공한다.

또 주간보호 센터의 스태프에게도 프로젝트에서 경험한 감정과 생각을 회상하거나 노인들이 강화를 필요로 할 때 피드백을 제공하는 식으로 목격자로서 그 과정을 돕도록 부탁한다. 노인들이 일상생활에 프로젝트의 경험을 통합할 수 있도록 공연에서 다룬 살아온 이야기를 필요할 때마다 상기시키는 것이다. 스태프와 가족은 공연을 지켜본 동료일 뿐 아니라 참여자의 일상생활을 구체적으로 그리고 상징적으로 체현하는 사람들이기 때문이다. 그런 위상을 가진 인물로서, 그들은 프로젝트에서 성취된 새로운 관점의 지속성을 담보할 중요한 과제를 부여받는다.

사자니(2012)에 따르면, 관객과 공연자의 반응의 커다란 유사성은 연극치료에서 **관계 미학**을 반영한다. 공연을 지켜보는 것은 가족에게도 도움이 된다. 공연을 관람하고 만족스러운 관점에서 살아온 이야기를 공유함으로써 가족은 노인을 보다 긍정적인 관점에서 바라볼 수 있다. 공연이 끝나고 내게 와서 부모님이나 배우자를 보는 시선이 어떻게 바뀌었는지를 고백한 사람들이 한 둘이 아니다. 그리고 그 같은 반향은 상당히 오래 지속된다. 일례로 공연을 마친 지 한참 뒤에 한 참여자의 딸을 만났는데, 그녀는 라디오에서 '엄마의 노래'가 나올 때마다 공연에서 본 것처럼, 엄마가 자신의 고난을 얼마나 용감하게 감당했는지를 떠올리며 눈물을 흘린다고 말해주었다.

결론

자전적 치유 연극 모델은 예비 연극치료사를 활용했다. 그러나 꼭 그들이 아니어도 응용 연극이나 사회적 형식의 연극에 친숙한 자원봉사자나 전문가라면 적절한 슈퍼비전과 안내에 따라 조력자로 참여할 수 있을 것이다. 나는 세대통합적 집단구성이 결정적임을 발견했다. 청년과의 상호작용은 노인들에게 '장로' – 우리 문화에 잘 뿌리내렸고 우리 시대에 되살릴 필요가 있는 역할 – 라는 문화적 지위를 돌려준다. 노인들은 젊은이들에게 경험과 연륜에서 나온 조언을 하면서 지식과 지혜를 나누기를 즐긴다. 연극치료적 관점에서 자전적 치유 연극에 참여한 노인들은 역할 체계를 확장(Landy, 2009)하고 혼란스럽고 소외된 늙은이에서 좀 더 힘 있는 입지를 경험한다. 이런 강점들이 앞서 언급한 것과 더불어 치매 노인을 위한 포괄적이고 효율적인 모델을 만들 것이다.

참고문헌

Aldridge, D. (2000). Overture: It's not what you do but the way you do it. In D. Aldridge (Ed.), *Music therapy in dementia care (pp. 9-32). London: Jessica Kingsley Publishers.*

Bailey, S. (2009). Performance in drama therapy. In D. Johnson & R. Emunah(Eds.), *Current approaches in drama therapy* (pp. 374-389). Springfield, IL: C. C. Thomas.

Baird, C. M. (1996). *Creative aging: A meaning-making perspective*. New York: Norton.

Bryden, C. (2002). A person-centred approach to counselling, psychotherapy and rehabilitation of people diagnosed with dementia in the early stages. *Dementia, 1*(2), 141-156.

Butler, N. R. (1963). The life review: An interpretation of reminiscence in old age. *Psychiatry Journal for the Study of Interpersonal Processes, 26*, 65-76.

Cohen, G. D. (2001). *The creative age: Awakening human potential in the second half of life*. New York: Quill.

Cohen, G. D. (2006). Research on creativity and aging: The positive impact of the arts on health and illness. *Generations, 30* (1), 7-15.

Dassa, A. & Amir, D. (2014). The role of singing familiar songs in encouraging conversation among people with middle to late stage Alzheimer's disease. *Journal of Music Therapy, 51*(2), 131-153.

Draper, B. (2004). *Dealing with dementia : A guide to Alzheimer's disease and other dementias*. Crow's Nest, NSW: Allen & Unwin.

Emunah, R. (1994). *Acting for real: Drama therapy process, technique, and performance*. New York and London: Brunner–Mazel; Routledge.

Emunah, R. (2015). Self–revelatory performance: A form of drama therapy and theatre. *Drama Therapy Review, 1*(1), 71–85.

Emunah, R. & Johnson, D. (1983). The impact of theatrical performance on the self–images of psychiatric patients. *Arts in Psychotherapy, 10*, 233–239.

Erikson, E. H. (1968). *Identity, youth and crisis*. New York: W.W. Norton.

Fox, J. (1994). *Acts of service: spontaneity, commitment, tradition in the nonscripted theatre*. New York: Tusitala Press.

Gay, H., & Perlstein, S. (2008). Creativity matters: Arts and aging in America. *Monograph: Americans for the Arts*. September, Retrieved July 29, 2015, from https://www.giarts.org/sites/default/fi les/Monograph_Creativity–Matters–Arts–and–Aging–in–America.pdf

Goffman, E. (1959). *The presentation of self in everyday life*. New York: Anchor Books Doubleday.

Gross, S. M., Danilova, D., Vandehey, M. A. & Diekhoff, G. M. (2015). Creativity and dementia: Does artistic activity affect well–being beyond the art class? *Dementia, 14*(1), 27–46.

Haight, B. & Gibson, F. (2005). Introduction. In B. Haight & F. Gibson(Eds.), *Working with older adults: Group process and* techniques (pp. 3–5). Mississauga and London: Jones and Bartlett Publishers.

Holstein, J. A. & Gubrium, J. F. (2000). *Constructing the life course*(2nd ed.). New York: General Hall.

Johnson, D. R. (1986). The developmental method in drama therapy: Group treatment with elderly. *Arts in Psychotherapy, 13*, 17-33.

Kenyon, G., Bohlmeijer, E. & Randall, W. L. (2011). Preface. In G. Kenyon, E. Bohlmeijer, & W. L. Randall (Eds.), *Storying later life: Issues, investigations and interventions in narrative gerontology* (pp. xiii-xviii). New York: Oxford University Press.

Killick, J. (2013). *Playfulness and dementia: A practice guide*. London: Jessica Kingsley Publications.

Kitwood, T. (2007). Tom Kitwood on dementia—A reader and critical commentary. C. Baldwin & A. Capstick (Eds.). New York: Open University Press.

Knocker, S. (2001). A meeting of worlds: Play and metaphor in dementia care and dramatherapy. *Dramatherapy, 23*(2), 4-9.

Kuntz, J. A. (2007). The life story matrix. In J. A. Kuntz & F. G. Soltys (Eds.), *Transformational reminiscence: Life story work* (pp. 1-16). New York: Springer.

Landy, R. (2009). Role theory and the role method of drama therapy. In D. Johnson & R. Emunah (Eds.), *Current approaches in drama therapy*(pp. 65-88). Springfield, IL: C. C. Thomas.

Landy, R. & Montgomery, D. T. (2012). *Theatre for change: Education, social action and therapy*. London and New York: Palgrave Macmillan.

Langley, D. (1987). Dramatherapy with elderly people. In S. Jennings (Ed.), *Dramatherapy: Theory and practice for teachers and clinicians*(pp. 233-256). London: Jessica Kingsley.

MacKay, B. (1996). Brief drama therapy and the collective creation. In A. Gersie(Ed.), *Dramatic approaches to brief therapy* (pp. 161-174). London: Jessica Kingsley Publications.

Marshall, K. (2013). *Puppetry in dementia care: Connecting through creativity and joy.* London: Jessica Kingsley Publishers.

McAdams, D. P. (1996). Narrating the self in adulthood. In E. Birren, G. M. Kenyon, J. E. Ruth, J. J. F. Schroots & T. Svensson (Eds.), *Aging and biography: Explorations in adult developmen* (pp. 131-148). New York: Springer.

Mitchell, S. (1994). The theatre of self-expression: A 'therapeutic theatre' model of drama therapy. In S. Jennings, A. Cattanach, S. Mitchell, A. Chesner & B. Meldrum (Eds.), *The handbook of drama therapy*(pp. 41-57). London: Routledge.

Myerhoff, B. (1978). *Number our days.* New York: Simon & Schuster.

Pendzik, S. (2008). Dramatic resonances: A technique of intervention in drama therapy, supervision, and training. *Arts in Psychotherapy, 35,* 217-223.

Sajnani, N. (2012). The implicated witness: Towards relational aesthetic in dramatherapy. *Dramatherapy, 34* (1), 6-21.

Salas, J. (1996). *Improvising real life: Personal story in playback theatre.* New York: Tusitala Press.

Schweitzer, P. (2007). *Reminiscence theatre: Making theatre from memories.* London: Jessica Kingsley Publishers.

Schweitzer, P., & Bruce, E. (2008). *Remembering yesterday, caring today-Reminiscence in dementia care.* London and Philadelphia: Jessica Kingsley Publishers.

Snow, S. (2009). Ritual/theatre/therapy. In D. Johnson & R. Emunah(Eds.), *Current approaches in drama therapy*(2nd ed., pp. 44-117). Springfi eld, IL: C.C. Thomas.

Snow, S., D'Amico, M. & Tanguay, D. (2003). Therapeutic theatre and wellbeing. *Arts in Psychotherapy, 30*(2), 73–82.

Winnicott, D. W. (1971). *Playing and reality*. London: Tavistock.

Woods, B. (1999). The person in dementia care. *Generations*, 23 (3), 35–39.

16

레바논 장벽 뒤 잊힌 사람들의 들리지 않는 이야기

제이나 다카셰

레바논의 다양한 환경에서 연극치료사로 일하면서 나는 소외된 집단의 개인적 경험에 기반한 공연을 연출해왔고, 그것이 대상 집단뿐 아니라 관객, 곧 레바논 사회 전체에 미치는 치유적 힘을 목격했다. 작업은 레바논에서 교도소 수감자와 이주 노동자 및 기타 복지대상자에게 적용된 부당한 법에 도전하는 것을 목표로 삼았다. 그들은 자기계시적 공연을 통해 처음으로 정부 관계자를 포함한 많은 관객 앞에서 자신과 지역사회의 상처를 치유하기 위해 개인적인 이야기를 노출했다. 이 장에서는 레바논 사회를 반영하는 이 소외된 집단의 자기변호의 이야기를 다루며, 그것은 흔히 범죄와 혼돈과 광기로 이어지는 억압을 내포한다.

이 작업은 여러 측면에서 연극 예술가로서 내가 겪은 권태의

Z. Daccache, BA, MA, RDT (✉)
Catharsis–Lebanese Center for Drama Therapy, Mount–Lebanon, Lebanon
e–mail: zeina@catharsislcdt.org

결과로 시작되었다. 나는 동료들이 서로의 공연에 참여해 유명한 작가가 쓴 유명한 희곡으로 현실과 아무런 관련 없는 공연을 반복하는 사악하고 근친상간적이며 무익한 행태가 너무나 지루했다. 모두 박수를 했지만 변한 것은 아무것도 없었다. 그래서 질문하기 시작했다. 우리는 왜 스스로를 소외시키는가? 왜 우리는 사회에서 훨씬 큰 비중을 차지하는 사람들을 무시한 채 '교육받은' 사람들 앞에서만 공연하는가? 배우들은 어디에 있나? 관객과 정말로 중요한 뭔가를 소통하고 싶어 하는 사람들은 어디에 있나? 베이루트 거리에서 날마다 만나는 이민자들, 재활 센터에 거주하는 중독자들은 어떤가? 잊힌 채 정신병원에 수용된 환자들이나 시골의 과밀한 교도소에 구겨 넣어져 있는 7,000명의 수감자들은 어떤가? 흉중에 뭔가 중요한 것을 품고 있는 사람, 구체적이고 가치 있는 관심사를 이야기할 사람, 열과 성을 다해 변화를 만들어내고자 하는 사람이 무대에 올라간다면, 그 연극은 과연 '자연을 비추는 거울'(햄릿, 3막, 2장)이 될 수 있을까를 물었다.

나는 또한 레바논에서 특정 집단의 욕구와 권리를 옹호하는 과정을 관찰하면서, 그것이 전적으로 기관이나 활동가의 몫이라는 것을 알았다. 우리는 국회의원이 수감자의 권리를 옹호하거나 비정부기구가 가정폭력 방지 캠페인 하는 것을 보고 듣는다. 그러나 그 문제를 몸소 겪는 사람들의 목소리를 들어본 적은 없다. 텔레비전 뉴스에서는 교도소에서 일어난 폭동이나 카메라 앞에서 남편의 폭력을 눈물로 호소하는 여성을 심심찮게 볼 수 있다. 그러나 막상 그런 뉴스를 접할 때는 마음이 아프지만 5분만 지나면 금세 잊는다. 아마도 그 메시지에서 너무나 강한 아픔과 분노가 전달되고, 그래서 자기도 모르게 안전한 지대로 빠져나오는 것일 것이다.

그래서 나는 2006년에 연극과 연극치료가 그것이 가장 잊힌 곳에서 어떻게 살아남을 수 있는지를 확인하기로 결정했다. 나는 배우의 말, 이야기, 경험, 성찰, 희망, 꿈으로부터 공연을 만들 필요가 있으며, 그 재료를 한 편의 연극으로 통합함으로써 진정한 변화를 이끌어낼 수 있다고 생각했다. 당시 나는 **자전 공연, 자기계시적 공연, 치료적 연극, 자기민족지적** 형식과 같은 용어가 있는지조차 몰랐고(Emunah, 2015; Pendzik, 2013; Spry, 2001) 당연히 그것을 공부한 적도 없다는 점에서 일종의 독학자라 할 수 있다. 캔자스대학에서 연극치료를 공부할 때 워크숍에서 참여자의 실제 경험과 관련된 공연을 본 적이 있지만 그것과 내가 어느 날 갑자기 사용하게 된 메소드는 달랐다. 나는 심지어 작업의 결과에 대한 명확한 비전도 없었다. 분명한 건 그것이 시도할 가치가 있지만 그 길이 쉽지는 않을 거라는 사실뿐이었다. 그러나 나는 '교육받은 엘리트' 관객이 아니라 사회 전체를 상대로 재소자들이 자신의 이야기를 하는 공연이 그들 속에서, 사회 속에서, 그리고 궁극적으로 그들에 반하는 정책에서 변화를 만들어낼 것이라 믿었다. 그들이 예술을 통해 자신을 변호할 수 있고 의사결정자들에게 메시지를 전할 수 있다고 믿었다. 유혈 폭동이나 싸구려 텔레비전 보도가 아니라 예술 작품이라는 건설적인 수단을 통하는 것이다.

이 목표를 위해 나는 살면서 배운 것을 모두 끌어냈다. 런던에서 필립 골리에에게 배운 것. 그에게 연극은 누구나 그리고 모두를 위한 해방의 도구였다. 그는 '지루한 배우', '지루한 메시지', '지루한 공연'이 연극의 악마라고 가르쳤다(Gaulier, 2008). 그리고 이탈리아의 볼테라 교도소에서 만난 연극 연출가 아르만도 펀조. 그는 재소자들과 셰익스피어, 브레히트, 버질뿐 아니라 다른 이탈리아

극작가들의 작품을 만들어 볼테라 교도소 담장 안팎에서 대규모 관객을 상대로 상연하여 이탈리아 연극에 뚜렷한 자취를 남겼다 (Bernazza & Valentini, 1998; Punzo, 2013). 나는 후에 그와 친한 동료가 되어 레바논 교도소에서 함께 일했다. 2000년 베이루트의 성 요셉 대학에서 전공한 연극, 베이루트 하이가지안대학 석사과정에서 공부한 심리학, 캔자스주립대학에서 공부한 연극치료, 연극치료사 아만드 볼카스, 샐리 베일리, 존 버그만과 함께 한 연극치료 훈련(세 사람은 나중에 레바논 교도소에서 나와 함께 워크숍을 진행했다), 그리고 토비 클레인까지, 모두가 나를 도와 집단 과정을 이해하고 연극치료 기법을 사용해 어떻게 훌륭한 퍼포먼스를 만들 수 있는지를 가르쳐주었다.

그래서 드디어 2007년에 유럽연합의 기금을 받아 레바논에서 가장 큰 남자 수용시설인 루미에 교도소에서 연극치료 프로젝트를 시도했다. 첫 번째 과제는 프로젝트를 어떤 종류의 공연으로 이끌어 갈 것인지 결정하는 것이었다. 내가 텍스트를 각색할까? 새로 쓸까? 수감자의 이야기 중 하나를 각색할까? 수감자의 실제 경험을 그대로 올릴까? 집단 작업을 통해 새로운 텍스트를 만들까? 내게는 단서도 가까이 있는 동료도 없었다. 그때나 지금이나 내가 레바논의 유일한 연극치료사이기 때문이다.

루미에 교도소

루미에 교도소는 레바논에서 가장 크고 가장 악명 높은 곳으로, 약 3,500명의 수감자가 본래 최대 1,000명을 수용하도록 지어진 건물에 거주했다. 실제로 불결한 교도소 환경으로 인해 행정관들을 상대로 한 몇 차례의 폭동이 있었다. 다양한 범죄를 저지른 재소자들이 똑같은 모양의 작은 방에서 지내며(2인실에 7~10명이 있다), 덕분에 강도로 수감된 죄수가 수형 기간 동안 약물 거래를 숙달한 후 출감한다. 인종차별과 계급차별 또한 교도소의 큰 이슈다. 가난한 사람들은 대체로 하인 취급을 받고 부자들은 더 많은 권리를 누린다. 더구나 레바논에는 재소자를 재교육하거나 재활을 돕는 조치가 거의 없다. 그리고 사형 제도를 비롯해 시대착오적인 교도소 운영 규칙, 장기간 재판 없이 수감하는 것 등의 부당한 법률을 개정할 필요가 있다.

2007년 루미에 교도소(혹은 레바논 교도소)에 연극치료/연극 프로그램이 생긴 것은 미술, 드라마, 음악 프로그램이 거의 도입된 적 없는 점을 고려하면 전례가 없는 조치였다. 그래서 유럽연합이 프로젝트의 후원을 승인한 후에도 나는 끊임없이 그에 대해 레바논 정부 관료들을 이해시켜야 했다. 그들에게는 연극이라는 사치품이 교도소에 필요하다는 주장이 미친 소리에 불과했고, 그 결과 프로젝트는 1년 동안 반복적으로 반려되었다. 하지만 나는 물러서지 않고 끈질기게 그들을 설득했고, 2008년 2월에 비로소 프로젝트의 시작을 승인받았다. 그러나 그 뒤에도 매 단계를 진행할 때마다 온갖 종류의 허가를 받아야 했다.

관료들을 상대한 1년은 재소자들이 일상적으로 경험하는 좌절을 맛볼 수 있었다는 점에서 무척 유용했다. 나는 수감자들이 10분 동안 자녀를 면회하기 위해 혹은 다음 법원 심리가 언제 열리는지를 알기 위해 얼마나 많은 요구와 절차를 거쳐야 하는지 짐작할 수 있었다. 나는 승인을 기다리면서 연극치료 회기를 준비하기 시작했다. 형법전을 읽고 그 내용이 대부분 1940년대 이후로 개정되지 않았다는 사실을 알아냈고, 지난 10년 동안 발생한 폭동의 원인과 결과에 대해서도 자료를 검토했다.

2008년 2월에 프로젝트 –도전과 잊을 수 없는 순간들로 가득한 여정 – 가 시작되었다. 15개월에 걸친 프로젝트에는 각기 다른 집단을 대상으로 한 4개월의 연극치료 회기가 포함되었다. 그리고 리허설 기간 7개월 동안 작품을 만들어 마지막 두 달 동안 교도소 내에서 공연을 하는 것이었다. 250명의 재소자가 연극치료 회기를 위한 일차 모집에 지원했다. 연극이나 심리치료 경험이 있는 사람은 거의 없었지만, 자신을 표현할 수 있는 기회가 있다는 것이 그들을 흥분시켰다. 반면에 프로젝트를 의심하고 주저하는 사람들도 있었다. 그들에게 우리는 거짓 희망을 팔러 온, 이뤄지지 않을 목표를 선동하는 집단으로 보였을 것이다.

처음에 참여한 재소자 중 일부는 공연을 원치 않았다. 또 수감 시간이 짧아서 끝까지 참여할 수 없는 이들도 있었고, 일부는 통상적인 교도소 행정 방침에 따라 이감되기도 했다. 이 모든 것이 끝없는 행정적 장애물을 만들어내는 상황에서 과연 프로젝트를 끝까지 해낼 수 있을지 스스로 의심할 수밖에 없었다. 결국 프로젝트 후반에 공연을 제작할 즈음에는 재소자 45명이 남았고, 그중 다수는 사형이나 종신형 선고를 받은 상태였다.

천천히 연극의 주제가 떠올랐다. 그들이 견뎌야 하는 사회적 편견, 낡은 형법전과 관련한 불공정한 선고, 선고 받기 전부터 시작되는 긴 투옥 기간, 알 수 없는 미래, 자기 자신과 피해자에 대한 죄책감, 가족 문제(가족이 있는 경우).

수감자들은 국적과 문화와 종교가 다양했고 음악이나 춤에 배경이 있는 이들이 많았다. 레바논 사람, 나이지리아 사람, 이라크 사람, 방글라데시 사람, 팔레스타인 사람, 독백을 하려는 사람, 장면 연기를 원하는 사람, 춤이나 음악으로 자신을 표현하고 싶어 하는 사람 등등. 그래서 이 작은 퍼포먼스들을 하나로 묶어낼 수 있는 구조로 미국 작가 레지날드 로즈의 텔레비전 드라마 〈12명의 성난 사람들(Twelve Angry Men)〉(1954년)을 레바논 버전으로 각색하기로 했다.

레바논에는 배심원단이라는 사법 체계가 없지만(판사 한 명이 선고를 내린다), 나는 그 드라마가 편견의 주제를 가장 잘 표현할 수 있다고 생각했다. 거기서는 배심원 한 명이 아버지를 살해한 혐의로 사형 선고를 받게 된 18살 소년의 억울함을 벗겨준다. 11명의 다른 배심원들은 용의자가 유죄임을 절대적으로 확신하고 사건을 재고하기를 거부한다. 깊은 편견과 불완전한 판단이 정의를 유산시키는 것이다. 루미에 각색본의 제목은 〈12명의 성난 레바논 사람들(12 Angry Lebanese)〉이었다. 수감자들이 배심원단을 연기했고, 결과적으로 역할 바꾸기가 되었다. 그들이 우리의 역할, 곧 재판에서 용의자의 운명을 판단하는 사회를 연기한 것이다. 루미에는 레바논의 소우주이자 국가 정책을 결정하는 집단을 나타내며, 각색본 또한 서로 다른 사회정치적 유권자들 사이에 대화와 상호작용을 촉발했다. 배심원들은 피고의 사건에 관해 갑론을박하면서 각자의 의도와 무지와 고정관념에 의해 곁길로 샌다. 그와 관련해 공연은 재소자들의 상황을 표현하는 데 그치지 않고 레바논의 사회정치적 상황을 재현했다.

실제로 각 배우/재소자는 각색본에 자신의 경험을 불어넣었다. 유럽인 시계공 역할은 레바논에서 일자리를 찾는 나이지리아 청년이 연기했고, 슬럼가 출신의 폭력적인 5번 역할은 레바논의 가난한 팔레스타인 캠프에서 자란 난민이 연기했다. 공연에는 리허설 기간에 신중하게 선택하고 작성한 개인적인 고백을 간간이 삽입했다.

사형 집행과 종신형 선고를 앞둔 재소자 집단에서 여러 사연을 콜라주한 독백 하나가 만들어졌다. 우리는 기나긴 수감 시간을 표현하기 위해 은유를 사용했다. 다음은 그중에서 발췌한 내용이다.

> 나는 수감자들의 할아버지다. 왜? 난 여기 18년 동안 있었으니까. … 18년은 216개월이고, 6,570일이며, 157,440시간에, 9,446,400분이고, 566,784,000초다. 하지만 나는 18년이 아니라 종신형을 받았다. 종신형이란 내가 한 행동에 대해 끊임없이 유감을 느끼는 것이다. 종신형은 아내가 그립다는 '신입들'의 넋두리를, 교도소에 들어온 날 이혼한 내가 끝도 없이 들어야 하는 것이다. 머릿속에서는 모든 게 전과 같다 … 작년에 내가 교도소에 들어왔을 때 9살이던 조카 소산이 결혼한다는 충격적인 소식을 들었다. 맙소사! 어떻게 9살짜리 꼬마가 결혼을 할 수 있지? 엄마가 소산이 이제 27살이라는 사실을 일깨워주었다!

나는 8명의 이야기를 하나의 독백에 모았고, 내가 아니라 집단이 선택한 한 사람이 그것을 연기했다. 그것은 그들의 이야기였고 그들의 캐스팅이기도 했다.

뮤지컬을 좋아한 이들은 매주 진행되는 회기에서 공연을 위한 사운드트랙을 만들었다. 그들은 집단이 합의한 주제를 중심으로 노랫말을 쓰고 곡을 붙였으며 공연에서는 처음부터 끝까지 무대에 있으면서 모두 12곡을 불렀다.

당신의 판결이 나를 불태워요 사랑하는 판사님
난 감옥에 있고 당신은 그저 평안하죠.
난 자유로운 사람처럼 자라고 있어요.
진정한 범죄자가 되는 법을 배우며 성장하고 있지요.
당신은 틀림없이 날 잊었겠죠.
당신은 나를 가두고 얼어붙게 두었어요.
날 비난하지도 용서하지도 않아요 … 난 당신의 새.

노래 '난 당신의 새'에서 발췌,
12명의 성난 레바논 사람들의 사운드트랙 중에서

위대한 화가들은 그래피티를 그리고 싶어 했다. 그래서 벽의 콘크리트를 벗기고 아랍어와 영어로 슬로건을 썼다.

'전쟁이 죄수를 만들고, 평화가 그들을 교수형에 처한다…'
'나는 자비가 엄격한 정의보다 언제나 더 풍성한 열매를 맺는다는 것을 발견한다.'

에이브러햄 링컨

배우들은 날마다 공연에 넣고 싶은 독백과 텍스트와 노래를 가져왔다. 그중 다수는 새로운 법안을 제안하는 것이었다. 그래서 우리는 법률가와 판사들에게 자문을 구했다. 공연에 가능한 최선의 수정안을 제시할 수 있도록 조언을 받고자 한 것이다. 나도 형법전을 읽으며 '선행을 위한 감형'이라는 법에 강한 인상을 받았다. 그것은 2002년에 공표되었지만 한 번도 적용된 적이 없었고 정책 입안자들조차 기억하지 못했다. 2002년에 해당 법안을 입안한 국회의원을 몇 차례 만나 그것이 적용되지 않은 이유를 물었지만 그저 잊혔을 뿐 구체적인 이유가 없다고 답했다. 나는 또 국회의원들에게 매주 회의에 참석해서 교도소 정책에 관한 수정안을 제안할 수 있도록 허락해 달라고 요청했다(그리고 그것이 받아들여졌다). 새로운 장면이 생겼다. 한 명이 판사 역할을 하고, 재소자를 연기하는 다른 한 명이 자신의 권리를 상기시키며 형을 감해달라고 요청하는 것이다. 정책결정자인 장관과 하원의원 등을 모두 초대한 공연이 끝나고 두 달 후에, 선행을 위한 감형 법안이 적용되기 시작했다.

강간으로 7년형을 선고받은 라템은 자신의 범죄를 뉘우치는 독백을 하고 싶어 했다. 그런데 참여자 중 일부가 '범죄자와 함께 할 순 없다'며 라템이 독백을 한다면 집단을 떠나겠다고 위협했다. 나는 그 상황을 믿을 수가 없었다. '맙소사, 그게 사실이라면, 여기서 정말 떠날 사람은 나네요. 45명이나 되는 범죄자와 같이 일할 수는 없잖아요! 당신은 왜 그만두지 않죠? 적어도 우리는 연극치료에서 혜택을 본 누군가가 나오는 진짜 장면 하나를 갖게 될 거예요. 그건 라템이죠'라고 내가 말했다.

나는 라템과 같은 재소자들과 역할 바꾸기 등의 사이코드라마 기법을 활용하여 종종 개인 회기를 진행했다. 피해자로 극에 참여하기도 하고 객석에 있는 누군가가 되어 자신의 말을 듣기도 했다. 그런 과정을 통해 라템은 다른 사람의 입장이 되어 보는 것을 연습하면서 공감에 대한 감각을 발달시킬 수 있었다. 우여곡절 끝에 라템이 처음으로 집단에서 자신의 이야기를 했고 사람들은 그를 '형제'라 부르기 시작했다. 그리고 나중에는 몇몇 관객이 그에게 석방 후에 직업과 더 나은 미래를 위한 기회를 제안하기도 했다.

첫 번째 프로젝트가 끝날 무렵, '카타르시스'(내가 2007년에 설

립한 레바논 연극치료 센터)는 교도소 당국으로부터 계속 연극치료를 진행해도 좋다는 승인을 받았다. 그것은 재소자들이 감형을 위해 선택할 수 있는 프로그램 중 하나가 되었다.

밥다 교도소

첫 번째 프로젝트가 마무리되고 몇 달 뒤부터 여자 재소자들이 비슷한 작업을 해달라고 요청하여, 2011년에 밥다 교도소에서 연극치료를 시작했고, 2012년에는 스위스 재단 드로소스의 지원을 받아 새로운 작품을 위한 프로젝트에 들어갔다. 그 결과 현재는 루미에와 밥다 교도소에서 정규 프로그램으로 자리 잡았다.

지나치게 과밀한 환경, 긴 구금 기간 등의 문제는 여자 교도소도 남자 교도소와 다르지 않았다. 그러나 그들이 철창에 갇히게 된 이유는 전혀 달랐다. 재소자 대부분은 가부장적 사회 때문에 범죄자가 되었다. 참여자 25명 중 9명이 가정폭력을 견디다 못해 남편을 죽였다. 그들을 보호하는 법이 전무했기 때문이다. 6명은 레바논에서 범죄로 간주되는 간통으로 수감되었고(법은 남녀 모두에게 적용되지만 간통으로 처벌 받은 남자는 한 명도 없었다), 나머지는 약물, 절도 등으로 들어왔다. 조혼은 거기 있는 사람들 90%에 해당할 만큼 흔한 경험이었고, 심지어는 12살이나 14살에 결혼한 경우도 있었다. 그들은 자신이 살아온 삶을 이해하고 자신의 이야기를 바깥 세상에 전하고 싶은 강한 욕망을 갖고 있었다. 누군가 이렇게 말했다. '아마도 우리의 이야기가 밖에 있는 소녀들의 의식을 깨울 수 있을 거예요. 그리고 또 누가 아나요, 우리 연극이 여자들을 보호하는 법안을 만드는 데 도움이 될 수 있을지…'

나는 이번에는 재소자들의 개인적 이야기에 바탕을 둔 공연을 만들어야겠다고 마음먹었다. 유명한 텍스트를 각색할 필요도 없었다. 그들의 이야기는 내가 읽은 어떤 희곡보다 깊었다. 우리는 공연을 일련의 독백과 두 명이 등장하는 짧은 장면 그리고 춤으로 구성한다는 데 동의했고, 그것을 〈밥다의 세헤라자드(Scheherazade in Baabda)〉라고 불렀다. 세헤라자드는 살아남기 위해 왕에게 날마다 새로운 이야기를 들려준 전설적인 아랍의 왕비이자 천일야화의 스토리텔러다.

그때 샌프란시스코에서 내게 연극치료를 가르쳐준 선생님, 아만드 볼카스가 '카타르시스'에서 대안적 훈련 워크숍을 진행하기 위해 레바논을 방문했다. 나는 그에게 밥다 교도소에서 두 회기를 진행하면서 공연 제작을 도와달라고 부탁했다. 그는 참여자들과 아름다운 활동을 진행했고, 한 명씩 자신에게 의미가 크거나 소중한 물건을 떠올려 그에 관한 이야기를 나누었다. 한 사람이 일기장을 통해 간통의 이야기를 들려주었고, 또 다른 사람은 남편이 연주한 바이올린에 비추어 자신의 순종적인 삶을 공유했다. **'그 사람은 취미가 있었어요 … 바이올린 … 그만의 것이었죠 … 난 내 것이라 할 만한 걸 한 번도 가져본 적이 없어요 …'**

루미에와 같은 방식으로 참여자를 두 집단으로 나누었다. 한 집단은 강제로 조혼을 하고 남편을 살해한 이들로 구성되었고, 다른 집단은 가부장적 사회에서 사는 여성의 이야기를 플라멩코로 표현하기로 했다.

윤리학

두 교도소 작업에서 윤리는 중요했다. 재소자 모두가 무대에 오르기를 원한 것은 아니어서 일부는 자신의 독백을 하고 싶어 하지 않았다. 객석의 누군가가 자신을 가리키며 '저 여자가 남편을 죽였어…'라고 말하는 게 두려웠기 때문이다. 이런 맥락에서 작은 집단으로 작업하는 것이 매우 유용했다. 가령 남편을 살해한 사람들은 한 사람씩 돌아가며 자신의 이야기를 하고, 그에 대해 성찰하고, 또 다른 사람의 이야기를 들었다. 그 과정에서 자신만의 고통 속에서 느끼는 외로움이 덜어졌다. 나중에 이야기의 조각들을 하나의 대본으로 구성할 때, 집단은 관객 앞에 설 한두 사람을 선택했다. 그래서 독백은 마치 한 사람의 이야기인 듯하지만 실은 9명의 이야기를 담고 있었다. 관객에게도 공연 전에 그들이 보게 될 것이 여러 이야기를 하나로 엮은 것임을 명확하게 고지했다. 지나친 노출을 막는 또 다른 방법은 공연에서 이름을 바꾸는 것이었다. 파디아가 나디아가 되고, 니스린이 소니아가 되는 것이다. 스토리텔러가 관객 앞에 나서고 싶지는 않지만 자신의 강렬한 이야기를 들려주고 싶어 하는 경우에는, 서면으로 다른 사람이 그 역할을 해도 좋다는 동의를 구했다(물론 허구의 이름으로). 한 사례가 기억난다. 그녀는 아들이 공연을 보러 올 것을 알았다. 그런데 아들이 있는 데서 한 번도 제대로 된 집을 가져본 적이 없었기 때문에 감옥에 와서야 비로소 편안함을 느낀다는 사실을 차마 말할 수 없었다. 그 문제를 의논한 후에, 그녀는 자신을 세상에서 가장 행복한 엄마라 믿는 가족에 대한 예의로 무대에 올라가지 않기로 결정했다. 대신 다른 사람이 자신의 이야기를 하는 것을 보며 마치 자기가 연기하는 것처럼 카타르시스를 느낄 수 있었다. 거기서 나는 재생연극의 힘을 떠올렸다.

토론과 결론

루미에 교도소와 마찬가지로, 밥다에서도 두 달 동안 교도소 내에서 정책결정자, 미디어, 가족, 인권 활동가, 일반 대중의 광범한 관객에게 공연을 선보였다. 그리고 두 교도소의 작업을 기록한 다큐멘터리(12명의 성난 레바논 사람들-다큐멘터리와 세헤라자드의 일기)가 상을 타서 해외로 보급되면서, 재소자들의 메시지는 더 멀리까지 전해졌다. 드디어 2014년 4월 〈밥다의 세헤라자드〉와 다큐멘터리 〈세헤라자드의 일기〉가 수차례 상연된 후에, 가정폭력 사건이 연속적으로 공론화되고, 많은 NGO 단체가 레바논 시민 행동의 해를 선포하면서, 레바논 국회에서 여성과 가족구성원을 가정폭력으로부터 보호하기 위한 법안이 통과되었다.

이 두 경험은 연극과 연극치료가 가장 잊힌 장소에서 살아남을 수 있고, 가장 어려운 상황에서도 자랄 수 있으며, 배우의 경험과 이야기와 성찰과 희망으로 빚어낸 공연이 현실을 변화시킬 수 있다는 나의 믿음을 확증해주었다. 〈밥다의 세헤라자드〉가 끝난 뒤로도 나는 두 교도소에서 연극치료 프로그램을 진행하고 있고, 레바논 교도소에 수감된 정신질환자를 위한 프로그램을 계발했으며, 그 밖에 사회적으로 혜택 받지 못한 대상을 위한 연극치료 프로젝트를 이끌어왔다. 2013년에는 신경정신과정의 장애로 알 파나르 병원에서 지내는 환자들과 〈진정으로(From the Bottom of my Brain)〉라는 공연을 만들어 세상과 다시 연결되고자 하는 배우/환자들의 신실한 욕망을 전달했다. 그리고 2014년에는 국내 이주노동자들과 〈셰백 레백(Shebaik Lebaik)〉이라는 공연을 만들었다. 그것은 노동청의 지원을 받아 진행한 작업으로, 짧은 장면과 각자의 이야기를 담은 독백과 각 참여자의 국적(에티오피아, 세네갈 등)을 나타내는 춤으로 구성했다. 레바논의 이주노동자는 노동법의 대상이 아니며, 카팔라 시스템으로 알려진 고용자－특정 후원에 근거한 이민 규정에 영향을 받기 때문에 착취의 위험에 노출되어 있다. 그 같은 사정을 고려해 공연은 레바논 노동법의 적용 범위를 국내 노동자로 확대할 것을 제안했다.

소외된 대상과 연극치료/연극을 해온 12년을 돌아볼 때, 나는 여전히 내가 하는 작업을 뭐라 명명하면 좋을지 모르겠다. 잘 알려진 텍스트(12명의 성난 사람들)를 각색한 첫 번째 프로젝트는 치료적 연극(Snow, D'Amico & Tanguay, 2003)이라 부를 수 있을 것이다. 그렇지만 다시 또 각색을 하지는 않을 것이다. 내 작업에서는 법률가와 협업하면서 텍스트를 구성하는 것이 중요하다. 공연마다 장관들을 초대하여 후원하도록 청했고, 내가 국회 회의에 참석하기도 했다. 그러나 그렇다고 해서 입법 연극이라 부르는 게 좋을까?(Boal, 2005) 공연에 포함된 독백으로 참여자들의 서로 다른 이야기를 콜라주하거나 실제 경험을 담았지만, 그것을 민족지연극(Saldana, 2005)이나 자기계시적 공연(Emunah, 2015) 혹은 치료적 자전공연(Pendzik, 2013)이라 부를 수 있을지 확신이 서지 않는다. 어떤 면에서는 어떤 이름도 붙이고 싶지 않다. 특정한 이름을 갖게 되면 그것이 나와 배우들에게 특정한 과정이나 방법론을 강제할 것이기 때문이다. 나는 그보다 집단을 통해 내가 날마다 무엇을 해야 할지, 어떤 메소드를 써야 할지를 발견한다. 그런 의미에서 어쩌면 그것을 **그들의 연극**이라 부르는 것이 좋겠다. 결국에는 그들의 연극이 그들의 공간에서 그들의 능력을 활용해 그들의 언어로 그들의 관객에게 그들의 메시지를 전하기 때문이다. 연극치료사와 연극 연출자는 촉진자의 역할 안에서 그들이 자신의 메시지를 전하고, 우리가 바라는 것이 아니라 그들 자신에게 필요하다고 느끼는 변화를 만들어가도록 도울 뿐이다.

〈밥다의 세헤라자드〉 공연 말미에 재소자들이 한 대사를 인용하면서 글을 맺을 것이다. 매번 조금씩 달랐지만 그 순간의 느낌에 따라 각 참여자가 한 문장을 관객에게 전하는 것으로 공연을 닫았다.

'남자는 여자의 자궁에서 태어난다.'

'나는 아들과 딸을 더 이상 차별하지 않을 것이다.'

'당신은 나를 좋아했나요?'

'내가 어릴 적에 "아니오"라고 말하는 법을 배웠더라면 얼마나 좋았을까.'

'자기를 파괴하는 실수는 이제 그만.'

'나는 다시 여자가 되고 싶다. 남자 역할을 연기하며 사는 데 지쳤다.'

'나는 더 이상 바닥을 보지 않을 것이다. 고개를 높이 들 것이다.'

'만약 내 아들이 아내를 때린다면, 나는 아들이 아니라 며느리 편을 들 것이다.'

'나는 감옥에 들어오고 나서야 자유가 무엇인지 알았다.'

'나는 남편이 경계를 넘도록 허용했다.'

'우리가 다른 데서 만났더라면.'

'우리를 다시 찾아주세요!'

'내 운명은 바뀔 수 있다 … 그래서 역사도 바뀔 수 있다.'

참고문헌

Boal, A. (2005). *Legislative theatre: Using performance to make politics*. London: Routledge.

Bernazza, L., & Valentini, V. (1998). *La compagnia della fortezza*. Catanzaro, Italy: Rubbettino Editore.

Emunah, R. (2015). Self–revelatory performance: A form of drama therapy and theatre. *Drama Therapy Review, 1*(1), 71-85.

Gaulier, P. (2008). *Le Gegeneur/The Tormentor*. Paris: Editions Filmko.

Pendzik, S. (2013). The poiesis and praxis of autobiographical therapeutic theatre. Unpublished manuscript of the Keynote Speech presented at the *13th Summer Academy of the German Association of Theatre–Therapy*, Remscheid, Germany.

Punzo, A. (2013). *E' ai vinti che va il suo amore. I primi venticinque anni di autoreclusione con la Compagnia della Fortezza di Volterra*. Firenze, Italy: Ed. Clichy.

Rose, R. (1954). *Twelve angry men*(teleplay). Westinghouse Studio One.

Saldana, J. (2005). *Ethnodrama: An anthology of reality theatre*. Walnut Creek, CA: AltaMira Press.

Snow, S., D'Amico, M. & Tanguay, D. (2003). Therapeutic theatre and wellbeing. *Arts in Psychotherapy, 30*, 73-82.

Spry, T. (2001). Performing autoethnography: An embodied methodological praxis. *Qualitative Inquiry, 7*(6), 706-732.

17
<심장의 테러리스트>에 대한 성찰
: 상실과 수용에 관한 부부의 퍼포먼스

줄스 도레이 리치몬드와 데이비드 리치몬드

자기민족지와 치유의 관점에서, 이 장에서는 우리의 듀엣 자전 공연 〈심장의 테러리스트(Terrorists of the heart)〉를 중심으로 공연 텍스트와 성찰적인 글쓰기와 이론적 맥락을 살펴본다. 우리는 늘 '그건 개인적인 게 아니야. 그냥 일이지'라는 말에 멍해지곤 했다. 왜냐하면 모든 게 감각을 통해 프로세싱되는 개인적인 것이기 때문이다. 이것은 우리의 연구가 항상 명백하게 개인적인 것으로부터 시작하는 이유이기도 하다. **자전 공연**에서 기억은 개인적 서사로서 제시되며, 사적인 것이 공적인 것이 된다.

아네트 쿤이 말한 '기억 작업'은 공적인 자전적 표현이 모두 그렇듯이, 개인의 역사를 공적 사건으로 연결하는 패러다임으로 기능한다. 그래서 '역사를 내 보잘 것 없는 존재에 종속시킬 권리가

J. D. Richmond, BA, MFA, FHEA (✉) · D. Richmond, BA, MA, SFHEA
York St John University, York, UK
e-mail: J.DoreyRichmond@yorksj.ac.uk d.richmond@yorksj.ac.uk

내게 있는가?'(2002, p.vii)라는 아네트 쿤의 웅변적인 질문을 생각해 볼 필요가 있으며, 그와 동시에 우리의 침묵과 망각과 수동성으로 이득을 보는 사람은 누구인가를 질문함으로써 이 고유한 반동적 비평을 다루어야 한다.

여기서는 부모가 되고 나이를 먹으면서 겪는 상실을 다룬 우리의 **자기민족지적 공연** 〈심장의 테러리스트〉를 살펴볼 것이다. 그것은 또 이행되지 않은 사회주의의 약속이라는 보다 광범한 문화적 배경과 좀 더 평등하고 정의롭고 환경친화적이며 협력하는 세상에 살고 싶은 우리의 꿈을 이야기한다.

미국의 퍼포먼스 학자 드와이트 캉쿼굿은 영향력 있는 에세이 「개입과 급진적 연구(Interventions and Radical Research)」에서 프랑스 철학자 미셸 드 세르토의 간결하지만 함축적인 경구 '지도가 단절한 것을 이야기가 잇는다'를 전유하여 자신의 주장을 펼치면서, 그것을 지식의 다른 영역에 적용하여 '분석과 행동 사이의 공간을 열고 이론과 실천의 이항 대립을 그만두는'(2002, p.145) 것에 대해 이야기한다. 이 장의 형식은 드와이트 캉쿼굿에게 영향을 받은 우리의 예술적 실천 방식을 따라 예속된 지식(**이야기**)과 합법화된 지식(**지도**)을 교차시킨다. 그것은 구체적으로 우리가 함께 살아온 경험, 우리가 하는 일, 우리가 스스로를 발견하는 정치적 맥락을 둘러싼 비판적 사고가 될 것이다. 우리는 그에 상응하는 방법론으로 작품과 관련된 여러 가지 아이디어, 활동, 이미지를 배열하는 **브리콜라주**를 활용한다. 그것은 절충주의, 발생, 유연성, 다원성에 뚜렷하게 기반한 접근법이기도 하다(Rogers, 2012).

우리는 '그들이' 들어올 때 관객을 바라본다. '그들'과 '우리'는 같은 조명, 같은 장소, 같은 시간 속에 있고, 그렇게 시작된다.

밝혀야 할 것들 : 우리는 27년 동안 부부로 살아왔으며, 예술가로서 10편의 작품을 함께 제작한 동료이기도 하다. 그리고 영국과 유럽 각지의 극단과 작업하기도 했다. 우리에게는 딸이 하나 있고 둘 다 영국 요크세인트존 대학 연극학과에서 강의를 한다. 〈심장의 테러리스트〉를 만들기까지 10년의 휴지기가 있었고, 그 동안에는 또 다른 종류의 협업인 자녀양육으로 바빴다. 함께 일할 수 있는 시간과 공간을 만드는 것은 행동에 대한 중요한 헌신이다. 그런데 무슨 행동? 공연을 만들고자 하는 욕망과 별개로 내용에 관해서 우리는 별 생각이 없었다. 하지만 우리가 듀엣으로 작업했던 10년 전과 동일한 사람이 아님을 깨닫는 데는 오래 걸리지 않았다. 우리는 나이가 들었고 살이 쪘고 약하고 뻣뻣해졌다. 이제는 더 이상 10년 전처럼 거실 스튜디오에서 서로를 들거나 던질 수가 없었다. 무릎은 망가졌고, 등도 제대로 돌아가지 않는데다 배가 걸리적거리는 탓에 공연의 신체적 측면은 고작해야 바닥에서 일어나는 걸 서로 도와주는 게 될 거라는 걸 깨달았다. 시간이 흘렀고 그 세월이 몸에 징수한 통행료를 정면으로 맞닥뜨렸으며, 그것이 우리가 다뤄야 할 것이 상실임을 명백하게 알려주었다. 우리는 그것을 깨닫지도 못한 채 미끄러지고 있었던 것이다.

신체적 결함과 상실감을 급속히 자각한 우리는 그것을 의식적으로 더 파고들고자 서로에게 상실에 관한 질문을 하고 답을 적었다.

우리가 힘주어 하려는 말을 옆에 있는 클립보드에 써 붙인다. 거기 쓴 것을 말하게 될 것이다.

우리는 위대한 사회주의적 미래 – 여성과 남성이 동등한 대우를 받고, 피부색이 개인의 가능성에 영향을 미치지 않으며, 계급이 사라져 가난한 사람이 없고, 성적 정향이 중요하지 않으며, 누구나 할 수 없는 것으로 규정되는 대신 할 수 있는 것으로 기억되는 –가 꿈으로 남았다는 사실에 대해 이야기를 나누었다. 우리는 그(유토피아적인) 미래가 실현되지 못한 데 우리가 공모했음을 아프게 자각했다. 삶이 어딘가로 몰래 도망쳐버린 것이다.

슬픔이 시작된 것은 바로 그 시점에서였다. 우리는 처음 만났을 때 함께 이야기하며 건설하려 했던 더 나은 세상을 애도했다. 그리고 젊고 사랑에 빠진, 함께라서 천하무적이었던 과거의 우리를 애도했다. 벅차게 그렸지만 전혀 현실이 되지 못한 미래의 자신을 애도했다. 그 과정에서 우리에게 울지 못한 슬픔이 많다는 것을 알게 되었다. 그리고 우리는 무엇보다 가장 큰 두려움인, 우리가 더 이상 사랑하지 않는다는 사실에 직면해야 했다.

우리로 하여금 〈심장의 테러리스트〉를 만들게 한 것은 이런 관심사들이었다. 우리는 우리가 살고 있는 세상을 이해하기 위한 노력으로 작업을 시작했다. 독일 철학자이자 문화 비평가인 발터 벤야민(1892~1940)은 우리에게 기억의 위치적 본질, 곧 그것이 기억되는 대상이 아니라 그때 거기에 대한 지금 여기에서의 기억이자 기억하는 사람의 문제라는 사실을 일깨워준다.

늘 그랬듯이, 우리는 발터 벤야민의 말을 우리의 생각/제작의 지침으로 삼았다.

> 자신의 숨겨진 과거에 접근하고자 하는 사람은 땅을 파는 사람과 같이 행동해야 한다. 무엇보다 그는 똑같은 문제로 돌아오고 또 돌아오는 것을 두려워해서는 안 된다. 흙을 뿌리듯 흩뿌려야 하고, 흙을 뒤집어엎듯 뒤집어엎어야 하는 것이다(in Jennings, 2005, p.576).

공연을 만드는 사람으로서 우리에게는 슬픔을 면밀히 들여다보면서 계속해서 파고드는 것 이외에 다른 선택지가 없었다. 우리는 이 공연을 함께 만들기로 하기 전에는 왜 전혀 슬픔을 알아채지 못했는지 궁금했다. 슬픔은 언제나 거기에 있었음에도 둘 다 그것에 전혀 주의를 기울이지 않았다.

> 우리는 당신을 바라본다, 우리는 서로를 바라본다, 우리는 당신을 보며 미소 짓는다.

그렇게 우리는 서로와 함께 한 삶과 우리를 둘러싼 세계를 바라보는 것으로 작업을 시작했다. 창은 자기민족지적 공연을 연구자가 '자기'라는 고유한 렌즈를 통해 사회를 이해할 목적으로 사회문화적 맥락에서 자신의 인생 경험에서 나온 데이터를 사용할 수 있게 해주는 연구 방법론이라고 정의한다(Chang, Ngunjiri & Hernandez, 2012, p.18). 그런 의미로 공연을 만들면서, 여러 측면에서 우리의 작업과 불가분의 관계에 있는 지지 구조를 찾았다. 그것은 부정으로 시작해 분노, 협상, 우울을 거쳐 수용에 이르는 엘리자베스 퀴블러-로스(1969)의 **애도의 다섯 단계**다. 우리는 그것을 작품 구성의 틀로 삼았고, 제작 과정도 그에 따라 설명할 것이다.

부정

줄스: … 그건 정말 아무렇지도 않았어요, 아무런 영향을 받지 않았어. 아무것도 날 해칠 수 없어. 아무것도 내게 손대지 못 해. 넌 날 아프게 할 수 없어. 난 (어떤 것도 붙지 않는) 테프론이야. 난 일자리를 원하지 않았어. 난 혼자 있는 게 좋아. 난 내 일을 하는 게 더 좋아. 난 정말로 가고 싶지 않았어. 난 좋아질 거야. 괜찮아질 거야.

줄스는 방한모*를 쓴다.
데이비드는 방한모를 벗는다.

데이비드: 그건 사실이 아니야. 당신은 이보다 나은 사람이야. 난 이보다 나은 사람이야. 그녀는 이보다 나은 사람이야. 우리는 이보다 나은 사람이야. 그들은 이보다 나은 사람이야…

분노

데이비드: 나는 저 거짓말에 대해 분노한다.
줄스: 당신이 내가 화를 낸다고 비난하기 시작한 게 그때

---

* 발라클라바(balaclava)는 눈과 입을 제외한 머리 전체를 덮는 방한모로 스키 마스크나 안면마스크로도 불린다. 본래 군용으로 크림전쟁에서 영국군이 추위를 피하기 위해 털실로 짜서 썼던 것에서 유래되었다고 한다. (나무위키 참조) 여기서는 이 발라클라바를 방한모로 옮긴다.

쯤이었어.

데이비드: 나는 저 거짓말에 대해 분노한다.

줄스: 우리의 말다툼을 기억해.

데이비드: 나는 저 속임수에 대해 분노한다.

줄스: 소리치는 건 당신한테 배운 거야.

협상

데이비드: … 나는 사랑하는 이들의 삶의 위해, 당신 둘을 위해 파우스트처럼 거래를 했어. 나는 언제든 내 삶을 당신들을 위해 바칠 거야. 나의 유일한 희망은 이 거래가 영광되기를 바랄 뿐. 만약 내가 당신들을 위해 삶을 바칠 준비가 된다면, 그건 내가 당신들을 위해 목숨 바칠 준비가 되었다는 걸 뜻하지 … 그녀를 위해 … 당신을 위해 …

줄스: 거래 … 내게 삶이 늦게 오도록 당신이 그렇게 접근한다면 나도 거래를 하겠어. 난 엄마가 되어서 내 시간이 심각하게 줄어든 후에야 비로소 내가 나한테 아무것도 하지 않을 수 있는 시간과 공간을 주기 위해서는 협상을 해야만 한다는 걸 배웠던 거 같아. 정말 말 그대로 아무것도 안 하는 거 말야. … 처음으로 엄마가 되었을 때를 떠올리는 게 어려워. 기억이 안 나 …

우울

데이비드: 기분이 좀 안 좋아.

가치 있고, 다정하고, 친절하고 용감하고, 영리한 느낌이 안 들어. 많은 걸 소비하는데도 충분하지가 않아. 시간이 울고 있어. 나한테 계속 물어. 왜 계속 해? 왜 계속 그렇게 하려고 해? 외모, 바지, 영혼, 이제 모든 게 무의미해 보여.

줄스: 기억력 때문에 우울해. 방에 들어갔는데 왜 갔는지 기억이 안 나. 사람들을 만나면 알아는 보지만 정확히 누군지는 모르겠어. 더 이상 물건들 이름이 생각나지 않아. 어느 날 당신마저 못 알아보게 될까봐 무서워.

수용

데이비드: 평균－작업 중－사랑－놀이
나는 아무것도 바꿀 수 없다고 느낀다. 물론 그것이 '그들'이 원하는 바다.
하지만 나는 내가 모든 걸 바꿀 수 있다는 걸 안다. 그리고 만약 우리가 함께 하면 우리는 세상을 바꿀 수 있다. 이 방에 있는 우리가 세상을 바꾸는 걸 상상해 봐.
기이로의 타흐리르 광장에 앉아 처음으로 '모든 게 변할 때까지 난 꼼짝 않고 여기 있겠다'고 말한 사람이 누구였을까.* 그 운명적인 밤에 동 베를린에

* 2011년 이집트 카이로 중심부의 타흐리르(해방) 광장을 중심으로 일어난 반독재 민주화 투쟁 상황을 말한다. 이때 주로 가족 단위로 모여든 시민들이 호스니 무바라크 대통령의 퇴진과 자유선거를 요구하며 광장을 지켰다

서 '우리가 국민이다'라고 처음으로 외친 사람은 누구였을까. 우리는 한민족이다.

데이비드가 방한모를 내려 쓴다.
데이비드는 일어선다, 눕는다.
줄스가 일어선다. 그리고 데이비드 곁에 꽃을 놓는다.
줄스는 앉는다. 그리고 방한모를 벗는다.

줄스: 아니라고 소리치고 싶을 때 그렇다고 말하는 것, 모든 게 내가 원할 때 원하는 방식으로 되지는 않을 거라는 것 … 그건 당치 않은 소리라는 것, 내가 우주의 중심이 아니라는 것, 내게 모든 걸 바로잡을 수 있는 힘이나 마법의 지팡이가 없다는 것, 그저 어쩌다 일어난 무작위일 뿐이라는 것.

이들 단계를 거침으로써 우리는 감정을 훈습하고 현재에 있을 수 있었다. 우리는 유언장을 작성해야 하는 중년에 이르렀고, 그래서 살아있는 유언장이 될 공연을 하게 되었다.

줄스: 내 옷은 전부 그레이스에게 줘요. 이제 걔한테 너무 작다 해도.
내 그림 재료는 모두 같이 쓰세요.
적어도 일주일에 한 번은 함께 춤을 춰요.

고 한다.

일요일 아침에는 침대에서 신문을 읽어요.
서로 읽어주고요.
그레이스의 머리를 빗겨 땋아주세요. 그렇게 하면서 내가 느낀 단순한 기쁨을 기억해요.

데이비드: … 죽을 때가 오면 당신이 마지막으로 나를 만져주기를 원합니다.
나는 곧 죽는다는 걸 알고 싶고 그것을 준비하고 싶습니다.
그리고 어느 땐가 나를 사랑하고 좋아해준 사람들을 위해 해변에서 파티를 열어 어리석었던 내 이야기를 들려주고 싶습니다.

이것은 우리가 과거의 '우리'와 끊임없이 변하는 지금의 '우리' 그리고 더 이상 우리가 있지 않을 미래의 프로젝트를 이해하고 그와 화해할 수 있게 해주었다. 우리가 슬픔과 상실의 영토에 있음을 받아들이면서 삶의 연속체에 우리를 위치시키고 통제하기 시작할 수 있었다. 우리는 우리가 살고 싶은 세계를 새롭게 생각하는 방식으로 사랑의 성명서를 떠올렸고, 그것이 맨 처음 관객을 만날 때까지 우리 작업의 제목이 되었다. 우리는 작업복을 입었다. 그는 검은 수트, 검은 셔츠, 검은 고무나막신, 방한모를, 그녀는 검은 블라우스, 검은 치마, 검은 타이즈, 검은 고무나막신, 방한모를 착용했다. 그리고 애도의 다섯 단계와 저항의 행동을 엮어서 춤을 추었다. 그 춤은 영국의 전통적 스트리트 댄스인 모리스 춤과 비슷했지만, 작업이 진행되면서 속도를 늦추거나 높이고 강세를 넣는 등 다양한 작곡 전략으로 이채를 띠게 되었다.

공연에서 우리는 약 2m 간격을 두고 의자에 앉아 정면을 보았다. 각자 옆에는 사이트 테이블이 있었다. 그의 탁자에는 들꽃이, 그녀의 탁자에는 한 잔의 물과 가족사진이 있었다. 우리는 앞에 있는 관객을 향해 앉았고, 마치 외울 시간이 부족했던 것처럼 우리가 할 말을 클립보드에 써두었다. 나중에도 그 대사를 말하고 썼다는 사실을 분명히 하기 위해 클립보드를 치우지 않았다.

> 우리는 앉는다. 방한모를 접어올리고 서로를 본다. 그리고 당신을 본다. 그렇게 시간이 흐른다.

자전공연에서 우리의 만남은 그것이 목격자들에게 자신의 이야기를 성찰할 기회를 제공할 때만 진정으로 가치 있는 것이 될 수 있다.

> 그럼에도 주저 없이 힘주어 할 수 있는 말은 여기 제시된 모든 증거에도 불구하고, 자전공연에 관한 한 어떤 것도 '사소하지' 않다는 것이다. 대다수가 '한낱 자기에 관한' 것 이상이다. 오히려 그것은 문화적 변형에 기여할 수 있는 잠재력을 가진 창조적 행위이자 야망과 가능성의 공연이다. 현재를 통해 과거를 들여다봄으로써 우리는 미래에 대해서 어떤 선택을 해야 할지를 생각하게 된다 (Heddon, 2002, p.172).

따로 산 것보다 함께 산 기간이 더 긴 부부가 개인적 서사를 표현할 때는 사적/공적 문제가 더욱 두드러진다. 지속성과 근접성 그리고 서로에게 의존한 일상생활로 서로를 보지 못하던 우리가 자전 공연을 만들고 상연하면서 그 개인적이고 집단적인 성찰적 표면을 통해 지금 여기에서 서로를 바라볼 수 있었다. 개인의 기록 보관소를 개방함으로써 표류하며 요동치는 시간과 기억의 변덕 속에서 우리가 어땠는지, 어떻게 되기를 원했는지, 지금 어떤지를 볼 수 있다.

공연 후에는 리즈 레먼의 〈비판적 반응 과정(Critical Response Process)〉(Lerman & Borstel, 2003)을 활용하여 구조화된 대화를 했다. 비판적 반응 과정은 작품에 대한 이해를 촉진하기 위해 고안된 피드백 체계로, 관객과 공연자에게 구조화된 대화를 제공함으로써 작업을 발전시킬 수 있는 실질적인 방법을 제시하는 데 목표를 둔다. 그 과정은 네 단계를 밟는다. (1) 관객이 예술가에게 작품에서 자신에게 의미가 있거나 영향을 준 것이 무엇인지 말한다. (2) 예술가는 관객이 공유한 소감에 관해 질문한다. (3) 관객이 예술가에게 질문한다. (4) 관객이 '~에 대해 의견이 있는데, 들어보실래요?' 라는 형식으로 작품의 특정 양상에 대한 의견을 피력할 수 있다. 그리고 예술가는 그것을 수용하거나 사양할 수 있다. 이 안내를 통해서 관객은 확장된 어휘로 자신의 감정과 생각을 충분히 전달할 수 있다. 이 구조는 우리의 경험을 이해하고 개발하는 데 매우 유용해서, 실제로 몇 가지 사실을 발견했다. 우리가 노화, 의존, 가정생활에 관해 하고자 한 이야기는 관객에게 잘 전달이 되었다. 그런 한편 정치적 내용은 세계가 작동하는 방식을 바꿀 필요가 있다는 진솔한 믿음보다는 아이러니로 독해될 가능성이 있었고, 그것을 줄이기 위해서는 좀 더 밀어붙일 필요가 있었다. 무대 배경 역시 더 일관된 조율이 필요했다. 몇몇 관객이 우리의 작품에 '심장의 테러리스트'라는 제목이 더 어울린다고 말해주었고 그 의견을 받아들여 공연 제목을 수정했다.

비판적이고 친근한 관객 앞에서의 상연은 작가이자 연출자이자 공연자로서 우리가 만든 공연 자체를 전혀 새롭게 이해하게 해주었고, 그 새로운 관점을 기반으로 훨씬 뚜렷한 객관성을 가지고 작품을 고쳐 쓸 수 있었다. 초대된 관객에게 공연을 검증받는 것은 어떤 계발 과정에서도 핵심적인 단계다. 연극은 그것을 완성해 줄 관객을 필요로 하는 예술 형식이다.

그래서 우리는 친절한 비평가인 관객이 제기한 몇 가지 질문과 의견을 돌이켜보았다. 우리가 받은 피드백에서 가장 중요한 것은 공연 막바지에 제시한 정치적 요구의 목록, 사랑의 성명서를 손볼 필요가 있다는 것이었다. 흥미롭게도 그 내용을 어떻게 고치면 좋을지에 대해서는 아무도 의견을 주지 않았다. 그래서 처음에 어떻게 해야 할지 몰라 당황스러웠지만, 대본을 살펴보면서 다양한 구성적 특징을 찾았고, 우리가 일종의 이중자아를 자주 쓴다는 걸 알아냈다. 공연자 두 사람이 두 테이크를 쓰면서 때로 내용이 중복되었고, 그것을 수정했다. 예를 들어, **수용** 단계에 '절대 ~하지 않겠어'라고 말하는 대목이 있었는데, 나중에 우리가 삶의 주도권을 회복하여 상황에 대한 관점이 달라지면서 그 말을 반복하지 않았다.

줄스: … 절대 원 나잇 스탠드를 하지 않겠어
데이비드: 절대 마이크 리 영화에 출연하지 않겠어
줄스: 절대 머리를 초록색으로 염색하지 않겠어
내 방을 검은색으로 칠하지도 둘째를 가지지도 않겠어
데이비드: 절대 한 번 더 사랑하지 않겠어

그 뒤에 이렇게 변한다.

줄스: 원 나잇 스탠드 하기

데이비드: 마이크 리 영화에 출연하기

줄스: 초록색으로 머리 염색하기

검은 색으로 방 칠하기

둘째 갖기

데이비드: 한 번 더 사랑하기

이 단서는 우리가 사랑의 성명서를 두 번 발표할 수 있음을 보여주었다. 그래서 우리는 전략으로서 성명서를 공연 앞뒤에 두 번 배치해서 관객이 내용을 다시 살피도록 했다. 반복을 통해서 무엇이 달라졌는지를 찾도록 하려는 것이었다. 우리 자신에게도 스스로를 보게 하면서 그 담론적 공간 속에서 목격자들에게도 자기 자신을 다시 한 번 살펴보도록 청한 것이다.

사랑의 성명서(우리의 정치적 요구)를 처음 선보일 때 매우 진지했음에도, 관객이 그걸 듣고 즐거워해서 우리는 적잖이 낙담했다. 우리에게는 극의 내용을 의도한 대로 전달하는 게 중요했다. 그래서 직관과 정반대로, 공연 초반에는 일부러 거칠고 희극에 가까운 표현을 채택하여 우리를 나이브한 공연자로 세웠다. 그 결과 똑같은 시간과 공간에서 공동의 상처가 그대로 살아있으면서도 아주 우스운 장면이 만들어졌다. 물론 그 뒤에는 부모가 되면서 늙어가는 상실을 다루는 개인적인 내용이 있었지만, 오히려 그것이 통과의례처럼 작용하여 공연 후반에 나오는 사랑의 성명서를 더욱 인상적으로 만들어주었다.

성명서를 수미상관하게 배치함으로써 우리는 일종의 허가를 받았다. 두 번째로 성명서를 발표할 때는 방한모를 벗어 우리를 드러냈고, 그것이 정치적인 담론 속에서 개인적인 내용을 목격한 관객에게 영향을 미쳤다. 그런 면에서 관객/공연자 관계는 사회적으로 맺어진 상호성, 곧 관객이 자신의 삶을 성찰하도록 추동하면서 표현된 것뿐 아니라 텍스트 너머의 삶과 동기를 이해할 수 있게 해주는 하나의 도가니(호된 시련의 장)로 기능했다. <심장의 테러리스트>는 자전적 요소와 살아있는 유언장으로서의 기능이 매우 뚜렷했다는 점에서, 일반적인 연극을 넘어섰다. 그것은 관객/목격자들이 장차 자신의 꿈을 그려보도록, 자신이 무엇을 잃었는지, 무엇을 새로 소망하는지를 살펴보고, 자신의 삶을 증언하도록 이끌었다. 이것은 사랑의 성명서에 내재한 정치적 담론이나 우리가 집단 문화 속에서 잃어버린 것들에 대한 이해가 없었다면 가능하지 않았을 것이다.

2010년과 2013년 사이에 우리는 이 작품을 매번 다른 상황에서 여섯 차례 상연했고, 그때마다 내용에 대한 관점이 바뀌는 것을 강렬하게 느꼈다. 시간이 지날수록, 후반부에 가서는 더욱더, '대본에 있는 자기'와 '그것을 상연하는 자기'의 경험과 이해의 간극이 벌어졌고, '우리가 한 사람이 아니'라는 소리가 안에서 울려나왔다. 데어드르 헤돈(2002)은 이 불일치의 문제에 대해 이렇게 말한다. '공연자는 자신을 상연할 수 있다. 그러나 우리는 상연되는 그것이 공연자의 자기라고 전적으로 확신할 수 없으며, 공연자가 누구인지 역시 마찬가지다. 두 경우 모두에서 자기들은 계속해서 미끄러진다'(p.6).

과거와 미래라는 두 개의 서로 다른 관점은 헤돈(2008)이 말한 불일치를 만들어낸다. 그것은 이야기를 하는 나/우리와 이야기가 말하는 나/우리의 간극을 가리킨다. 그와 똑같이, 이야기를 하는 우리와 이야기를 목격하는 우리 그리고 어떤 의미에서는 쇼사나 펠먼이 '읽기의 유대를 통해 … 타자의 이야기는 … 우리 자신의 것으로서'라고 말한 것처럼(2003, p.14) '혼자서 자신의 이야기를 해야 하는 우리' 사이에도 틈이 존재한다.

우리는 상실을 이야기한다. 우리가 힘들었던 당시를 이야기한다. 우리가 격한 기쁨으로 가득 찼던 때를 이야기한다. 그리고 그렇게 이야기가 계속 된다.

수지 개블릭은 「미술의 매혹(Re-enchantment of Art)」에서 포스트모던한 문화는 분리와 객관성을 강조하는 가부장적 구조에서 멀어져 연결과 참여와 공감과 개입의 상관적 양식에 중점을 두는 여성적인 것으로 방향을 선회하면서 다시 활성화될 기회를 잡는다고 말한다. 그녀는 이어 이렇게 강조한다. '의식의 역사적이고 진화적인 다음 단계에서는 공감 능력이 성공의 이상뿐 아니라 의미 있는 사회와 의미 있는 예술의 회복에서도 핵심적인 역할을 할 것이다'(1995, p.182).

우리는 공감을 실천의 중요한 원리로 삼는다. 〈심장의 테러리스트〉에서 우리는 개인적이고 정치적인 상실을 모두 담아내면서 최악의 시나리오, 서로의 죽음과 그 후에 혼자 살아가는 것을 상상하고 그것을 연기하는 데 익숙해지려 노력한다. 우리가 죽음과 상대 없는 삶을 상상할 때 나와 나 아닌 것이 되면서 우리는 지워진다. 우리는 이 상징적인 행위, 바로 공연에서 죽는 것을 통해 은유적으로 치유될 수 있다. 삶이 지속적인 되어가기의 과정임을 받아들이고, 그것을 통해 살아있는 유언장을 작성하고 상연할 수 있는 힘과 더 공감 넘치는 사회의 비전을 구체화할 수 있는 힘을 얻는 것이다.

모리스 춤을 추면서 사랑의 정치적 성명서를 발표한다.

데이비드: 우리가 여기서 나아간다면 그것은 지금과 달라야만 한다. 이것이 우리의 사랑의 정치적 선언이다.

줄스: 이것이 우리의 요구다.

데이비드: 일 년에 십만 파운드 이상 벌 수 없도록 한다.

줄스: 은행, 철도, 토지, 우체국, 해운, 버스는 모두 국가가 소유한다.

데이비드: 여성과 남성이 동등한 임금을 받고, 가사 노동에 대해 국가가 최소한의 임금을 지급한다.

줄스: 국가는 탈중심화한다 – 식료품의 생산과 소비와 관련한 지역 정책을 마련하고, 남는 것은 물물교환한다.

데이비드: 각 지역마다 지정된 숲을 가꾸어 거기서 땔감을 얻고, 가구마다 태양열 패널과 풍력 발전용 터빈을 갖추며, 토지 사유는 금한다.

줄스: 왕실은 윈저가에 제한하고, 생계를 위해 일하도록 하며, 자산은 모두 국가에 귀속시키고, 왕궁은 노인과 가난한 사람들과 가장 도움이 필요한 사람들을 위한 집으로 사용한다.

데이비드: 영국은 자급자족하는 장인의 공화국이 된다.

줄스: 청소년은 15살이 되면 산부인과 병동에서 한 달 동

안 일한다.

데이비드: 자유로운 공화국의 시민은 18살이 되면 2년 동안 주택, 운하 건설, 농사, 취약 계층 지원, 국제 개발, 응급 구조 등 시민의 의무에 복무한다. 그것을 마치면 2~3년의 고등 교육이 무상으로 제공된다.

줄스: 영국 시민이 되고자 하는 사람은 누구나 국민 요리인 … 그러니까 카레와 마마이트 따위를 만들 수 있어야 하고 모리스 춤을 출 수 있어야 한다.

데이비드: 종교 학교는 없고, 종교 교육은 금요일 밤, 토요일 아침과 일요일 아침에 한한다.

줄스: 어린이는 연령에 관계없이 배울 수 있다.

데이비드: 요람부터 무덤까지

줄스: 요람부터 무덤까지

데이비드: 포르노그라피와 초콜릿을 제외하고 섹스에 기반한 상품은 모두 금지된다.

줄스: 섹스는 기리되 사거나 팔아서는 안 된다.

데이비드: 과잉의 축적은 더 이상 없다.

줄스: 우리는 자유롭게 태어나 자유롭게 살다가 자유롭게 죽는다.

데이비드: 사랑을 위해 투표하라.

줄스: 사랑을 위해 투표하라.

데이비드와 줄스: 사랑을 위해 투표하라.

두 사람이 키스한다

'때로 가족의 비밀은 너무나 깊이 묻혀 있어서 가장 밀접한 이들조차 그에 대한 의식적 자각을 피해가기도 한다'(Kuhn, 2002, p.2).

〈심장의 테러리스트〉는 우리가 일상적인 회피에 접근할 수 있도록, 우리의 개인적이고 집단적인 상실의 비밀을 의식적으로 알아차릴 수 있게 해주었다. 우리는 대화하기 시작했고, 둘 다 그처럼 근원적인 상실을 살아내고 있었음을 깨달았다. 창조적 작업을 통해 이야기를 공유하고 각자의 상처를 드러냄으로써, 우리는 이 미끈거리는 상실로부터 자신을 보호하기 위해 만든 단단한 껍데기를 깨고 나올 수 있었다. 우리는 처음 만났을 때처럼 서로에게 마음을 열었고, 이야기를 나누면서 다시 한 번 서로를 알아갔다. 벤야민의 말처럼 우리는 '흙을 뒤집듯이 뒤집었다'(in Jennings, 2005, p.576). 그것은 개인이자 부부로서 우리에 대한 재투자이자 재확증이었다. 우리에게 우리 자신과 서로를 돌려주었고, 정치와 예술과 삶에 대한 개인적이고 집단적인 참여를 회복시켜주었다.

공연을 제작하고 상연하고 성찰하면서 우리는 여전히 서로를 사랑한다는 사실을 깨달았다. 그리고 그에 대한 공적 반복이 관객으로 하여금 우리를 '심장의 테러리스트'라고 부르게 했다.

> 우리는 춤추고, 우리는 죽고, 우리는 말하고, 우리는 진정으로 사랑의 선언을 하고, 그렇게 계속된다.

참고문헌

Chang, H., Ngunjiri, F. W. & Hernandez, K. C. (2012). *Collaborative autoethnography*. California: Left Coast Press.

Conquergood, D. (2002). Interventions and radical research. *The Drama Review, 46*(2), 112-130.

Felman, S. (2003). *What does a woman want? Reading and sexual difference*. London: Johns Hopkins University Press.

Gablik, S. (1995). *The re-enchantment of art*. New York: Thames and Hudson.

Heddon, D. (2002). Performing the self. *M/C: A Journal of Media and Culture, 5*, 5. http://www.media-culture.org.au/mc/0210/Heddon.html (01/10/2012).

Heddon, D. (2008). *Autobiography and performance*. Basingstoke and New York: Palgrave Macmillan.

Jennings, W. (2005). *Walter Benjamin: 1931-1934 vol. 2: Selected Writings*. Cambridge: Harvard University Press.

Kubler-Ross, E. (1969). *On death and dying*. New York: Scribner Press.

Kuhn, A. (2002). *Family secrets: Acts of memory and imagination*. London and New York: Verso.

Lerman, L. & Borstel, J. (2003). *Critical response process: A method for getting critical feedback on anything you make from dance to dessert*. London: Dance Exchange.

Rogers, M. (2012). Contextualizing theories and practices of bricolage research. *The Qualitative Report, 17*(7), 7-17.

18

참여자로서의 연극 : 치료적 자전공연에서의 한 실험

마리아 호더마스카, 프렌티스 벤자민, 스테파니 오멘스

이 장은 **치료적 자전공연**의 제작과 상연에서 **참여자로서의 연극**이라는 개념을 정의하고 논하고자 한다. 우리는 모두 연극치료사이며 각각 정보원, 연출자, 배우로서 치료적 연극을 활용한 연구를 진행했다. 여기서는 그 경험에 의지해, 참여자로서의 연극이 미적 거리의 구축과 치료적이고 자기계시적인 공연에 대한 담론에 어떻게 기여하는지를 고찰한다. 연극을 돌보는 것과 참여자를 돌보는 것을 나란히 두고 살펴봄으로써, 제작자로서 연극치료사의 기능을 검토한다.

〈바닥에서(On the Floor)〉는 미국의 극작가 쿠지 크램이 쓴 10

M. Hodermarska, MA, RDT－BCT, CASAC, LCAT (✉)·P. Benjamin, MA
New York University, New York, NY, USA
e－mail: mh51@nyu.edu

S. Omens, LCAT (NY) MA－RDT, CCLS
Hackensack University Medical Center, Hackensack, NJ, USA

분 길이의 일인 단막극으로, 고통에 시달리는 중년의 대학 교수 잇지를 그린다. 잇지는 한 동료의 디너 파티에서 휴고라는 교수를 소개받는다. 극이 시작되면 잇지는 욕실에서 피난처를 찾았다. 변기에 고개를 박고 엎드린 채 팔을 뻗어 진통제가 가득한 지갑을 찾지만 닿지 않는다. 그녀는 핸드백을 잡으려 애쓰다가, 고통에 움찔거리다가, 멈추어 쉬다가, '여성운동가의 도시'*라는 노래를 몇 마디 흥얼거리다, 다시 핸드백을 잡으려 버둥댄다. 하지만 두 번째도 실패하고, 결국 포기한다. 연극의 장르는 희극이다.

허리까지 흙더미에 묻혀있는 상태에서도 '또 다른 행복한 날'이라고 외치는 베케트(1961)의 위니와 다르지 않게, 잇지는 곤경을 해맑고 밝게 대한다. 중년의 통행료 – '부어오른 무릎', '삐걱거리는' 척추(p.4) – 를 '긍정적으로 아크로바틱'(p.1)한 젊음의 스릴과 맞세우면서, 믿음직한 친구나 치료사처럼 관객에게 자신의 자신감을 주입한다. 그녀는 섹스와 마약의 영광과 맨해튼의 비데 부족에 대해 곰곰이 생각한다. 그녀는 화장을 하고 진통제를 먹는다. 그리고 드디어, 극의 말미에서, 바닥에서 일어나 두 발로 서서, 대기실로 물러난다.

〈바닥에서〉(Cram, 2013)는 연극치료를 가르치는 교수이자 임상가인 정보원(MH)의 경험을 극작가 쿠시 크램이 허구화했다. 정보원의 친구이자 동료인 배우(SO)는 숙련된 연극치료사이자 수퍼바이저였고, 연출자(PB)는 연극 예술가로서 경험이 많은 예비 연극치료사였다. 연극은 NYU의 연극치료 퍼포먼스 연구 시리즈인 '퍼포

---

* 'Suffragette City'는 데이비드 보위가 1972년에 발표한 곡으로 영화 '시계태엽 오렌지'의 영향을 받았다고 한다.

먼스로서(As Performance)'의 일부로, 시들어가는 육체를 주제로 한 단막극의 밤에 상연되었다. 그 시리즈의 상임이사인 데이브 마우어즈는 치료적 연극에서 연극 자체가 참여자라는 자신의 관점을 제시하면서 '그 컨셉의 윤리적인 함의와 그 밖의 의미는 무엇일까?'를 질문했다(D. Mowers, 개인적 소통, 2/13/2013). 이 장에서는 그의 도전을 받아들여 이 단일한 치료적 연극 과정 속에서 정보원과 연출자와 배우 세 사람의 경험을 각각 살펴보려 한다.

프로젝트

그것은 수행적 연구(Pelias, 2008), 이인-민족지(Sawyer & Norris, 2013) 혹은 **공동취지의 자기민족지**(Bochner & Ellis, 2006; Ellis, 2007; Ellis & Bochner, 2000; Pelias, 2008)로 겸손하게 시작했다. 연구자들이 실제 경험의 재현적 인공물인 연극적 허구를 창조함으로써 각자의 경험을 공동연구한 것이다. 그 산물인 연극은 관객에게 공개할 것이었다. 또한 우리가 각자의 이야기와 공동의 이야기를 어떻게 담아내는지, 언제 공유된 궤도와 동일시의 포인트가 나타나는지를 관찰하는 것이 또 하나의 목표였다.

그런 관계 역동에 의식적으로 참여함으로써, 우리는 치료와 참여적 행동 연구의 특정 형식 그리고 연극치료와 같이 필요 이상으로 이중관계가 많은 작은 분야에서 일어나는 유사한 역동을 통찰할 수 있기를 바랐다. 이 실험은 윤리적인 것이었다.

심리역동적으로 말하면, 우리는 '행위자와 대상자'의 이항이 교란되고 붕괴되는 우리들 사이의 상호주관적 과정에 참여했다(Benjamin, 2004). 권위와 권력의 측면에서는 학생과 교사, 신참과 경험 많은 수퍼바이저, 사이코드라마적인 이중자아로서의 친구 등 전통적 권력 관계의 역전과 전복을 통해, 사회적 구분과 식별자의 상호관계로 이해되는 **교차성**(Crenshaw, 2004)을 연구했다. 연극적 관점에서 우리는 공동창조자들로 구성된 하나의 극단이기도 했다.

우리는 캐롤린 엘리스의 질적 연구(Ellis, Keisinger & Tillmann-Healy, 1997)와 반대되는 연구방식을 취했다. 우리는 하나의 집단으로서 과정을 함께 하지 않았다. 이 결정은 부분적으로 연출자의 사정으로 시작부터 최종 결과물을 제시하기까지 프로젝트를 8주 만에 끝내야 하는 게릴라적 특성에서 비롯되었다. 과정이 진행되는 동안 경험에 대해 광범하게 토론하고 반추하는 대신, 우리는 잇지의 경험에 동일시하여 그녀를 생생하게 표현하는 것이 모두를 위해 복합적이고 풍성한 결과를 가져올 것이라 믿으며 프로젝트에 착수했다. 재생 연극에서 조너선 폭스(1999)가 말하는 **깊은 이야기***와 같이, 우리에게 위험은 공유하고 감지할 수 있는 것이었다 (pp.1~2).

우리 연구의 관심사는 우리가 경험을 공유하고 연극치료사로서 우리를 위한 가치를 탐험하는 연극을 통해 치료적인 뭔가를 할 수 있을까에 있었다. 주제는 우리의 이야기였다. 우리 세 사람은 젊음, 여성다움, 몸에 관한 진실과 허위에 대한 자각으로부터 자신을 방어하기 위해 허구를 창조하고 조작하는 상거래에 참여했다.

허구와 함께 우리는 또 다른 방어 장치를 구축했다. 스토리텔

---

* 재생연극에서 깊은 이야기는 텔러에게 최우선이자 최상의 중요한 의미를 갖는 이야기를 말한다. 그것은 가령 자녀의 죽음이나 심각한 사회적 불의와 같이 근본적으로 위험이 뚜렷하게 감지되는 이야기이기도 하다. 조너선 폭스는 재생연극이 풍성한 이야기를 지향하기보다 그런 깊은 이야기를 위한 무대가 되어야 한다고 주장한다.

러는 대본을 절대 보지 않았다. 오직 배우만 대본을 보았고 정보원과 이야기에 대해 의견을 나누지 않았다. 스토레텔러와 연출자는 무엇이 진실인지 알았고, 극작가와 연출자는 무엇이 허구인지를 알았다. 연출자는, 치료사처럼, 연극과 치료의 양면에서 심리적으로 풍부한 **빈 공간**(Brook, 1996)에서 이야기를 극화했다. 관객은 정보원이나 연극의 허구/사실 여부를 전혀 알지 못했다. 관객에게 그것은 그저 중년의 시들어가는 몸에 관한, 바라건대 성숙과 함께 찾아오는 **체현된 현존**(Johnson, 2009)의 연극일 뿐이었다.

연극은 복합적인 힘으로 분리를 완화할 수 있다(Thomson & Jaque, 2011). 그것은 또한 서사가 배열되는 틀거리를 제공함으로써 경계를 형성하기도 한다(Meldrum, 1999). 이런 방식으로 연극은 참여자들에게 안전한 참여를 허용하는 투사 장치로 기능한다. 우리의 연구 과정에서 연극은 신성한 대상이었다. 외재화된 서사는 '자기로부터 분리된 이야기를 허용해'주기 때문에(Cozolino, 2010, p.171), 정보원과 연출자와 배우는 모두 보이면서 보이지 않고, 이해되면서 동시에 보호받을 수 있었다.

〈바닥에서〉는 우리들 각자에게 속한 것으로서 우리의 경험을 집약했다. 자기-경험에 대한 이 중재는 역할의 역동에 대한 우리의 이해를 바꾸어 놓았다. 우리는 벤야민(2004)의 전통적인 치료적 이항에서 벗어났지만 극적 세계관 속에 남아있었다. 거기서 우리는 연극을 돌봄의 주체나 대상 곧 우리에게 존중과 역량 및 직업적 관계의 윤리적 의무가 있는 참여자로 간주하기 시작했다. 요컨대 연극이 참여자이자 치료의 장소이자 우리가 돌보고 윤리적 의무를 다해야 하는 대상이 된 것이다. 그것은 일종의 공동 대리인으로서, 우리가 관객 앞에 서서 각자의 경험에 대해 일정 정도 진실한 이야기를 말할 수 있게 해주었다. 나아가 연극을 참여자로 인식하는 것은 작업의 미학적 결과물에 인간적 과정뿐 아니라 가치와 의미와 **돌봄의 윤리학**(Galligan, 1982)을 돌려주었다.

치료적 연극의 윤리학과 미학

치료적 연극은 우리가 치료의 기술에 더 주의를 기울이도록 한다. 연극치료에서는 가치와 관련한 긴장이 상존한다. 이 긴장은 미학(인지, 감각, 경험과 관련한 가치)과 윤리학(취하거나 취하지 않은 행동과 관련한 가치)의 변증법에서 비롯된다. 임상적으로 우리는 그 둘의 연결고리에서 작동한다. 윤리학은 참여자들이 해를 입지 않도록 보호하기 위한 기준으로서 치료적 행위 일체의 핵심에 자리하며, 우리가 어떻게 행동해야 하는지를 일깨워준다(Ridout, 2009). 그런데 연극치료사로서의 윤리학은 치료적 연극을 제작하는 과정에서 가장 선명하고 위험해진다(Hodermarska, Landy, Dintino, Mowers & Sajnani, 2015).

연극치료는 일련의 미학적 선택임에도 임상에서 우리는 그 사실을 거의 인식하지 않으며, 오히려 표현, 미적 거리, 통찰, 상호성, 안전감 등의 윤리적이고 임상적인 차원에 초점을 맞춘다. 사자니(2012)의 **관계 미학** 개념은 치료의 윤리적 차원과 그것이 발생하는 극적 예술 형식의 미학적 요구의 관계에 대한 필수적인 탐험의 문을 열어준다.

모든 치료는 부분적으로 참여자와 치료사의 드라마다. 치료적 연극은 그 드라마를 의식적으로 상연하는 것이라 할 수 있다. 공연에서, 치료적 관계는 모두가 연극의 미학적 위험과 치료의 윤리적 모험을 감수하면서 고조된다. 참여자와 치료사, 학생과 선생, 공연자와 관찰자, 배우와 인물은 그 과정의 미학과 윤리학을 모두 판단할 수 있는 관객에 의해 연구의 취약한 주체가 된다(Kilgannon, 2014). 〈바닥에서〉의 공동연구자로서 우리는 이 이항대립 관계로 들어가 그것을 탐색했다. 우리가 그렇게 할 수 있었던 것은 연극을 우리가 공유하는 참여자로 인식하고 그에 대한 책임을 우리의 윤리적이고 미학적인 의무로 간주했기 때문이다.

우리의 구조는 극작가의 서사적 상상력에 따라 움직이면서도 각자가 주체이자 치료사이자 예술가로서 위험을 감수하도록 허용해주었다. 두 겹의 안전함, 곧 과정의 성찰성과 상호성(Ellis, 2007)이 침해와 손상의 가능성을 줄여주었다. 그리고 허구화된 드라마의 미적 거리(Landy, 1993; Scheff, 1979)가 우리의 선택을 감출 수 있는 여지를 주었다. 덕분에 우리는 우리의 경험을 성찰하고 서로의 경험을 상상할 수 있었다. 바로 그 두 가지가 치료적이고 극적인 행위를 완성한다. 삶에서 허구는 우리가 진실을 회피하도록 돕지만, 연극에서 허구는 진실을 드러내는 거짓으로서 우리를 자기계시로 이끌어준다(Hodermarska, 2009; Emunah, 1994).

우리에게 자기계시는 프로젝트의 의도가 아니라 부산물이었고, 그것이 우리의 작업을 르네 에무나(1994, 2009, 2015)의 **자기계시적 공연**과 구분한다. 우리의 프로젝트에서는 모레노 부부(1969)의 「문화적 보존(cultural conserve)」이라는 텍스트가 중요했다. 관객은 자기계시적 공연처럼 공연자가 개인적 이슈를 연극치료적으로 훈습하는 것을 표현한 연극이 아니라 그냥 연극을 보았다. 거기서 관객이 본 것은 사실도 아니고 진실도 아니며(Ridout, 2009), 다만 그들 각자의 개인적 진실을 드러낼 수 있는 가장(假將) 혹은 충분히 진실한 사건이다.

치료적 연극을 상연하는 치료사로서 우리는 언제나 서로와 관객에 대한 관계를 의식한다. 피터 브룩(1996)에게 이 가치론적 고려는 연극이라는 잠재적 공간에서 벌어지는 작업의 기초를 형성한다. 리허설 과정에서는 배우/주체/연출가의 관계가 중요하고, 공연에서는 배우/주체/관객의 관계가 중요하다(1996, p.100). 연극은 이 삼각관계, 곧 당사자들이 그들의 진실을 찾거나 회피하는 장소이자 상호작용을 위한 형식과 구조다. 이 과정은 현실과 잉여 현실 곧 '일상 현실을 넘어선, 보이지 않지만 엄연히 실재하는 현실'(Z. Moreno in Yalom, 2004, The Double Life and Surplus Reality, para.2)에서 모두 일어난다.

과정의 구조 덕분에 우리는 잉여 현실의 출현을 존중할 수 있었다. 또한 그것은 본질적으로 치료적인 '말하기'와 때때로 참여자, 치료사, 예술가, 관객으로서 '말하지 않기'의 윤리적 의무를 동등하게 존중했다(Thompson, 2009a).

치료적 자전공연 과정에서 개인적이고 공동창조된 주관성

인류학자 바바라 로고프(2003)는 언어와 스토리텔링 과정이 개인을 시간과 세대를 넘어 서로 연결할 뿐 아니라 결합 조직으로서 문화 공동체를 형성하는 방식에 주목한다.

우리는 여기서 주관적인 것과 상호주관적인 것의 지도를 그리면서, 연극의 상연이 어떻게 개인의 '성격과 능력'을 변형(Solnit, 2013, p.11)하고 우리들 사이의 공동체를 심화시키는지를 설명할 수 있기를 희망한다. 다음은 연극을 창조하고 상연하면서 경험한 주관성을 개별적으로 설명한 것이다.

정보원의 주관적 경험

연극치료사로서 나(MH)는 인간성이 [참여자에게] 가장 의미 있는 치료적 진전을 촉진하는 방식과 반대로 실제로 그것을 방해하는 방식에 관심을 두어왔다. 이 역설은 '오직 비밀로 하는 만큼 아프다'는 12단계 회복 프로그램의 슬로건에서 더 직설적으로 나타난다. 치료사로서 우리의 이야기가 참여자(혹은 학생이나 친구들)의 이야기와 충돌하거나 마찰을 일으킬 때, 우리가 그 심연에 머물면서 그로부터 함께 뭔가를 창조할 수 있게 해주는 기제는 무엇인가?

내가 PB와 공유한 경험은 나이트클럽, 약물 사용, 나쁜 선택 등 방종으로 가득한 미친 젊음을 연상시키는 흔한 이야기에 중년의 우여곡절 이야기를 덧붙인 것이었다. 나는 과거에 대한 수치심이 나를 독특하게 만들어주지 않는다는 것을 잘 안다. 그러나 그 같은 자각에도 불구하고 나는 여러 해 동안 자기비난에 시달렸고 때때로 나와 비슷한 이야기를 가진 참여자를 만나면 연민과 싸워야만 했다(Hodermarska, 2009).

나는 우리가 교사/학생과 친구/친구의 권력 관계 안에서, 그 밖으로, 또 그것을 따라 서로를 지지할 수 있다고 믿었다. 그것은 내가 이중자아와 역할 바꾸기라는 사이코드라마의 기본 과정을 신뢰하기 때문이다(Moreno & Moreno, 1969). 역할 바꾸기는 필연적으로 동일시와 공유된 경험의 자리를 드러내는 것으로서 내 삶과 일의 기반을 이룬다.

나이가 들면서 방어기제가 심리적 보호자로서 얼마나 역부족인가를 더 분명하게 깨닫게 된다. 불투명함은 환상에 불과하며, 내가 읽힐 수 있다는 것이 진실이다. 내가 끊임없이 다른 사람을 읽는 것처럼, 나 역시 언제나 읽힌다.

연극은 나를 드러내면서 동시에 잘 감춰주었다. 관객 중 누구도 내가 연극의 내용을 제공했다는 사실을 알지 못했다. 연극치료사로서 나는 허구와 은유가 진실을 더 충실하게 드러내고 더 진실하게 말할 수 있음을 굳게 믿는다. 허구는 더 깊고 형언할 수 없는 의미를 부여함으로써 진실을 변형하는 힘을 갖고 있다.

연출자의 주관적 경험

나(PB)는 특히 관계의 중복 – 개인적/직업적, 교사/학생, 배우/치료사 – 과 관련한 불안정한 상황에 익숙했다. 나는 내가 학생이라는 사실을 잘 알고 있었고, 초보자의 작업이 NYU의 연극치료 공동체에 선보이게 될 것이었다. 그래서 내가 잘 했을까? 함께 작업한 사람들과 교수들과 선배 치료사들에게 만족스러웠을까? 나는 누구를 책임져야 했을까?

MH는 내가 선택한 경험을 어떤 방식으로 사용해도 좋다고 허락해주었다. 우리는 그 내용이나 의미에 대해 논의하지 않았다. 나는 반향을 일으키는 주제와 이미지를 꺼냈고, 그 첫 번째가 욕실 바닥에 엎드려 있는 첫 장면이었다. 극작가를 만났을 때, 이야기는 MH의 경험을 공유된 시사로 변형함으로써 하나로 수렴되었다. 쿠시는 우리가 애착을 갖고 방향을 잡을 수 있는 연극을 만드는 책임을 맡았다. 거리를 둔 그녀의 시각은 그 자체로 독자적인 텍스트를 제공해주었고, 대본이 손에 쥐어지자 연출자로서의 목적과 방향성이 뚜렷해졌다.

나의 첫 번째 책임은 안전을 구축하는 것이었다. SO와의 리허설에서, 우리는 그녀가 역할을 충분히 살면서 탐험할 수 있도록 신뢰를 형성하는 데 초점을 두었다. 나 역시 안전함을 느껴야만 했다. 처음에는 그녀와 단둘이 방에 있는 게 두려웠다. 연극치료사인 그녀가 혹시 나를 읽어낼까? 내가 뭘 하고 있는지 모른다는 걸 눈치 채지 않을까? 엉터리라고 생각하지 않을까? 나는 그 감정이 회기에서 참여자와 있을 때 그리고 리허설 공간에서 연출자와 있을 때의 두려움과 같다는 사실을 깨달았다. 그들은 내게서 어떤 추한 진실을 볼까?

나는 SO 역시 비슷하게 느낀다는 것을 알았다(그녀는 안전하지 않음을 표현하는데 과감하고 관대했다). 이 불안에 맞서 우리는 그저 머뭇거리며 앞으로 나아갔고, 연극에서 잇지가 그랬던 것처럼 좀 더 대담해졌다. 그렇게 하면서 작업 관계가 만들어졌다. 우리는 연극의 맥락 안에서 욕망, 고통, 불안정과 특히 모성애(생각하면 가슴 아픈 일인데, 당시 나는 임신하고도 그 사실을 전혀 몰랐다)에 대한 이야기를 나누었다. 그때 나는 다른 어떤 연극적 경험보다, 우리가 그 연극에 봉사하고 있음을 발견했다. 그 연극이 주의와 인내심과 돌봄을 필요로 하는 우리의 참여자였던 것이다.

배우의 주관적 경험

'난 배우가 아니에요. 네, 오래전에 한 번 연기를 한 적이 있지만 그 역할은 내게 맞지 않아요.' 이것은 내(SO)가 이 연극에서 연기에 접근할 때 처음 한 말이었다. 배우로서 불안정했던 과거의 유령이 뇌리에서 떠나지 않았다. '당신은 왜 나를 원하나요?'

내가 이 연극에 참여한 것은 정보원과의 관계 때문이다. 그녀의 이야기를 바탕으로 한 희곡을 연기한다는 건 영광이었기에 두려움에도 불구하고 함께하기로 했다. 참여자로서의 연극은 내가 과정에 참여하는 데 필요한 거리를 확보해주었다. 임상에서 나는 목표와 참여자의 욕구를 위해 헌신한다.

나의 두려움을 연출자에게 맡기고 그녀를 믿자 내 취약함이 가벼워지는 게 느껴졌다. 그녀가 나를 비난하지 않을 것임을 알았고, 그것이 나로 하여금 거칠었던 나의 20대보다 '바닥에서'를 훨씬 편안하게 받아들일 수 있게 해주었다. 중년에 이르러 오히려 젊은 시절의 나보다 자유로워지다니, 정말 충격이 아닐 수 없었다.

참여자로서의 연극

정보원의 경험

나는 연극에 내 이야기가 얼마나 많이 남아있는지 보고 싶어서 드레스 리허설을 기다렸다. 드디어 연극을 보았을 때, 나는 관객으로서 난생 처음으로 카타르시스를 느꼈다. 하나의 계시였던 그 순간, 나는 가장 깊은 실존적 의미에서 혼자가 아닌 상태를 경험했다.

내 소중한 친구와 내가 사랑하는 학생과 내가 한 자리에, 우리의 작업에서 더 깊은 돌봄의 의미를 기념할 수 있는 공간에 함께 있었다. 모두가 잇지를 사랑했다. 아무도 그녀를 수치스럽다거나 하자가 있다고 보지 않았다. 나 역시 더 이상 그럴 필요가 없었다.

'그래, 그건 바로 연극이야'(햄릿, 2막 2장)(Jenkyns, 1996)라는 대사가, 내가 참여자를 지지하듯 나를 지지해주었다. 나는 과정에서 확보된 미적 거리 덕분에 보이면서 동시에 감춰졌다. 가면을 쓰면서 종국에는 감사하게도 가면을 벗었다. 이것이 바로 치료에서 친밀감과 공동창조의 과정이다.

나는 고백한다. 나는 신중하지 못한 젊은 시절을 보냈다. 나는 영원히 후회할 가련한 결정을 했고, 몸을 위험에 빠뜨렸으며, 나 자신과 다른 사람들에게 불친절하고 무례한 행동을 했다. 왜 여기서 고백하는가? 햄릿이 옳았다. 연극은 내 양심을 자극했고, 참여자처럼 내가 가장 의미 깊은 임상 과정으로 경험하는 치료적 포물선에 나를 참여시켰다. 거기서 참여자의 진실과 함께 내 진실이 어느 정도 드러나고 우리는 그렇게 인간적인 풍경 속에서 만나게 된다.

연출자의 경험

〈바닥에서〉는 여느 연극과 마찬가지로, 특정한 관점을 취하여 그것을 명료하게 전달할 것을 요구했다. 구체성과 원칙이 가장 중요했다. 리허설 공간에서 우리는 물었다. 이 여자는 누구인가? 그녀는 어디에 있는가? 왜? 그녀는 바닥과 무슨 관계인가? 문 밖의 세상과는 어떤 관계인가? 그녀의 신체적이고 감정적인 고통 그리고 주변에 있는 '소지품'들과는 무슨 관계인가? 지갑, 진통제, 립스틱? 불확실함을 기꺼이 껴안으면서, 배우(SO)와 함께 이 질문들을 돌보는 과정이 바로 우리의 작업과 연극이 사는 곳이었다.

나는 연극이 상연되는 것을 보고서야 비로소 내 안에 잇지가 얼마나 컸는지를 깨달았다. '얼룩덜룩한 부분들'(Cram, 2013, p.4), 내가 선생님, 치료사, 참여자, 남편, 아들에게 감추려 애쓰는 나의 일부가 드러난 것이다. 거기에 내가 있었다. 게으름뱅이, 자기도취자, 피해자, 난잡한 여자. 연출자라는 익명의 역할 속에서 나는 그 같은 발견을 탐닉할 수 있었다. 그러나 그와 동시에 그것이 공유된 인식이라는 사실이 분명해졌다. 이야기는 내 것이 아니었고 정보원이나 배우의 것도 아니었다. 관객의 존재가 이야기에 생명력을 불어넣어 치료적 교환을 발생시켰다. 그리고 내가 연극을 참여자로 생각함으로써 이 공명을 확장하였다.

배우의 경험

참여자로서의 연극에 접근하면서 나는 잇지라는 역할로부터 미적 거리와 임상적 거리를 취할 수 있었고, 수치심 없이 역할의 가장 취약한 부분을 탐험할 수 있었다. 잇지는 하나의 인물이자 나의 역할이었지만, 잇지가 나는 아니었다. 임상에서 상호주관성과 역전이를 검토하는 것은 나와 내 경험에 직면할 것을 요구하며, 그것이 때로 수치심일 경우가 있다. 무너지지 않고 잇지와 함께 그녀의 어두운 틈을 연구하는 것은 스릴 넘치는 일이었다. 나는 인간성의 퀴퀴하고 눅눅한 쓰레기 냄새를 맡을 수 있었고, 그것이 내가 아니면서 나의 일부임을 알았다.

나는 치료실에 들어갈 때처럼 참여자로서의 연극에 공감으로 접근했다. 연극/참여자는 내게 체현된 관심을 요구했고, 치료적 공간에서 참여자에 대한 체현된 의무를 상기시켰다. 치료에서 참여자는 다층적인 역사를 갖는다. 나는 참여자를 지지하고 돕기 위해 그들의 역사에서 단서를 찾는다. 참여자와 마찬가지로, 연극 역시 풀어내야 할 역사를 갖고 있다. 인물에는 전사가 있고 서브텍스트 역시 분석되어야 한다. 또 치료와 같이, 연극은 리허설부터 공연까지 정해진 시간 안에서 진행되며, 종결에는 특히 주의와 관심이 필요하다. 나는 배우로서 임상에서보다 연극/참여자와 더 많은 시간을 보낼 수 있었다. 대사 하나 하나에 초점을 맞춰 몰입하면서 은유를 만끽했다. 에무나(1994)가 썼듯 나는 참여자를 위해 언제나 '리얼하게' 연기한다. 이 과정은 내 안에 있는 예술가를 회복시켜주었다. 나는 나의 역할과 연극을 위해, 그리고 예술과 가장(가장하지 않는)의 즐거움을 위해 연기했다.

후속 연구를 위한 제언과 결론

우리는 치료적 연극에서 연극을 참여자로 여기는 것이 의도된 치료 과정을 향상시킨다는 사실을 발견했다. 우리는 연극 제작의 가치를 다음과 같이 이해했다.

- 정보원의 관점에서, 연극은 경험을 진정성 있게 농축하고, 보편화하며, 작가를 통해 언어를 부여한다.
- 연출자의 관점에서, 연극은 내용을 구체화하고 살을 붙이며, 그 리듬과 비트 그리고 휴지와 유머의 순간을 찾아낸다.
- 배우의 관점에서, 연극은 기념하고 동일시하며 정확하게 표현하게 해준다.

연극치료사로서 우리는 치료적 활동 속에서 지속적으로 연극 제작과 관련한 이 각각의 기능 사이를 오간다.

마리 라 프랑스(2013)와 제임스 톰슨(2009a, 2009b)을 위시한 응용 연극 분야의 학자들 다수가 연극 제작에서 윤리적 실천에 관한 사고의 부족을 염려한다. 연극을 참여자로 간주하는 것은 연극 제작과 관련된 인간의 취약함에 주의를 기울이는 하나의 방식이다.

이 장에서 우리는 연극을 참여자로 여기는 것이 우리들 각자에게 감정과 거리두기의 연속체 속에서 어떻게 통찰과 카타르시스의 기회를 제공했는지를 설명했다. 연극은 그 자체로 치료적 도구이자 우리 작업의 치료적 주체였다.

퍼포먼스 연구 과정은 불완전하며 인식된 틀로 작업하는 것 이상의 진정한 탐험이 무엇인지와 관련한 불확실성과 결함으로 고통 받았다. 우리는 모두 참여자로서의 연극이라는 개념이 한계가 있다는 것을 알고 있었다. 그러나 지정된 참여자가 없는 상황에서, 그것은 우리가 직업적인 의무와 윤리를 신중하게 대하는 데 큰 도움이 된다.

참여자로서의 연극은 임상에서 정기적으로 배우가 되어 연기하는 세 명의 연극치료사를 무대의 중심에 올려놓았다. 연극을 돌보는 과정에서, 우리는 각자 연기를 하면서 동시에 연기되었다. 연극을 돌보는 과정에서 우리는 연극치료사로서 '… 매 순간 실용적 질문이 예술적인 것이다…'(Brook, 1996, p.98)라는 말을 상기했다.

참고문헌

Beckett, S. (1961). *Happy days.* New York: Grove.

Benjamin, J. (2004). Beyond doer and done to: An intersubjective view of thirdness. *Psychoanalytic Quarterly, 73*(1), 5-46.

Bochner, A. P. & Ellis, C. (2006). Communication as autoethnography. In G. Shepherd, J. S. John, & T. Striphas (Eds.), *Communication as perspectives on theory*(pp. 110-122). Thousand Oaks, CA: Sage.

Brook, P. (1996) [1968]. *The empty space: A book about the theatre. Deadly, holy, rough, immediate.* New York, NY: Simon & Schuster.

Cram, C. (2013). *On the floor.* Unpublished play.

Crenshaw, K. (2004). Intersectionality: The double bind of race an d gender. *Perspectives Magazine.* Retrieved June 29, 2015, from http://www.americanbar.org/content/dam/aba/publishing/perspectives_magazine/women_perspectives_Spring2004CrenshawPSP.authcheckdam.pdf

Cozolino, L. (2010). From neural networks to narratives: The quest for multilevel integration. In *The neuroscience of psychotherapy: Healing the social brain*(2nd ed., pp. 151-174). New York: Norton.

Ellis, C., Kiesinger, C. & Tillmann-Healy, L. (1997). Interactive Interviewing: Talking about emotional experience. In R. Hertz (Ed.), *Reflexivity and voice*(pp. 119-149). Thousand Oaks, CA:

Sage.

Ellis, C. & Bochner, A. (2000). Autoethnography, personal narrative, reflexivity: Researcher as subject. In N. Denzin & Y. Lincoln (Eds.), *Handbook of qualitative research* (2nd ed., pp. 733-768). Thousand Oaks, CA: Sage Publications.

Ellis, C. (2007). Telling secrets, revealing lives: Relational ethics in research with intimate others. *Qualitative Inquiry, 13* (1), 3-29.

Emunah, R. (1994). *Acting for real.* New York: Brunner–Routledge.

Emunah, R. (2009). The integrative five phase model of drama therapy. In D. R. Johnson & R. Emunah (Eds.), *Current approaches in drama therapy* (2nd ed., pp. 37-64). Springfield, IL: Charles C. Thomas.

Emunah, R. (2015). Self–revelatory performance: A form of drama therapy and theatre. *Drama Therapy Review, 1*(1), 71-85.

Fox, J. (1999). Epilogue: The journey to deep stories. In H. Dauber & J. Fox(Eds.), *Gathering voices* (pp. 194-197). New Paltz, NY: Tusitala Publishing.

Gilligan, C. (1982). *In a different voice: Psychological theory and women's development.* Boston, MA: Harvard University.

Hodermarska, M. (2009). Perfume: A meditation on the countertransferential drama with babies who smell bad. *Arts in Psychotherapy, 36*(1), 39-46.

Hodermarska, M., Landy, R., Dintino, C., Mowers, D. & Sajnani, N. (2015). As performance: Ethical and aesthetic considerations for therapeutic theatre. *Drama Therapy Review, 1*(2), 173-186.

Jenkyns, M. (1996). *The play's the thing: Exploring text in drama and therapy.* New York: Routledge.

Johnson, D. (2009). Developmental transformations: Towards the body as presence. In D. R. Johnson & R. Emunah (Eds.), *Current approaches in drama therapy* (2nd ed., pp. 89–116). Springfield, IL: Charles C. Thomas.

Kilgannon, C. (2014). Therapist and patient share a theater of hurt. *The New York Times*. Available from http://www.nytimes.com/2014/11/06/nyregion/therapist–and–patient–share–a–theater–of–hurt .

LaFrance, M. (2013). The disappearing fourth wall: Law, ethics, and experiential theater. *The Vanderbilt Journal of Entertainment and Technical Law, 15*(3), 507–582.

Landy, R. J. (1993). *Persona and performance*. New York: Guilford.

Meldrum, B. (1999). The theatre process in dramatherapy. In A. Cattanach (Ed.), *Process in the arts therapies* (pp. 36–54). London: Jessica Kingsley.

Moreno, J. L., & Moreno, Z. T. (1969). *Psychodrama*(Vol. 1). Beacon, NY: Beacon House.

Pelias, R. J. (2008). Performative inquiry: Embodiment and its challenges. In J. G. Knowles & A. L. Cole (Eds.), *Handbook of the arts in qualitative research: Perspectives, methodologies, examples and issues* (pp. 185–194). Los Angeles: Sage Publications.

Ridout, N. (2009). *Theater & ethics*. New York: Palgrave Macmillan.

Rogoff, B. (2003). *The cultural nature of human development*. Oxford: New York.

Sajnani, N. (2012). The implicated witness: Towards a relational aesthetic in dramatherapy. *Dramatherapy, 34*(1), 6–21.

Sawyer, R. D., & Norris, J. (2013). *Duoethnography: Understanding qualitative research*. New York: Oxford University Press.

Scheff, T. (1979). *Catharsis in healing, ritual and drama*. Berkeley, CA: University of California.

Solnit, R. (2013). *The faraway nearby*. New York: Penguin.

Thompson, J. (2009a). Ah Pave! Nathiye: Respecting silence and the performances of not telling. In S. Jennings (Ed.), *Dramatherapy and social theatre: Necessary dialogues* (pp. 48-62). New York: Routledge.

Thompson, J. (2009b). *Performance affects: Applied theater and the end of effect*. New York: Palgrave Macmillan.

Thomson, P. & Jaque, S. V. (2011). Testimonial theatre-making: Establishing or dissociating the self. *Psychology of Aesthetics, Creativity, and the Arts*, *5*(3), 229-236.

Yalom, V. (2004). Zerka Moreno on psychodrama. Retrieved from http://www.psychotherapy.net/interview/zerka-moreno

INDEX
찾아보기

저자소개

이효원

다양한 개인 및 집단과 만나는 연극치료사로서 2005년 한국연극치료협회 연극치료사 양성과정에서 강의를 시작한 이후 여러 학교에서 연극치료를 가르치고 있다.
『연극치료와 함께 걷다』와 『연극치료 QnA』, 『연극치료에서 이야기를 어떻게 쓸 것인가』, 『연극치료 진단평가 매뉴얼』을 썼고 『건강한 애착과 신경극 놀이』, 『회상연극』 등 15권의 연극치료 관련 서적을 옮겨왔으며, 연극과 성장 연구소에서 상처 입은 아이를 위한 연극치료(DWC)를 실행하고 있다.

셀프 인 퍼포먼스

초판발행 2022년 5월 3일

지은이 Susana Pendzik · Renée Emunah · David Read Johnson
옮긴이 이효원
펴낸이 노 현

편 집 전채린
표지디자인 이소연
제 작 고철민 · 조영환

펴낸곳 ㈜ 피와이메이트
서울특별시 금천구 가산디지털2로 53 한라시그마밸리 210호(가산동)
등록 2014. 2. 12. 제2018-000080호

전 화 02)733-6771
f a x 02)736-4818
e-mail pys@pybook.co.kr
homepage www.pybook.co.kr
ISBN 979-11-6519-272-3 93680

정 가 23,000원

박영스토리는 박영사와 함께하는 브랜드입니다.